WILHELM VON OCKHAM

UNTERSUCHUNGEN
ZUR ONTOLOGIE DER ORDNUNGEN

Von

Gottfried Martin
Professor a. d. Universität Köln

WALTER DE GRUYTER & CO.
vormals G. J. Göschen'sche Verlagshandlung · J. Guttentag, Verlags-
buchhandlung · Georg Reimer · Karl J. Trübner · Veit & Comp.

BERLIN 1949

Archiv-Nr. 42 49 49

Gedruckt bei Thormann & Goetsch, Berlin SW 61

...tempus absolutum non datur, sed nihil aliud
est quam ordo successionum.

...spatium absolutum aliquid imaginarium est,
et nihil ei reale inest, quam distantia corporum.

Verbo, sunt ordines, non res.

Leibniz an Des Bosses   29. 5. 1716

VORWORT 1938

Jede Beschäftigung mit Ockham stößt auf Schwierigkeiten, die aus der schlechten Überlieferung des Werkes herrühren.

Wir verfügen bis jetzt nur über eine zuverlässige Einzelausgabe. E. B. Birch hat den Traktat »De sacramento altaris« auf Grund der beiden alten Drucke unter Hinzuziehung dreier Handschriften im Jahre 1930 neu herausgegeben. Bei allen anderen Werken stehen uns, soweit sie überhaupt gedruckt sind, nur die alten Ausgaben zur Verfügung, die fast alle aus dem 15. Jahrhundert stammen.

Nun ist zwar durch die neueren Untersuchungen von Hochstetter, Abbagnano, Moody, Moser, Little, Hofer, Pelzer, Federhofer und Koch eine Klärung eingeleitet, aber bis jetzt liegen eben weder zuverlässige Texte vor, noch ist auch nur die Frage der Echtheit für Ockhams einzelne Werke geklärt.

Sicherheit besitzen wir, wie ich im Vorwort zu den Texten gezeigt habe, durch die Untersuchungen von Pelzer und Koch allein über den Sentenzenkommentar. Die beiden Drucke, des ersten Buches von 1483 und aller vier Bücher von 1495, stellen inhaltlich den von Ockham selbst fertiggestellten Text dar. Um einen sicheren Ausgangspunkt zu gewinnen, habe ich den Text der Ausgabe von 1495, der sich mit dem Text von 1483 bis auf Druckfehler völlig deckt, für die im Rahmen der vorliegenden Untersuchung wesentlichen Distinktionen — in I. sent. d. 24 (über die Einheit) und in I. sent. d. 30 und 31 (über die Relation) — an Hand der mir erreichbaren 5 bzw. 8 Handschriften nachgeprüft.

III

Den im Anschluß an die Sentenzenvorlesung entstandenen Traktat »De sacramento altaris« können wir in der schönen Ausgabe von Birch benutzen. Dieser Traktat und der Sentenzenkommentar müssen also vorläufig die Grundlage jeder Arbeit über Ockham bilden.

Die Quodlibeta stehen uns in zwei Drucken zur Verfügung, der erste Druck aus Paris 1487, der zweite aus Straßburg 1491. Ich bin in meiner Arbeit ursprünglich von diesem Werk ausgegangen. Die Quodlibeta enthalten nämlich von Buch VI q. 8 bis zum Buch VII q. 7 in insgesamt 25 Quaestionen eine geschlossene und systematische Darstellung der Relationstheorie. Im Fortgang der Arbeit erkannte ich aber, daß diese Quaestionen der Quodlibeta lediglich lose zusammengereihte Abschriften aus dem Sentenzenkommentar und aus der Logik darstellen. Eine daraufhin vorgenommene Prüfung ergab, daß die Überlieferung der Quodlibeta sehr schlecht ist. Sowohl die beiden Drucke als auch die wenigen uns erhaltenen Handschriften weichen alle voneinander nicht nur im Text, sondern auch im Quaestionenbestand erheblich ab. Es wird daher erst durch neue Untersuchungen festgestellt werden müssen, ob und in welchem Umfang die Quodlibeta als ein echtes Werk Ockhams betrachtet werden können. Für unsere Betrachtungen jedenfalls haben Quaestionen der Quodlibeta, die bloße Abschriften aus anderen Werken sind, keinen Wert. Bei dieser Sachlage mußte ich alle auf die Quodlibeta gestützten Untersuchungen wieder ausscheiden.

Die politischen Streitschriften habe ich nicht in den Kreis der Untersuchung einbezogen.

Die Logik Ockhams — summa totius logicae — ist ein als studentisches Lehrbuch[1] gedachter kurzer Abriß des aristotelischen Organons, wobei nach scholastischem Brauch im Eingang auch die Isagoge des Porphyrius kommentiert wird. In der uns vorliegenden Form ist das Werk wohl überarbeitet. Eine Nachprüfung vermittels der Handschriften war mir nicht möglich. Wegen der großen geschichtlichen Wirksamkeit dieser Logik habe ich oft auf dies Werk Bezug genommen. Es hat sich in den einzelnen Untersuchungen aber gezeigt,

---

[1] sum. tot. log. I, 57: ad iuniorum utilitatem.

daß die Logik für die ontologischen Fragen bei weitem nicht die Bedeutung des Sentenzenkommentars hat.

Die Arbeiten Ockhams über Aristoteles scheinen sehr umfangreich zu sein. Gedruckt sind die Expositio aurea (ein Kommentar zum Organon), die Summulae in libros physicorum und anscheinend noch ein weiterer Kommentar zur Physik. Neben diesen gedruckten Werken scheint eine größere Zahl bis jetzt ungedruckter Handschriften zu existieren, deren Zusammenhang untereinander und mit den gedruckten Werken noch dunkel ist. Dieser Apparat zu Aristoteles wird daher erst nach sehr mühsamen Untersuchungen wirklich verfügbar sein. Eine Durcharbeitung der Expositio aurea und der Summulae verglichen mit den Ergebnissen der Arbeiten von Moody[1] und Moser[2] hat mir gezeigt, daß diese beiden Werke im Verhältnis zum Sentenzenkommentar nichts wirklich Neues bringen. Ich habe auf die Berücksichtigung der Aristoteleskommentare verzichtet.

Die folgende Untersuchung stützt sich daher zunächst auf den Sentenzenkommentar Buch I D. 24, D. 30 und D. 31 und den Traktat »De sacramento altaris«. Hilfsweise sind dann der Sentenzenkommentar in seinen übrigen Teilen und die Logik herangezogen worden. Durch diese Beschränkung wurde erreicht, daß die Unterlagen der Untersuchung sowohl in der Frage der Echtheit überhaupt, als auch in der Frage der Richtigkeit des Textes als zuverlässig gelten können.

Wenn ich zu wesentlich anderen Ergebnissen gekommen bin, als wohl alle anderen Bearbeiter, so ist dies nicht zuletzt im Ausgang dieser Untersuchung vom Sentenzenkommentar begründet. Ich muß zugeben, daß weder von den Quodlibeta, noch von der Logik, noch von den Aristoteleskommentaren her die hier vorgetragene Auslegung hätte begründet werden können. Dies liegt daran, daß Ockham vom Grundproblem unserer Untersuchung, von den Transzendentalien, nur im Sentenzenkommentar handelt. Ich hoffe aber, daß bei der Bedeutung der Sentenzenkommentare in der Scholastik ein

---

[1] E. A. Moody, The Logic of W. of Ockham. London 1935.

[2] S. Moser, Die Summulae in libros physicorum des W. v. Ockham. Innsbruck 1932.

solcher Ausgang nicht von kleineren Schriften, sondern vom Sentenzenkommentar als gerechtfertigt gelten kann.

Die Arbeit ist entstanden aus Untersuchungen über die geschichtlichen Voraussetzungen der Kritik der reinen Vernunft. Dieser Ursprung ist auch für den Aufbau und die Durchführung maßgebend geblieben.

Die Landesbibliothek in Kassel und die Universitätsbibliothek in Freiburg haben mir die Arbeit allererst dadurch ermöglicht, daß sie mir die wertvollen Inkunabeln in der entgegenkommendsten Weise zur Verfügung gestellt haben. Ich bin den Leitern dieser beiden Bibliotheken zu besonderem Danke verpflichtet.

Ransbach über Hersfeld, den 5. August 1938.

VI

VORWORT 1949

Ein Vorwort ist wohl fast immer ein Nachwort. Ist freilich die Arbeit schon vor zehn Jahren abgeschlossen, so ist es nicht leicht, ein Vorwort zu schreiben, zumal wenn diese zehn Jahre das Jahrzehnt von 1939 bis 1949 gewesen sind. Hat dies Jahrzehnt nicht überhaupt eine Arbeit wie die vorliegende in Frage gestellt? Ich glaube, wir dürfen zuversichtlich antworten, daß die stille Arbeit der Philosophie niemals notwendiger gewesen ist.

Ob die vor so langer Zeit beendete Untersuchung hätte umgearbeitet, ob sie hätte weitergeführt werden sollen, diese Frage war nicht leicht zu beantworten. Es gibt nur wenig Einzelheiten, die ich heute nicht mit größerer Behutsamkeit, mit vorsichtigeren Einschränkungen formulieren würde. Das Gesamtergebnis jedoch hat sich mir in der weiteren Arbeit durchaus bestätigt. Die Zusammenhänge, die die vorliegende Untersuchung in einem Teilbereich zu erfassen versucht, haben sich als fundamental erwiesen, sie haben sich mir ständig weiter vertieft. Es mag daher gut sein, diese umfassenden Zusammenhänge wenigstens in einem knappen Umriß zu skizzieren. Dagegen wird es unter den verschiedensten Gesichtspunkten richtig sein, die vorliegende Untersuchung ohne jede Änderung und im genauen Wortlaut der Öffentlichkeit zu übergeben, so wie sie 1938 abgeschlossen und kurz darauf der philosophischen Fakultät der Universität Köln als Habilitationsschrift eingereicht wurde. Der der Untersuchung beigegebene, auf Grund der Handschriften revidierte Text von in I. sent d. 24, d. 30 und d. 31 konnte leider nicht mit abgedruckt werden. Die Zitate beziehen sich auf den revidierten Text.

Die vorliegende Untersuchung versucht zu zeigen, daß Ockham wesentlich vom Problem der Einheit ausgegangen ist. Ockham bestreitet die Realität der Quantität und die Realität der Relation, er bestreitet die Realität aller Kategorien außer der Substanz und der Qualität. Die Bestreitung der Realität dieser acht letzten Kategorien würde nach der üblichen Auffassung bedeuten, daß diese Kategorien ontologisch als bloße Vorstellungen, ja als bloße Namen verstanden werden. In einem solchen Sinne wäre dann Ockham ein Nominalist. Nun stützt sich der Begriff des Nominalismus wesentlich auf das Universalienproblem, und das Universalienproblem ist in der vorliegenden Arbeit nicht mit in den Bereich der Untersuchung gezogen worden. Es wäre gewiß wichtig, auch das Universalienproblem bei Ockham zu untersuchen, die gewählte Einschränkung hat es aber auf der anderen Seite möglich gemacht, konkret nachzuweisen, daß der ontologische Standpunkt Ockhams im Seinsproblem der acht letzten Kategorien, insbesondere der Quantität und der Relation, nicht als Nominalismus bezeichnet werden darf. Ockham bestimmt vielmehr das Sein dieser Kategorien als ein transzendentales Sein. Thomas von Aquin hatte zwischen einer transzendentalen und einer akzidentalen Einheit unterschieden. Die transzendentale Einheit ist dadurch charakterisiert, daß sie dem Sein keine neue distinkte Realität hinzubringt, und daß sie von den anderen Bestimmungen des Seienden nicht durch eine reale Distinktion unterschieden ist. In Verfolg dieser Unterscheidung hatte dann Thomas eine ähnliche Unterscheidung auch zwischen einer transzendentalen und einer akzidentalen Zahl getroffen, eine Unterscheidung zwischen realer und transzendentaler Relation hat er zum mindesten in Betracht gezogen. Es läßt sich nun zeigen, daß diese Unterscheidung des Aquinaten der Ausgangspunkt für Duns Scotus und für Wilhelm von Ockham ist. Dabei hält Duns Scotus an der Unterscheidung fest, er erweitert sie zum mindesten in Bezug auf die Relation und fixiert sie durch den Begriff des formalen Seins. Ockham dagegen geht zwar auch von dieser Unterscheidung aus, er fragt aber dann nach der Notwendigkeit einer solchen Unterscheidung. Muß man, das wird Ockhams Frage, wirklich zwischen einer transzendentalen und einer akzidentalen Einheit, zwischen einer transzendentalen und einer akzidentalen Zahl, zwischen einer transzendentalen und einer akzidentalen Relation unterscheiden? Wenn auch die transzendentale Einheit, die transzendentale Zahl, die transzendentale Relation ein reales Sein im weiteren Sinne darstellen, bleibt dann die Realität von Einheit, Zahl und Relation nicht auch dann gesichert, so fragt Ockham, wenn man alle Einheiten, alle

VIII

Zahlen, alle Relationen als transzendentale versteht? Wenn Ockham die Realität der acht letzten Kategorien bestreitet, so bedeutet das eine Auslegung dieser Kategorien als transzendentales Sein. Die Aufhebung der von Thomas getroffenen und von Duns Scotus fortgesetzten Unterscheidung und die Beschränkung auf die transzendentalen Modi mag richtig oder falsch sein, jedenfalls bleibt diese These im Rahmen der grundsätzlichen ontologischen Bestimmungen von Thomas und Duns Scotus, und ein auf diesen Sachverhalt gestützter Vorwurf des Nominalismus und des Subjektivismus würde in gleicher Weise auch Thomas und Duns Scotus treffen.

Ein solcher Nominalismus und Subjektivismus könnte nun allerdings noch bei der Gesamtinterpretation des transzendentalen Seins auftreten, in dem Sinne also, daß Ockham nun alle transzendentalen Bestimmungen als bloße nomina versteht. Unsere Untersuchung kommt zu dem Ergebnis, daß eine solche nominalistische Gesamtinterpretation des transzendentalen Seins sich bei Ockham nicht ausdrücklich vorfindet. Was den Bezug des transzendentalen Seins auf die Ratio anbetrifft, so scheint Ockham nicht wesentlich über Aristoteles und Thomas hinauszugehen. Ockham jedenfalls bestreitet die Realität der acht letzten Kategorien, insbesondere der Quantität und der Relation, grundsätzlich nur in dem Sinne, in dem auch Thomas die distinkte Realität der transzendentalen Einheit bestreitet. Kategorialanalytisch und ontologisch werden also die Quantität und die Relation als Einheiten verstanden. Kategorien — bezogen auf die letzten acht — sind Einheiten, dieser Gedanke erweist sich als der tragende Gedanke bei Ockham. Damit tritt die philosophische Arbeit Ockhams ein in die ontologische Grundfrage: Was ist Einheit? Mit dieser Fragestellung tritt Ockham weiter ein in den systematischen und geschichtlichen Zusammenhang der Grundfragen der Ontologie, in den großen Zusammenhang der transzendentalphilosophischen Grundfragen: was ist Einheit? was ist Wahrheit? was ist Vollkommenheit? was ist das Sein?

Man darf die Transzendentalphilosophie nicht erst bei Aristoteles suchen, man muß sie vielmehr schon bei Plato als das Grundproblem sehen. In den dialektischen Dialogen gehört die Frage nach dem Verhältnis von Einheit und Sein, nach der Verflechtung von Einheit

und Sein gewiß zu den Grundfragen. Aber auch der strengen Ideenlehre, wie sie im Paiden oder im Timäus vertreten wird, liegt doch
wohl dies Thema, die Frage nach dem Sein der Einheit zugrunde.
Vielleicht kann man von hier aus ein tieferes Verständnis der aristotelischen Kritik der Ideenlehre gewinnen, vielleicht liegt in den transzendentalphilosophischen Problemen der eigentliche Zusammenhang
zwischen Aristoteles und Plato. Aristoteles jedenfalls legt dann in der
Metaphysik ausdrücklich den Grund zur Lehre von den Transzendentalien, die Frage nach dem Verhältnis von Einheit und Sein wird
thematisch zum ontologischen Grundproblem erhoben. Wenn Thomas
die kühne Wendung von der platonischen Ideenlehre zur aristotelischen Ontologie vollzieht, dann sind gerade die Grundprobleme der
Transzendentalphilosophie eine der wesentlichen Ursachen für diese
kühne Wendung gewesen. Mit noch größerer Kühnheit setzt dann
Thomas die transzendentalphilosophischen Thesen der aristotelischen
Ontologie für die ontologischen Probleme der christlichen Dogmatik
ein. Das Verhältnis von Einheit, Vollkommenheit, Wahrheit und Sein,
wie es Aristoteles zu bestimmen versucht, muß jetzt seine Probe
bestehen, wenn es um die Frage geht, wie die Einheit, die Vollkommenheit, die Wahrheit, das Sein Gottes zu bestimmen seien.
Wie sehr auch für Thomas diese ontologischen Fragen der christlichen Dogmatik im Vordergrund stehen, und wie groß die Verschiebung des philosophischen Interesses gegenüber Plato und Aristoteles auch sein mag, es ist doch tief erstaunlich, zu sehen, daß eine
Verschiebung des thematischen Interesses die ontologischen Grundfragen: was ist die Einheit? was ist das Sein? ungeändert läßt.

Nicht weniger erstaunlich ist es, daß diese Grundfragen auch
in der Neuzeit die Grundprobleme bleiben. Es kommt ja zu einer
neuen Verschiebung des philosophischen Interesses. Neben die theologischen Probleme treten die naturwissenschaftlichen Probleme. Die
Frage der Griechen geht nach der Einheit des Lebendigen, die Frage
der Scholastik geht nach der Einheit Gottes, die Frage der Neuzeit
geht nach der Einheit der Welt als eines mechanischen Systems.
Aber gerade diese Frage nach der Einheit der Welt als eines mechanischen Systemes führt dort, wo sie in Leibniz und Kant ihren
Höhepunkt erreicht, auf die alte Frage nach dem Verhältnis von

X.

Sein und Einheit überhaupt. Die vorliegende Untersuchung versucht zu zeigen, daß in dieser niemals abreißenden Frage nach dem Sein und nach der Einheit Ockham einen wichtigen Teilabschnitt darstellt.

In dem immer stärkeren Heraustreten der großen Zusammenhänge haben sich mir die Gewichte der einzelnen Denker gleichwohl verschoben. Die vorliegende Untersuchung bringt es mit sich, daß Thomas von Aquin, Duns Scotus und Wilhelm von Ockham als gleichrangig erscheinen. Das bleibt in einem gewissen Sinne auch bestehen, insbesondere für die Diskussion, wie sie in der Scholastik tatsächlich geführt worden ist. In der zusammenschauenden Betrachtung hebt sich aber Thomas als der führende Denker heraus. Die Wendung zur aristotelischen Transzendentalphilosophie, so wie sie Thomas durchgeführt hat, ist die eigentliche philosophische Entscheidung der Scholastik. Von hier aus bedeutet die philosophische Arbeit von Duns Scotus und Ockham in einem gewissen Sinne doch nur ein Weiterdenken, ein Weiterverfolgen der von Thomas grundsätzlich gestellten Aufgabe. In den Grundfragen: was ist die Einheit? was ist das Sein? bleibt die Führung bei den großen Denkern, bei Plato, Aristoteles, Augustin, Thomas, Leibniz, Kant. Gleichwohl nimmt Ockham in diesem Gespräch der großen Denker einen hervorragenden Platz ein, denn er hat zum transzendentalphilosophischen Grundproblem von Einheit und Sein einen fundamentalen Beitrag geliefert.

Köln, den 12. 4. 1949.

INHALTSVERZEICHNIS

XIV

Buch I

EINHEIT UND ZAHL

Kapitel 1

DIE EINHEIT

§ 1. Aristoteles

Aristoteles handelt von der Einheit im Buch X der Metaphysik. Nachdem er dort im ersten Kapitel die Bedeutungen und die Definition der Einheit dargelegt hat, fragt er im zweiten Kapitel nach dem Sein der Einheit.

Er prüft zunächst die Bestimmung der Einheit als Substanz. Die Pythagoräer und Plato hatten die Einheit als οὐσία aufgefaßt. Muß man, so fragt Aristoteles, dieser Auffassung folgen oder liegt der Einheit stets ein aus sich selbst schon bestimmtes Sein zugrunde?[1]

Daß Plato die Einheit als Substanz bestimmt, berichtet Aristoteles in der großen geschichtlich-systematischen Darstellung der griechischen Philosophie im ersten Buch der Metaphysik[2]. Dieser Auffassung der Einheit als Substanz setzt Aristoteles seine eigne Lehre vom transzendentalen Sein der Einheit entgegen.

Aristoteles erläutert seine Bestimmungen durch ein Beispiel von den Farben; dies Beispiel ist dabei nicht nur ein Beispiel, sondern zugleich die Bestimmung der Einheit in einem konkreten Seinsbereich, für die Farben, allgemeiner für die Qualitäten.

Aristoteles setzt dabei voraus, daß alle Farben aus zwei Grundfarben, aus dem Weiß und dem Schwarz, aufgebaut sind. Jede andere Farbe, also etwa das Rot, stellt sich als eine durch ein Zahlenverhältnis gegebene Mischung von Weiß und Schwarz dar. Von den beiden Grundfarben ist nur das Weiß eine Farbe im eigentlichen Sinne, während das Schwarz als Steresis des Weiß kein Sein im eigentlichen Sinne darstellt[3].

---

[1] Met. X, 2, 1053^b 11: (vgl. auch Met. III, 4; 1001^a 4—1001^b 25).
[2] Met. I, 6; 987^b 22.
[3] Met. X, 2; 1053^b 28.

Um die Frage nach dem Sein der Einheit in voller Anschaulichkeit durchführen zu können, nimmt Aristoteles an, die Welt bestände nur aus Farben. Was wäre dann in einer solchen Welt das Eine?

Das Bunte im Sinne des Vielfarbigen — ein bunter Herbstwald — ist dann gewiß nicht Eines, sondern Vieles. Aber auch einheitliche Farben, also etwa das Rot, sind auf Grund der aristotelischen Farbenauffassung nicht Eines, sondern Vieles, da sie ja als zahlenmäßig gegebene Verbindungen von Weiß und Schwarz bestimmt werden. Solche Farben sind also nicht Eines, sondern Vieles, sogar eine ganz bestimmte Zahl, eben die Zahl, die das Verhältnis von Weiß und Schwarz in ihnen angibt. Also ist auch das zunächst als Einheit sich zeigende Rot nicht Eines, sondern Vieles. So kommt, da das Schwarz als Steresis von vorn herein ausfällt, als Einheit nur das Weiß in Frage.

Wenn nun das Weiß die Einheit ist, dann müßte, wenn nach Plato die Einheit als οὐσία bestimmt wird, das Weiß Einheit und nur Einheit sein. Aristoteles aber bestimmt das Weiß zunächst als Farbe und dann erst, als eine ganz bestimmt qualifizierte Farbe, als die einfache Farbe, als Einheit. Einheit ist also für Aristoteles nicht Einheit an sich, sondern die Einheit einer aus sich selbst bestimmten Farbe, eben des Weiß: τὸ ἓν ἦν ἂν τὶ ἕν, οἷον τὸ λευκόν[1].

Dieselbe Erwägung gilt nun auch für alle anderen Seinsbereiche. In jeder Gattung ist ein bestimmtes Seiendes dieser Gattung die Einheit. Die Einheit ist also stets sachhaltig bestimmt, eine Farbe, ein Ton, eine Substanz. Es gilt daher allgemein: Das Eine ist niemals Einheit an sich, sondern stets Einheit eines zugrundeliegenden, aus sich selbst heraus sachhaltig bestimmten Seins: τὸ ἓν τὶ ἕν.[2]

Einheit ist nun zweitens auch keine Gattung des Seins, ebensowenig wie das Sein selbst. Wären nämlich das Sein oder die Einheit Gattungen, so müßten die artbildenden Differenzen, die diese Gattung spezialisieren sollen, gleichfalls je ein Seiendes oder je ein Eines sein. Dann aber wäre dasselbe Gattung und artbildende Differenz, und dies ist unmöglich[3].

---

[1] Met. X, 2; 1053[b] 34.
[2] Met. X, 2; 1054[a] 4.
[3] Met. III, 3; 998[b] 22—28.

Einheit ist aber drittens auch kein Akzidens. Dies ergibt sich zunächst daraus, daß Sein und Einheit derart miteinander verbunden sind, daß jedes Seiende Eines und daß jedes Eine auch ein Seiendes ist[1]. Wird daher etwas als ein Seiendes oder als Eines bestimmt, so bedeutet diese Bestimmung keine neue selbständige Sachhaltigkeit, wie sie etwa die Bestimmung eines Menschen als weiß oder als gebildet bedeutet[2].

Unter diesem Gesichtspunkt wird daher die Einheit charakterisiert im Gegensatz zum Akzidens. Diese Unterscheidung eines transzendentalen Seins der Einheit im Gegensatz zum akzidentalen Sein etwa der Qualitäten wird die Grundlage unserer Untersuchung ausmachen. Für das Akzidens gibt Aristoteles als ständige Beispiele das Weiß-sein und das Gebildet-sein. Diese Bestimmungen sind Eigenschaften des Menschen, die sich ändern können, ohne daß der Mensch als solcher sich ändert. Es gibt weiße Menschen, wie es schwarze Menschen gibt, und es gibt gebildete Menschen, wie es nicht-gebildete Menschen gibt. In einem gewissen Sinne können also diese Eigenschaften als Zugabe zu einem unveränderlichen Grundbestand des Menschen angesehen werden[3]. Der Mensch wird weiß oder gebildet, indem er diese Qualitäten als Zugabe erhält. Infolgedessen ist das Weiß-sein für den Menschen eine hinzukommende selbständige Eigenschaft, das Mensch-sein ist vom Weiß-sein unterschieden und der Mensch kann zwar ein weißer Mensch sein, aber nicht das Weiß-sein selbst[4].

Die Einheit dagegen muß grundsätzlich anders bestimmt werden. Der Mensch ist Einer, sobald er überhaupt Mensch ist, durch sein Sein schon ist er auch Einer. Die Einheit ist also kein selbständiges Akzidens, das dem Menschen zukommen und fehlen könnte. In dieser Abhebung gegen das Akzidens liegt nun die eigentlich transzendentale Bestimmung der Einheit. Das Seiende besitzt seine Einheit nicht als eine Zugabe, als ein Ding an einem Ding, das Seiende ist vielmehr durch sein Sein zugleich seine Einheit. Das Seiende

---

[1] Met. X, 2; 1054ᵃ 13 f., vgl. auch Met. IV, 2; 1003ᵇ 22 f.
[2] Met. X, 2; 1054ᵃ 16.
[3] De gen. I, 4; 319ᵇ 25.
[4] Met. IV, 4; 1007ᵃ 31.

1*

hat nicht seine Einheit, sondern ist seine Einheit. In diesem Sinne gilt für jedes Sein, was Aristoteles von der Substanz sagt: ἡ ἑκάστου οὐσία ἕν ἐστιν οὐ κατὰ συμβεβηκός[1].

Wir erhalten drei grundlegende Bestimmungen der Einheit. Die Einheit ist weder οὐσία noch γένος noch κατὰ συμβεβηκ ς.

Da die Bestimmung des Aristoteles, die Einheit könne weder Substanz noch Genus sein, in der Scholastik allgemein anerkannt wird, geht das philosophische Ringen im wesentlichen um die dritte Bestimmung, also um die Frage, wie verhält sich die Einheit eines Seienden zu diesem Seienden selbst, dessen Einheit sie ist. Auch hier entscheidet sich die Scholastik nach anfänglichem Schwanken für die Bestimmung des Aristoteles: die Einheit wird bestimmt als transzendentales Sein im Gegensatz zum absoluten Sein der Substanzen und Akzidenzen.

Das Hauptanliegen unserer Untersuchung wird sein zu zeigen, wie Ockham in Weiterführung von Bestimmungen, die schon Thomas und Duns Scotus gegeben haben, nun auch das Sein der Zahl, der Ausdehnung und der Beziehung als transzendentales Sein bestimmt, so daß also die Leugnung des absoluten Seins dieser Kategorien — der Quantität und der Relation — nicht den Übergang zu einer nominalistischen, sondern den Übergang zu einer transzendentalen Bestimmung dieser Kategorien bedeutet.

§ 2. Plotin

Plotin geht in seiner Lehre von der Einheit auf Plato zurück; dieser Rückgang führt dann zugleich zu einer Auseinandersetzung mit Aristoteles. Ich halte mich für die Darstellung im wesentlichen an das 6. Buch der 6. Enneade (περὶ ἀριθμῶν).

Plotin geht hier von einer Auseinandersetzung mit anderen Lehren aus. Er unterscheidet zwei Auffassungen, ohne sie beständig auseinanderzuhalten.

Die erste Auffassung will die Einheit ganz in die betrachtende Seele verlegen. Einheit besteht für diese Auffassung nur darin, daß etwas als Eines aufgefaßt wird. So wird die Einheit ein bloßer

---

[1] Met. IV, 2; 1003ᵇ 32.

Zustand der Seele (πάθημα τῆς ψυχῆς)[1]. Plotin erläutert diese Auffassung an einer späteren Stelle durch den Hinweis auf das Sein des Schönen. Diese Auffassung lehrt, die Schönheit eines Dinges sei keine Verfassung des Dinges selbst, sie bestehe vielmehr nur darin, daß ein Ding von einem Betrachter als schön empfunden werde[2].

Die zweite Auffassung ist die des Aristoteles: es gibt keine Einheit, die nicht Einheit eines sachhaltig bestimmten Seienden ist[3]. Plotin tritt ihr entgegen, indem er auf Met. X, 2 anspielend, fast wörtlich das Gegenteil sagt: καὶ οὐ ταὐτὸν τῷ ἀνθρώπῳ τὸ εἶς ἄνθρωπος, ἀλλ᾿ ἕτερον τὸ ἓν τοῦ ἀνθρώπου[4]. Plotin verdeutlicht die aristotelische Auffassung durch den schönen Vergleich mit dem Fest. Das Fest, so sagt dieser Vergleich, der wohl von einem Peripatetiker herrührt, ist kein Seiendes, das für sich bestände neben den Menschen, die zusammenströmten und froh gestimmt die heiligen Gebräuche begehen, sondern diese Menschen in ihren festlichen Handlungen, die Priester, die geschmückten Gebäude, die Opfertiere, all dies zusammen, das eben ist das Fest, und es gibt kein Fest neben und außer diesem allen[5]. So ist auch die Einheit kein besonderes Seiendes neben dem Seienden, das je Eines ist.

Im betonten Gegensatz zu Aristoteles begreift Plotin das Eine selbst nicht nur als ein selbständig Seiendes, sondern als das eigentlich Seiende, das allem anderen Seienden, dem Sein wie der Erkenntnis nach, vorausgeht. Das Eine selbst besteht in sich selbst als reine Einheit, und das Eine selbst ist Quell, Ursprung und Anfang alles Seins[6].

Diesen Vorrang des Einen begründet Plotin sowohl für die Erkenntnis als auch für das Sein. Wir erkennen ja Dinge als je Eines. Damit wir aber überhaupt etwas als »Eines« ansprechen können, müssen wir die Einheit schon kennen, und damit etwas die Einheit

---

[1] Plotin opp. ed. Creuzer. Oxford 1835: 682A, 1249, 12.
[2] 685E; 1255, 12.
[3] 682A; 1249, 12.
[4] 675E; 1257, 12; Met. X, 2; 1054ᵃ 16 s. S. 4.
[5] 682D; 1250, 8.
[6] An vielen Stellen, etwa 676A; 1283, 13.

5

als seine Bestimmung erhalten kann, muß es die Einheit schon für sich geben, damit diese für sich existierende Einheit den Dingen als neue Bestimmung zukommen kann[1].

Plotin stößt nun bei dieser Bestimmung auf Schwierigkeiten, die sich daraus ergeben, daß die Einheit eine untrennbare Bestimmung ist. Wenn eine Bestimmung einem Seienden soll hinzukommen können, und wenn dies Hinzukommen wirklich anschaulich soll vorgestellt werden können, dann ist es offenbar notwendig, daß eine solche Bestimmung fehlen, daß sie aber auch vorhanden sein kann. Nun ist aber die Einheit, und dies war ja der Ausgangspunkt für Aristoteles gewesen, eine Bestimmung, die einem Seienden niemals fehlen kann. Plotin berührt zwar diese Schwierigkeit, entscheidet sich aber dahin, trotzdem dem Einen und dann auch der Zahl einen Vorrang einzuräumen[2].

Auf dies Problem der Trennbarkeit kommt Plotin noch einmal im Kapitel 14 des Buches VI, 6 zurück. Er versucht dort zu zeigen, daß entgegen der Auffassung des Aristoteles die Einheit doch trennbar sei. An dieser Stelle setzt sich Plotin mit einer Meinung auseinander, die die Einheit zu einer relativen Bestimmung machen will. Wäre das der Fall, so müßte nach einer Bestimmung des Aristoteles, die uns später noch beschäftigen wird, eine solche relative Bestimmung ihrem Träger allein aus dem Grunde zukommen und abhanden kommen können, weil ein anderes Seiendes sich verändert, ohne daß der Träger selbst irgendeine Veränderung erfährt. Ein Seiendes aber, das seine Einheit verliert, verliert selbst etwas, also ist die Einheit keine bloß relative Bestimmung (kein πρόσ τι)[3].

Plotin begründet diesen Gedankengang in folgender Weise: Man nehme an, ein bestimmtes Stück Material, etwa ein Brett, werde in zwei Teile zersägt. Dabei verliert es nichts von seinem Material, von seinem Holz. Da also bei dem Zerschneiden des Brettes kein Holz verloren gegangen ist, das Brett aber doch etwas, nämlich seine Einheit, verloren hat, so hat das erhalten gebliebene Holz seine Einheit verloren. Einheit ist also eine Bestimmung, die verloren

---

[1] 675 D; 1237, 9.
[2] 681 A; 1247, 8.
[3] 685 A; 1254, 1.

6

gehen kann, während das Holz erhalten bleibt. Einheit ist also eine Bestimmung, die bei beständigem Träger kommen und gehen kann[1].

Dieser Gedankengang ist später noch oft wiederholt worden; er findet sich bei Ockham als Gegenthese[2]. Man wird ihm aber doch wohl kaum die Beweiskraft zusprechen können, die er für Plotin und für viele Folgende offenbar gehabt hat.

Die zunächst für sich bestehende Einheit, die den Dingen als eine wechselnde Bestimmung zukommen kann, wird nun von Plotin im Verhältnis zu diesen Dingen folgerichtig als eine hinzukommende Sachhaltigkeit bestimmt.

Mit dieser Bestimmung wird nun die Einheit endgültig von der Qualität her bestimmt, und damit die Grundlage der aristotelischen Bestimmung völlig verlassen. Der Grund dafür, daß ein Ding eines ist, ist für Plotin die Anwesenheit der Einheit, die Anwesenheit der Zweiheit macht zwei Dinge zu zweien, ebenso wie die Anwesenheit des Weiß-seins ein Ding weiß macht, wie die Anwesenheit der Schönheit ein Ding schön macht, und wie die Anwesenheit der Gerechtigkeit einen Menschen gerecht macht[3].

So wie Größe und Süßigkeit und Bitterkeit wirklich in den Dingen darin sind, so ist auch die Einheit in den Dingen darin[4].

Wie die Anwesenheit der Größe ein Ding groß macht, so macht die Anwesenheit der Einheit das Ding zum einen Ding[5].

Plotin sieht freilich, daß damit das von Aristoteles so oft erörterte Problem der Teilhabe wieder aufgerollt wird, daß die Frage entsteht, wie kann ein Ding, das je eines ist, an der Einheit an sich teilhaben. Er tröstet sich aber damit, daß dies Problem der Teilhabe ein allgemeines Problem der Ideenlehre sei[6].

Aus allem wird deutlich, und dies wird später ein wichtiger Ausgangspunkt für Ockham sein, daß in Plotins Auslegung der Einheit Einheit verstanden wird als eine Qualität, daß die Einheit eines

---

[1] 685A; 1254, 5.

[2] Ockham in I. sent. D. 24, q. 1, A. Die Ausgabe von 1495 hat keine Seitenzahlen; es sind stets die Buchstaben angegeben (q. 1 A).

[3] 685C; 1255, 8.

[4] 686A; 1255, 15.

[5] 686A; 1256, 1.

[6] 686B; 1256, 1.

Seienden seinsmäßig in derselben Weise ausgelegt wird, wie sein Weiß-sein oder sein Süß-sein.

In dieser Abhandlung Plotins kommen bereits die drei Standpunkte heraus, um die das Ringen der Scholastik gehen wird. Die Frage geht dahin, wie ein Seiendes, das je eines ist, sich zu dieser seiner Einheit verhält, was die Einheit an dem je Eines seienden nun eigentlich ausmacht. Für diese Frage zeichnet Plotin drei Antworten vor: die Einheit ist entweder

1. eine bloße Vorstellung (πάθημα τῆς ψυχῆς) oder sie ist
2. im Sinne des Aristoteles durch das Seiende selbst schon gegeben (die transzendentale Auffassung der Einheit) oder sie ist
3. eine dem Ding hinzukommende selbständige Sachhaltigkeit (res addita, ἐπακτόν).

§ 3. Avicenna

Für Avicennas Lehre von der Einheit wollen wir zunächst von dem Bericht des Averroes[1] ausgehen. Nach diesem Bericht lehrt Avicenna: Ens und Unum bezeichnen einen zusätzlichen Seinsgehalt. Ein Ding ist daher weder Seiendes noch Eines durch sich selbst, sondern nur durch eine hinzukommende Seinsbestimmung. Ens und Unum müssen daher ontologisch von der Qualität, etwa vom Weiß her verstanden werden, und sind selbständige dem Substrat inhärierende Akzidenzien.

Diesen Bericht des Averroes hat Thomas in den Metaphysikkommentar und in die theologische Summa übernommen[2].

Man kann zweifeln, ob dieser Bericht des Averroes die Meinung Avicennas richtig wiedergibt. Richtig ist an diesem Bericht nur soviel, daß Avicenna die Einheit ausdrücklich als Akzidens bezeich-

---

[1] Averroes, com. in Met. X c. 3, Venedig 1560, VIII, 286: Avicenna dicit quod ens et unum significant intentionem additam rei. Non enim opinatur quod res est ens per se sed per dispositionem additam rei; ut dicimus aliquid esse album. Unum igitur et ens apud ipsum significant accidens in re (vgl. auch in Met. IV, c. 3, ebd. S. 92).

[2] Thomas, com. in Met. X, 1. 3; Turin 1915; 1981: Hoc autem non considerans Avicenna posuit, quod unum et ens sunt praedicata accidentalia et quod significant naturam additam supra ea, de quibus dicuntur. sum. theol. I, 11, 1, c: Avicenna . . . credidit, quod unum quod convertitur cum ente, addat rem aliquam supra substantiam entis sicut album supra hominem.

8

net[1]. Es fragt sich aber, ob er den Begriff Akzidens immer im strengen Sinne des Seins der Qualitäten gebraucht hat. Schon Duns Scotus hat hier Bedenken erhoben, wenn er sagt: Nota, enim, quod opinionem istam de diversitate reali non oportet imponere Avicennae, licet Averroes videatur sibi imponere[2].

Avicenna sagt jedenfalls ausdrücklich: »wir haben hiermit dargetan, daß die Einheit nicht in die Definition der Substanz oder des Akzidens eintritt« (dies meint nach Horten: d. i. die Einheit ist weder als Substanz noch als Akzidens zu bezeichnen)[3].

Wir können die Frage nach der wirklichen Meinung Avicennas auf sich beruhen lassen. Sie gehört in das schwierige und ungeklärte Kapitel der arabischen Philosophie und ihrer Einwirkung auf die Scholastik. Für uns ist allein von Bedeutung, daß Averroes und Thomas Avicenna in dieser Weise auffassen, das heißt aber, daß Thomas sich mit einer Lehre auseinandersetzen muß, nach der die Einheit ein selbständiges Akzidens im eigentlichen Sinne ist.

§ 4. Thomas von Aquin

Die Lehre des Aquinaten beruht auf der Unterscheidung zwischen zwei Weisen der Einheit, der transzendentalen und der akzidentalen Einheit. Wir wollen den Bericht zu Grunde legen, den Ockham auf Grund von De pot. q. IX a. 7 gibt: Ad quaestionem dicitur, quod unitas non dicit aliquid positivum additum Deo, sed tantum dicit negationem divisionis. Ad cujus evidentiam dicitur, quod unum uno modo convertitur cum ente et alio modo est principium numeri. Primo modo unum nihil positivum dicit additum rei, quia illam privat divisionem, quae est per oppositionem formalem, quae nullam quantitatem concernit. Sed multitudo consequens divisionem secundum quantitatem et unitas eam privans sunt in genere quantitatis, et ideo illud unum aliquid accidentale addit super illud de quo dici-

---

[1] M. Horten, Die Metaphysik Avicennas, 1907, S. 168: Die Einheit ist aber der Begriff, der sich wie das Akzidens verhält. S. 171: So ist das klar, daß die Einheit in ihrem realen Wesen ein akzidenteller Begriff ist.

[2] Duns, Scotus Quaest. subt. sup. lib. Met. Arist. IV, q. 2, 23; VII, 171.

[3] M. Horten, a. a. O. S. 172, Abs. 3 und Anm. 3.

tur, quod habet rationem mensurae; alias numerus ex unitate constitutus non esset aliquod accidens nec alicujus generis species[1].

Auch Ockham hebt also die Unterscheidung der beiden Weisen der Einheit als das Wesentliche heraus. Ich will diese beiden Weisen die transzendentale und die akzidentale Einheit nennen. Thomas selbst hat keine feste Terminologie, er bevorzugt die Ausdrücke unum, quod convertitur cum ente und unum, quod est principium numeri. Die akzidentale Einheit wird von späteren als unitas numeralis[2], als unitas quantitativa[2] oder auch als unitas praedicamentalis[3] bezeichnet.

Diese Unterscheidung von transzendentaler und akzidentaler Einheit hat Thomas von Averroes übernommen, wie sich aus einem Vergleich von Averroes in Met. X, c. 8; VIII, 286 mit Thomas in Met. X 1. 3; 1981 ohne weiteres ergibt. Ob Aristoteles selbst eine solche Unterscheidung getroffen habe, ist strittig.

Die beiden Weisen der Einheit finden einen verschiedenen Platz im Aufbau der Metaphysik. Die kategoriale Bestimmung der akzidentalen Einheit ist eine Unterart der Quantität. Dort macht ihre Einordnung in die diskreten Quantitäten allerdings dieselben Schwierigkeiten, wie die Einordnung des Punktes in die kontinuierliche Quantität. Die transzendentale Einheit dagegen findet ihren Platz bei der Lehre von den allgemeinsten Bestimmungen des Seins, bei Lehrstücken also, denen erst Duns Scotus unter dem Titel der passiones entis eine gewisse systematische Zusammenfassung gibt.

In der Lehre von der transzendentalen Einheit übernimmt Thomas die wesentlichen Lehrstücke des Aristoteles[4]. Die transzendentale Einheit ist also weder Substanz, noch Gattung noch Kategorie, sie übersteigt vielmehr wie jeder transzendentale Begriff jede irgendwie geartete Einteilung des Seins. Daher sind auch die transzendentalen Begriffe, insbesondere also ens und unum einander convertibel. Die

---

[1] Ockham in I. sent. 24, 1, B.

[2] Suarez Disp. Met. D. 41; 2, 375, 1, D.

[3] J. Gredt, El. Philos. 4. Aufl. II, 17.

[4] Thomas handelt von der transzendentalen Einheit an so vielen Stellen, daß es genügen mag, die wichtigsten aufzuzählen: De pot. Dei q. IX a. 7; sum. theol. I q. 11 in I. sent d. 24; com. in met. X 1. 3 und IV 1. 2. Met. X, 1; 1052^{b} 16:

10

transzendentale Einheit bringt dem Seienden, das je eines ist, keine neue Sachhaltigkeit hinzu, jedes Seiende ist vielmehr aus sich selbst heraus stets eines.

Als neues Moment bringt Thomas in die Lehre von der transzendentalen Einheit die Verbindung der logischen und der ontologischen Erwägungen. Was zunächst die logische Bestimmung der Einheit anbetrifft, so definiert Thomas die Einheit im Anschluß an Aristoteles[1] als ens indivisum[2]. Von diesem Begriff der Einheit als des ens indivisum gewinnt Thomas zunächst die Begründung für die Unterscheidung der zwei Weisen der Einheit. Da nämlich in den Begriff der Einheit der Begriff der divisio eingeht, so müssen die beiden Weisen der divisio, die divisio formalis und die divisio materialis auch zwei Weisen der Einheit nach sich ziehen[3].

Die logische Bestimmung der Einheit als einer negatio zieht dann weiter wenigstens für die transzendentale Einheit die Bestimmung nach sich, daß ein solcher negativer Begriff keine positive Sachhaltigkeit ausdrücken kann: Respondeo dicendum, quod unum non addit supra ens rem aliquam, sed tantum negationem divisionis; unum enim nihil aliud significat, quam ens indivisum[4].

Ob als die ratio formalis der transzendentalen Einheit die Ungeteiltheit als solche, also ein rein negativer Begriff, oder etwa das Seiende selbst als der Träger dieser Ungeteiltheit angesetzt werden soll, ist strittig. Suarez gibt einen Überblick über das Problem[5], Gredt entscheidet sich für das letztere: attamen ratio formalis unitatis non in mera negatione divisionis consistit, sed in entitate, prout est fundamentum negationis divisionis[6].

Im Gegensatz zur transzendentalen Einheit ist die akzidentale Einheit eine bestimmte Gattung des Seins, und zwar eine Unterart der diskreten Quantität. Sie gehört also zu den kategorialen Bestimmungen. Als eine Klasse der Quantität ist sie nach Thomas wie jede

---

[1] Met. X, 1; 1052a 34.
[2] An vielen Stellen, etwa sum. theol. I, 11, 1, c.
[3] de pot. Dei q. IX a. 7; sum. theol. I, 30, 3, c.
[4] sum. theol. I, 11, 1, c.
[5] Suarez, Disp. Met. D. IV, S. 2; 1, 78—79.
[6] J. Gredt, El. Philos. 4. Aufl. II, 16.

Quantität an die Materie gebunden, die akzidentale Einheit kann also nur einem Seienden zukommen, das Materie hat. Als eine solche Klasse der Quantität ist die akzidentale Einheit ein Akzidens im strengen Sinne, sie bringt also ihrem Subjekt einen selbständigen Seinsgehalt hinzu: aliquid accidentale addit super illud, de quo dicitur[1]. Thomas bestimmt diesen hinzukommenden Seinsgehalt als Maßhaftigkeit: quod habet rationem mensurae[2].

Über die Bestimmung dieser hinzukommenden Sachhaltigkeit herrscht Streit. Man könnte die Auffassung haben, daß jedes Seiende als solches die transzendentale Einheit besitzt, und daß die materiellen Dinge darüberhinaus noch die akzidentale Einheit erhalten. Wir werden sehen, daß Suarez eine andere Auffassung vertritt, daß er die transzendentale und die akzidentale Einheit so verbindet, daß auch die materiellen Dinge nur eine Einheit haben. Duns Scotus und Ockham dagegen haben in ihrer Polemik gegen Thomas dessen Meinung so aufgefaßt, daß den materiellen Dingen zwei Einheiten zukommen.

Der Grundgedanke des Aquinaten ist also die von Averroes übernommene Unterscheidung der beiden Weisen der Einheit. Thomas begründet diese Unterscheidung, indem er den Zusammenhang zwischen den logischen und ontologischen Bestimmungen in der Weise herstellt, daß er aus dem ens indivisum sowohl die Unterscheidung der beiden Weisen der Einheit, als auch die ontologische Bestimmung der transzendentalen Einheit herleitet.

§ 5. Duns Scotus

Duns Scotus übernimmt zunächst die Unterscheidung der beiden Weisen der Einheit[3]. Einheit wird in doppelter Bedeutung gebraucht: Einheit meint einmal das Eine, sofern es mit dem Seienden con-

---

[1] de pot. Dei q. IX a. 7.

[2] Die Bestimmung geht aus von Met. X, 6; 1056^b 32: man vergleiche auch com. in met. IV, 1. 2; 560; sum. theol I, 11, 2, c; Quodl. X, 1.

[3] Zur Lehre des Duns Scotus von der Einheit vergleiche man: P. Minges, J. Duns Scoti doctrina philos. et theol. Quaracchi 1908, I, 16 f. und M. Heidegger, Die Kategorien- und Bedeutungslehre des Duns Scotus, 1916, S. 24—80.

12

vertibel ist, und Einheit meint zweitens das Eine als Prinzip der Zahl[1].

Der Terminus transcendens wird für Duns Scotus zum festen Begriff[2]. Die Lehre von den Transzendentalien wird zur Lehre von den passiones entis convertibiles ausgebaut[3].

In dieser Lehre von den Transcendentalien hält Duns Scotus an den überkommenen Lehrstücken fest: Das Unum transcendens ist weder Substanz, noch Gattung, noch Kategorie. Das Unum transcendens ist mit dem Ens convertibel. Das Unum transcendens bringt dem Ens keinen selbständigen Seinsgehalt hinzu, es ist keine res addita.

Die bei Thomas noch im Hintergrund bleibende Frage nach dem Unterschied zwischen Ens und Unum kommt bei Duns Scotus zur thematischen Bestimmung: Ens und Unum sind real identisch, aber formal verschieden[4].

Dieser Ansatz bedeutet nach den Definitionen über die distinctio formalis, daß Ens und Unum, und dann auch Bonum und Verum der Sache nach identisch sind, daß aber die einzelnen Bestimmungen des Seins, also Unum Bonum Verum je eine eigene Definition besitzen[5].

Dieser Ansatz eines formalen Unterschieds zwischen Ens und Unum bedeutet zugleich eine Ablehnung des Versuchs, die Einheit

---

[1] Quaest. subt. in Met. IV, q. 2; VII, 158a: Dicitur, quod unum est aequivocum ad unum quod est convertibile cum ente, et ad unum quod est principium numerorum.

[2] ox. I, 8, 3, n. 19; IX, 598a: Hoc patet ex alio, quia ens non tantum habet passiones convertibiles simplices, sicut unum verum bonum etc. . . . sicut autem passiones convertibiles sunt transcendentes.

[3] ox. II, 16, n. 17; XIII, 43a.

[4] ox. II, 16, n. 17; XIII, 43a: isto modo ens continet multas passiones, quae non sunt res aliae ab ipso ente, ut probat Aristoteles in princ. IV. Met., distinguuntur tamen ab invicem formaliter et quidditative, et etiam ab ente, formalitate dico reali et quidditativa.

[5] ox. I, 8, 4, n. 18; IX, 665a: est igitur aliqua non identitas formalis sapientiae et bonitatis, inquantum earum essent distinctae definitiones, si essent definibiles; definitio autem non tantum indicat rationem causatam ab intellectu, sed quidditatem rei, ergo non est identitas formalis ex parte rei. Vgl. auch rep. par. II, d 1, q. 6, 22, 554a/b: sicut patet de passionibus entis, quia ibi est identitas cum distinctione formali.

von den Qualitäten her zu verstehen. Qualitäten sind selbständige Realitäten und sind daher voneinander und von ihrem Substrat real verschieden. Wenn der Unterschied zwischen Ens und Unum als ein formaler angesetzt wird, so wird damit zugleich ein realer Unterschied zwischen beiden, also die ontologische Gleichsetzung des Unum etwa mit dem Album im Sinne des Plotin ausdrücklich abgelehnt.

Mag diese Lehre des Duns Scotus vom formalen Unterschied zwischen Ens und Unum auch schwer zu verstehen und noch schwerer zur Anschauung zu bringen sein, — schon Suarez klagt über die Schwierigkeiten[1], — so ist sie doch bestimmt vorgetragen und stets festgehalten, wenigstens wenn man von den frühesten Schriften absieht. Schwieriger ist dagegen zu sagen, was Duns Scotus über die numerale Einheit gelehrt habe. Ich halte mich an die Quaestiones subtilissimae super libros Metaphysicorum Aristotelis. Eine Verwertung dieses Werkes hat freilich ihre Schwierigkeiten. Zunächst ist die Echtheitsfrage wie bei so vielen Werken des Duns Scotus noch nicht eindeutig geklärt. Ist es echt, und dafür spricht fast alles, so ist es mit großer Wahrscheinlichkeit ein sehr frühes Werk des subtilen Denkers. Schließlich bringt das Werk in dem Sinne wirklich quaestiones, daß es die Probleme nach allen Seiten aufrollt und in dieser aporetischen Haltung soweit geht, daß eine eigne Stellungnahme fast stets unterbleibt. Wir halten uns an die quaestio 2 des vierten Buches: Utrum ens et unum significant eandem naturam. Duns Scotus baut diese Frage als eine Auseinandersetzung zwischen Avicenna und Averroes auf, er bringt auf der einen Seite alle Argumente, die für Avicenna sprechen, auf der anderen Seite alle Argumente, die für Averroes sprechen. Infolge des Duns Scotus und seinen Hörern und Lesern natürlich bekannten Zusammenhanges zwischen Averroes und Thomas ist die Quaestion in Wirklichkeit aber eine Auseinandersetzung mit dem Aquinaten. Die eigentliche Absicht der Quästion geht dahin, die Lehre des Averroes und des Aquinaten zu erschüttern, die behauptet hatten, daß das Unum numerale ein Akzidens im eigentlichen Sinne, also eine selbständige Sachhaltigkeit meine.

---

[1] Suarez, Disp. Met. D. VII, s. I, XIII—XV; 1, 161.

14

Wir wollen aus der Fülle der gegeneinander gestellten Argumente dieser Quästion nur zwei herausheben, die später für Ockham wichtig sind.

Das erste Argument geht davon aus, daß nach der Unterscheidung des Aquinaten nur die akzidentale Einheit eine Zahl begründen soll. Es ist aber schwer zu sehen, weshalb nicht auch eine Vielheit von transzendentalen Einheiten eine Zahl begründen soll. Die Zahl wird schlechthin bestimmt als Vielheit, die durch die Einheit gemessen ist. Weshalb soll man nicht von zehn Seelen sprechen können, — die Seele als immaterielle Substanz kann ja nur die transzendentale Einheit haben, — ebenso wie man von zehn Menschen sprechen kann?[1].

Das zweite Argument geht aus vom Verhältnis der zwei Einheiten in einem materiellen Ding. Man könnte ja, wir haben den Gedanken schon berührt, die Verhältnisse so auffassen, daß einem materiellen Ding sowohl die transzendentale als auch die akzidentale Einheit zukommen müßte.

Eine solche Annahme aber, die einer materiellen Substanz zwei Einheiten übereinander zusprechen würde, ist nach Duns Scotus ungereimt[2].

Die konsequente Durchführung dieses Gedankens würde dahin führen, in der akzidentalen Einheit nur ein ens rationis zu sehen. Wir können von der Frage absehen, ob diese Bestimmung der akzidentalen Einheit als ens rationis die endgültige Meinung des Duns Scotus gewesen ist, und wie eine solche Bestimmung als ens rationis zu verstehen sei[3].

---

[1] quaest. subt. in met. IV q. 2; 7, 158a: et ad illud, quod omnis unitas cum unitate constituit numerum, falsum est, nisi in continuis, sed unum transcendens facit cum alio multitudinem. Contra: quod constituat numerum proprie dictum . . . commentator . . . dicit, quod numerus est mensura, sive in corporibus, ut in decem hominibus, sive in non corporibus, ut in decem animabus.

[2] Quaest. subt. in met. IV, q. 2; 7, 167a: notandum, quod ejusdem non sunt duae unitates.

[3] Ebd. 7, 167b: Unitas vero quantitatis, quia per se dicit aliquid limitatum, ideo est per se pars numeri, et omnis multitudo, si numerus tantum est in anima, non habet partem realem, sed tantum unitatem, ut intelligitur, et sic est limitata. Unde in re nulla est unitas nisi transcendens. Das Scholium zu der Stelle sagt (7, 167a): in fine inclinat, quod unitas quantitatis est tantum rationis.

Für unsere, auf Ockham zielende Untersuchung kommt es lediglich darauf an, daß schon Duns Scotus die von Averroes und Thomas getroffene Unterscheidung zwischen den beiden Weisen der Einheit als fragwürdig empfunden hat.

WILHELM VON OCKHAM

§ 6. Die Auseinandersetzung mit Thomas

Die thematische Erörterung der Einheit findet sich bei Ockham im ersten Buch des Sentenzenkommentars d. 24 q. 1: Utrum unitas, qua Deus dicitur unus, sit aliquid additum Deo. In dieser Distinktion 24 des ersten Buches handelt Petrus Lombardus — und ihm folgend die Sentenzenkommentare — über die Frage, was im göttlichen Sein die Bestimmungen Unitas und Trinitas bedeuten.

Ockham beginnt mit den Argumenten, die gegen seine Auffassung zu sprechen scheinen. Er referiert dann die Lehre des Aquinaten, und zwar, wie wir gesehen haben, im Anschluß an die Quaestiones de potentia Dei. An diese Wiedergabe knüpft Ockham eine ausführliche Kritik. Zur Darstellung seiner eignen Lehre unterscheidet Ockham zunächst verschiedene Bedeutungen der Begriffe Einheit und Akzidens, deren gegenseitiges Verhältnis bestimmt werden soll. Er führt dann aus, was bei den drei verschiedenen Bedeutungen von Einheit Einheit jeweils bedeutet, und in welchem Sinne Einheit ein Akzidens genannt werden kann. Zum Schluß bringt er, wie üblich, die Einwände und in der Auflösung der Einwände weitere Erklärungen.

Die Einwände stammen dem Kern nach von Plotin; sie finden sich häufig und dürften auf dem Weg der allmählichen Überlieferung zu Ockham gekommen sein.

Der erste Einwand sagt: sed ista substantia potest esse una et potest non esse una[1]. Dieser Einwand geht also davon aus, daß ein

---

et idem de numero sentire videtur, de quo sic dubius est I, d. 24, n. 2. EineAuslegung als Ens rationis bei Martin Heidegger, Die Kategorien- und Bedeutungslehre des Duns Scotus, Tübingen 1916.

[1] D. 24, q. 1, A; S. 1.

16

Seiendes, gezeigt am Beispiel der Substanz, seine Einheit verlieren könne, die Einheit sei also eine wechselnde Bestimmung und deshalb ein Akzidens im eigentlichen Sinne als eine hinzukommende Sachhaltigkeit.

Der zweite Einwand sagt: illud quod praedicatur de alio secundo modo dicendi per se significat aliquid sibi additum. Wenn also etwas zutreffenderweise von einem Gegenstand soll ausgesagt werden können, so setzt dies voraus, da der Gegenstand an der Bestimmung, die ihm zugesprochen wird, auch wirklich teilhat, daß also diese Bestimmung etwas dem Gegenstand hinzukommendes meine[1]).

In einer etwas anderen Wendung sagt der dritte Einwand im Grunde dasselbe: quando aliquid praedicabile de aliquo non significat aliquid additum addito uno alteri est nugatio. Wenn also das, was von einem Ding ausgesagt werden soll, nich etwa Neues aussagt, dann wäre ja die Ansprache eies solchen Seienden als eines ausdrücklich so Bestimmten ein leeres Geschwätz. Wenn also »Unus« nicht etwas Neues aussagen würde gegenüber »Deus«, dann wäre die Bezeichnung Gottes als »Unus Deus« eine bloß geschwätzige Wiederholung des völlig schon in »Deus« gesagten[1].

Den Bericht Ockhams über die Lehre des Aquinaten haben wir bereits wiedergegeben. Der eigentliche Angriffspunkt Ockhams ist die seinsmäßige Unterscheidung zwischen den beiden Weisen der Einheit. Eine solche seinsmäßige Unterscheidung, auf Grund deren die numerale Einheit als eigentliches Akzidens eine selbständige Sachhaltigkeit hinzubringt, während das Unum, quod convertitur cum ente als ein Transzendens auf das Ens selbst geht, ist nach Ockham weder nötig, noch möglich, noch ausreichend begründet. Diese Auseinandersetzung ist eine Weiterführung der von Duns Scotus begonnenen Diskussion.

Ockham wendet zunächst ein, daß bei einer solchen Unterscheidung von divisio formalis und divisio materialis für die immateriellen Substanzen, die nicht an die quantitas continua gebunden sind, auch keine numerale Einheit in Frage kommen könne. Dieser

---

[1] D. 24, q. 1 A; S. 1; vgl. auch § 3 Plotin.

Einwand wird sein eigentliches Gewicht erst bei der Zahl erlangen, da die numerale Einheit ja als Prinzip der Zahl bestimmt war[1].

Ein zweiter Einwand macht geltend, daß auf Grund dieser Seinsbestimmung der Einheit bei allen materiellen Substanzen zwei Einheiten übereinander liegen müßten. Eine materielle Substanz trägt als materielle ja die numerale Einheit. Als Seiende überhaupt aber muß ihr nun zugleich die transzendentale Einheit zukommen, und eine solche Verdoppelung der Einheit ist offensichtlich abwegig[2].

Es wäre aber immerhin denkbar, daß trotz dieser Schwierigkeiten, die gegen eine solche seinsmäßige Unterscheidung der beiden Einheiten sprechen, dennoch eine ausreichende Begründung für eine solche Unterscheidung beigebracht werden könnte. Eine solche Unterscheidung, die gewiß nicht anschaulich gegeben ist, muß doch in irgendeiner Weise belegt werden. Die Begründung jedenfalls, die Thomas gegeben hat, wird von Ockham nicht als ausreichend betrachtet. Dies liegt daran, daß sowohl die transzendentale als auch die numerale Einheit als die bloße Abwesenheit einer Teilung, als eine privatio divisionis, das eine Mal der divisio formalis, das andere Mal der divisio continui, bestimmt ist. Nun ist aber nicht zu sehen, weshalb derselbe negative Begriff bei der transzendentalen Einheit zur Leugnung und bei der numeralen Einheit zur Bejahung einer selbständigen Sachhaltigkeit führen soll[3]. Es ist besonders nicht zu sehen, wie eine solche rein negative Bestimmung, und auch die privatio divisionis materialis ist doch eine rein negative Bestimmung,

---

[1] D. 24, q. 1 C; duae animae separatae nullam habent oppositionem formalem et tamen sunt simpliciter multae. Das Argument bei Duns Scotus s. S. 23.

[2] D. 24, q. 1 C; Ex isto sequeretur, quod ejusdem rei essent duae unitates, quod videtur impossibile. Das Argument bei Duns Scotus s. S. 15.

[3] D. 24, q. 1 C; Si ideo unum, quod est convertibile cum ente non addit aliquid positivum, quia solum privat divisionem, eadem ratione unum quod est principium numeri non addet aliquid positivum quia solum privat divisionem. Quod unum, quod est principium numeri, solum privet (D. 24, q. 1 C; S. 5) divisionem secundum principia istius patet, quia posita quantitate cum indivisione omni alio circumscripto ipsa simpliciter est una; ergo posita quantitate nullo alio addito nisi sola indivisione ita, quod non sit actualiter divisa, simpliciter ponetur unitas. Ergo unum, quod est principium numeri, nihil addit super quantitatem, quae est una, nisi solum privationem divisionis.

eine selbständige Sachhaltigkeit begründen soll. Stellt man sich diese Bestimmung nämlich anschaulich vor, stellt man sich also einen Körper rein als solchen vor, unter ausdrücklicher Ausschaltung aller anderen sachhaltigen Bestimmungen, so ist er offenbar auch schon ungeteilt, und damit einer auch im Sinne der numeralen Einheit. Die hier angesetzte Ausschaltung jeder anderen sachhaltigen Bestimmung wird uns im Folgenden noch ausdrücklich beschäftigen.

Ockham will also darauf hinaus, und das ist das wesentliche seiner Kritik, daß die Begründung, die Thomas für die ontologische Bestimmung des Unum transcendens aus der logischen Bestimmung dieses Begriffes als einer negatio gezogen hatte, mit demselben Recht auch auf das Unum numerale ausgedehnt werden müsse.

§ 7. Jede Einheit hat ein transzendentales Sein

Die eigne Darstellung der Lehre von der Einheit leitet Ockham mit Bedeutungsunterscheidungen von Einheit und Akzidens ein.

Bei der Einheit unterscheidet Ockham drei Hauptbedeutungen.

Einheit im strengsten Sinne meint das einfach Eine, also dasjenige Seiende, das nicht selbst eine Vielheit sachhaltig verschiedener Teile ist. Ockham nennt als Beispiele die Einheit eines Engels und einer Seele[1].

Die beiden anderen Begriffe der Einheit sind dadurch gekennzeichnet, daß sie eine Vielheit sachhaltig verschiedener Teile voraussetzen. In diesem Sinne bezieht sich der zweite Begriff der Einheit auf ein solches Sein, das eine Vielheit von Teilen der gleichen Art. in sich schließt. Es sind dies also in erster Linie die materiellen Kontinua, das Wasser, das Feuer, ein Stein, ein Brett, aber auch die Einheit einer Farbe im Sinne der Einheit einer roten Fläche etwa[2].

---

[1] D. 24, q. 1 D; aliquod enim est unum, quod nullum multitudinem realem partium realiter distinctarum includit, sicut angelus est unus et anima intellectiva est una.

[2] D. 24, q. 1 D; aliquod etiam est unum, quod multitudinem partium realem includit. Et illud subdistinguitur quia quoddam includit multitudinem partium eiusdem rationis et aliquod includit multitudinem partium alterius rationis.

Der dritte Begriff der Einheit bezieht sich auf ein Sein, das eine Vielheit von Teilen verschiedener Art einschließt. Diese Bedeutung von Einheit geht in erster Linie auf die Lebewesen, meint also etwa die Einheit eines Menschen.

Neben diesen strengen Bedeutungen von Einheit kann man auch in einem weiteren Sinne von Einheit sprechen, in dem Sinn nämlich, in dem man ein Heer oder ein Volk oder die ganze Welt als Eines bezeichnet. Dieser weitere Begriff der Einheit wird später bei der Erörterung der Zahl und der Relation eine große Bedeutung erlangen, wird aber hier von Ockham nur angemerkt, da er ihn für die hier vorliegende Erörterung des eigentlichen Sinnes von Einheit noch nicht braucht.

Auch von Akzidens kann man in verschiedener Bedeutung sprechen. Der eigentliche Begriff des Akzidens ist von der Qualität her genommen. So ist etwa bei einer weißen Wand die weiße Farbe ein Akzidens im eigentlichen Sinne. Diese weiße Farbe kommt zu der von sich aus schon bestehenden Wand hinzu, sie prägt ihr eine neue Form auf. Trotz dieser Verbindung behält aber die weiße Farbe ihre selbständige Sachheit gegenüber der Wand, sie schmilzt nicht mit der Wand zu einer unterschiedslosen Einheit zusammen[1].

Von einem Akzidens im weiteren Sinne kann man dann sprechen, wenn einem Seienden eine gewisse Bestimmung zu einer Zeit zugesprochen und zu einer anderen Zeit abgesprochen werden kann, mag diese Veränderung der Bestimmbarkeit auch keine Veränderung des Bestimmbaren selbst bedeuten. Von dieser Art sind nach Ockham die zeitlichen Eigenschaften Gottes, die nomina Dei ex tempore, etwa das Gnädigsein oder das Schöpfersein. Eine solche Eigenschaft ist in gewissem Sinne veränderlich und begründet doch kein Akzidens im strengen Sinne[2].

---

[1] D. 24, q. 1 D; uno modo stricte pro aliquo reali aliquid aliud formaliter informante, sicut albedo dicitur accidens parietis, quem formaliter informat, cum quo non facit unum per se.

[2] D. 24, q. 1 D; alio modo dicitur accidens multum improprie pro aliquo praedicabili, quod contingenter de aliqua re ipsa non corrupta praedicatur, et illo modo potest dici, quod creare accidit Deo ex tempore, quia scilicet creans est unum praedicabile, quod de Deo praedicatur contingenter Deo non corrupto.

Bei der Durchführung der Erörterung zeigt sich, daß mit diesen beiden Bedeutungen von Akzidens noch nicht auszukommen ist, daß man vielmehr von Akzidens im allerweitesten Sinn auch dann noch sprechen kann, wenn weder von selbständiger Sachhaltigkeit noch von Veränderlichkeit die Rede sein kann. In diesem weitesten Sinne kann man jede Bestimmung ein Akzidens nennen, sobald sie überhaupt zutreffenderweise von einem Seienden ausgesagt werden kann[1].

Diese Bestimmungen über das Akzidens bleiben hier für Ockham und damit für unsere Untersuchung zunächst nur vorläufig, sie kommen erst bei der Relation zur grundsätzlichen Diskussion.

Nach diesen Unterscheidungen erörtert Ockham für jede der drei Bedeutungen von Einheit zwei Fragen: 1. Bedeutet die Einheit eine selbständige Sachhaltigkeit, ein reale additum? 2. In welchem Sinne kann die Einheit ein Akzidens genannt werden?

Was die erste Frage anbetrifft, so ist es für die Scholastik außer allem Zweifel, daß bei den einfachen Substanzen, also bei Gott, den Engeln, der denkenden Seele, die Einheit niemals eine selbständige Sachhaltigkeit meinen kann. Es gibt also bei diesen einfachen Substanzen nur eine Einheit. Sie wird von Ockham wie von Thomas und Duns Scotus als transcendens bestimmt in dem Sinn, daß sie kein reale additum ist[2].

Will man diese Einheit der einfachen Substanzen ein Akzidens nennen, so hat Einheit hier den allerweitesten Sinn und bedeutet lediglich Prädizierbarkeit. Alle diese Substanzen sind ja stets je Eines, können also ihre Einheit niemals verlieren. Da sie als einfache Substanzen auch unvergänglich sind, können sie die Einheit nicht einmal dadurch verlieren, daß sie selbst untergehen. Will man also eine solche Bestimmung überhaupt noch Akzidens nennen, so bedeutet Akzidens sein lediglich prädizierbar sein[3].

Auch die materiellen Kontinua, die je Eines sind im Sinne der zweiten Bedeutung von Einheit, können ihre Einheit nicht als selbständige Sachhaltigkeit tragen. Zur Begründung begnügt sich

---

[1] D. 24, q. 1 F; si accidens accipiatur pro omni praedicabili.
[2] D. 24, q. 1 E;
[3] D. 24, q. 1 F.

Ockham, an die Bestimmungen des Aristoteles zu erinnern, Bestimmungen, die von Averroes, Thomas und Duns Scotus oft wiederholt worden sind.

Aristoteles hatte seine Lehre vom Ens und vom Unum durch folgenden Gedankengang begründet: Wäre das Seiende seiend durch etwas anderes, wäre also das Sein eine Gattung, so müßte dies andere offenbar auch ein Seiendes sein. Dann müßte dies andere Seiende seiend durch ein wiederum anderes sein und so fort ins Endlose[1].

Derselbe Gedankengang gilt auch für die Einheit. Wenn ein Seiendes Eines wäre durch etwas anderes, so müßte auch dieses Andere je Eines sein, es wäre je Eines durch wieder ein Anderes und so fort. Dieser Gedankengang muß auch für die materiellen Kontinua gültig sein, auch die Einheit der materiellen Kontinua ist also transzendental und keine selbständige Sachhaltigkeit. Also auch hier ist die Einheit Einheit in der Weise des Unum transcendens[2].

Die zweite Frage, in welchem Sinne man die Einheit der materiellen Kontinua ein Akzidens nennen könnte, ist dagegen schwerer zu beantworten. Die Antwort hängt für Ockham davon ab, ob Gott die Einheit eines solchen materiellen Kontinuums aufheben kann, ohne irgendeine andere Veränderung ins Werk zu setzen. Wir können die Einheit eines Brettes nur dadurch aufheben, daß wir das Holz zerschneiden und durch Bewegung die beiden Teile auseinanderbringen. Wenn Gott aber ein solches materielles Kontinuum teilen, das heißt in seiner Einheit aufheben könnte, ohne irgend etwas von ihm zu zerstören, und ohne irgend eine räumliche Bewegung oder eine qualitative Änderung, dann wäre die Einheit eines solchen Seienden tatsächlich eine veränderliche Bestimmung. Dies Argument aus der Allmacht Gottes hat für die Ontologie der Scholastik eine große Bedeutung und wird unsere Untersuchung noch stark beschäftigen[3].

Als die dritte Bedeutung von Einheit hatte Ockham die Einheit der zusammengesetzten Substanz bestimmt; er denkt hier in erster Linie an die Lebewesen, die in sich eine Mannigfaltigkeit eines ge-

---

[1] Met. III, 3; 998 b 22—28.
[2] D. 24, q. 1 G.
[3] D. 24, q. 1 H.

22

gliederten Leibes, also eine Mannigfaltigkeit sachhaltig verschiedener Teile verschiedener Art darstellen. Die Frage geht also dahin, was bedeutet die Einheit eines Lebewesens? Ist sie nur das Zusammensein seiner Glieder oder bedeutet die Einheit des Lebendigen ein neues selbständiges Moment? Man kennt ja den starken Anstoß, den Leibniz bekommen hat für den Aufbau der Monadologie von dieser Frage, wenn er lehrt, daß die Einheit des Lebendigen tatsächlich ein selbständiges Moment ist, das über das bloße Zusammensein der Teile hinaus geht. Ockham will diese Frage nicht entscheiden, sie soll vielmehr für die weitere Diskussion ausdrücklich offen bleiben [1].

Auch die Frage, ob man die Einheit des Lebendigen ein Akzidens nennen könnte, läßt Ockham offen. Die Antwort hängt davon ab, ob und in welcher Weise Gott die Einheit eines Lebendigen aufheben kann, ohne dies Lebendige selbst zu vernichten [2].

Das Ergebnis dieser Quästion ist zunächst folgendes. Als offene Frage bleibt bei der Untersuchung zurück die Frage nach der Einheit des Lebendigen. Diese Frage stand freilich auch bei Thomas nicht zur ausdrücklichen Diskussion. Sieht man von diesem Problem der Einheit des Lebendigen ab, so stellt sich die bisherige Untersuchung als eine Auseinandersetzung mit Thomas dar, und mit einer Auseinandersetzung mit Thomas war die Untersuchung ja eingeleitet. Da in der Lehre von der transzendentalen Einheit, zunächst einmal rein lehrsatzmäßig betrachtet, Ockham mit Thomas übereinstimmt, handelt es sich nur um die Einheit der materiellen Kontinua. Hier lehnt also Ockham die Lehre des Aquinaten von einer besonderen akzidentalen Einheit ab, auch die materiellen Kontinua sind stets nur Eines im Sinn des Unum transcendens.

Einen weiteren starken Antrieb erfährt die Lehre Ockhams von der logischen Bestimmung der Einheit her.

---

[1] D. 24, q. 1J; ... totum dicitur generari propter unionem partium suarum, et tamen totum non unitur sicut uniuntur partes, vel unum importat aliquid convenire parti, quod tamen sibi posset convenire. Ista et alia relinquo discutienda.

[2] D. 24, q. 1J.

In der scholastischen Bestimmung der Einheit gehen eine engere und eine weitere Definition nebeneinander her. Einen guten Überblick gibt wie immer Suarez[1]: multi enim definiunt unum esse quod est indivisum in se et divisum ab alio. Von vielen Autoren wird der zweite Teil dieser Definition, das divisum ab alio, abgelehnt, Einheit also nur definiert als indivisum in se. Bei Thomas und Duns Scotus findet man beide Definitionen mit starker, fast ausschließlicher Bevorzugung der kürzeren Definition der Einheit als des indivisum in se.

Auch Ockham[2] begnügt sich an vielen Stellen mit der kürzeren Definition. Hier aber, wo er thematisch von der Einheit handelt, legt er den entscheidenden Wert auf den zweiten Teil der Definition, wenn er bestimmt: Unum est ens et non entia[3]. Der Unterschied der beiden Definitionen liegt darin, daß die erste Definition die Einheit als eine Bestimmung betrachtet, die das Seiende nur aus sich selbst hat; in sich Ungeteiltsein ist eine Bestimmung, die einem Seienden zugesprochen werden kann, ohne irgend ein anderes Seiendes in Betracht zu ziehen. Dagegen bestimmt die weitere Definition die Einheit als Geschiedensein von jedem Anderen, also in bezug auf anderes. Nur die volle Definition drückt also den Doppelcharakter der Einheit aus, von der Hegel sagt: das Eins — das in sich selbst Unterschiedslose, damit das Andere aus sich selbst Ausschließende[4]. In Ockhams Bestimmung der Einheit als ens et non entia sind ebenfalls beide Bestimmungen zusammengefaßt. Diese Bestimmung sagt einmal, daß das Eine in sich selbst nur ein Seiendes und nicht vieles ist, sie sagt darüber hinaus aber, daß es ein Seiendes ist gegen die vielen anderen Seienden, die neben ihm existieren. Wenn ein Seiendes a als Eines angesprochen wird, so sagt diese Bestimmung nach Ockham ausdrücklich, daß a a ist, und daß es nicht b noch c noch irgend ein anderes Seiendes ist[5].

---

[1] Suarez, Disp. Mat. IV, 1, XIV; 1, 75, 2, Bff.

[2] Etwa sum tot. log. I, 28.

[3] D. 24, q. 1 E; ita, quod in definitione exprimente quid nominis ponetur ens, et aliquid negativum, ut dicatur, quod est ens et non entia.

[4] Hegel, Enzyklopädie § 96.

[5] D. 24, q. 1 E; quia a est a et ens et non est b nec c, nec aliquod aliud ens ab a nec alia essentia.

24

Ockham erläutert diese Bestimmung durch den Hinweis auf die Einheit Gottes. Die Einheit Gottes sagt zunächst, daß es nur Einen Gott gibt und nicht viele Götter; sie sagt aber auch weiterhin, daß Gott Einer ist als geschieden von der Kreatur, also daß er Gott ist und nicht Kreatur[1].

Damit erweist sich also die Einheit als eine Bestimmung, die nicht nur jeweils ein Seiendes meint, sondern der Begriff Einheit zieht zugleich andere Dinge mit in Betracht, wenn auch nur in der Weise, daß er sie abwehrt. So meint der Begriff der Einheit Gottes zugleich die Kreatur mit, wenn auch in der Weise, daß er das Sein der Kreatur vom Sein Gottes abwehrt. Der Begriff der Einheit erweist sich also als ein Begriff, der jeweils ein Bestimmtes meint und dabei gleichzeitig ein Anderes mitmeint. Solchen Begriff nennt Ockham connotativen Begriff, er spricht von terminus connotativus, von conceptus connotativus, von connotatio schlechthin. Die Einheit ist also ein connotativer Begriff[2].

Mit diesen Bestimmungen der Einheit, teils in der Auseinandersetzung mit Thomas, teils im logischen Ansatz als connotatio ist freilich eine Fülle grundsätzlicher ontologischer Fragen aufgerollt. Wir wollen in unserer Untersuchung so vorgehen, daß wir zunächst die materialen Bestimmungen auch bei der Zahl, bei der Ausdehnung und bei der Relation betrachten, um dann die grundsätzlichen Seinsprobleme im dritten Teil zusammenzufassen.

§ 8. Gabriel Biel

Für die Verbreitung ockhamistischen Lehrgutes hat der Sentenzenkommentar von Gabriel Biel eine große Bedeutung.

Gabriel Biel (1432—1495) hat bei der Gründung der Universität Tübingen entscheidend mitgewirkt und hat dann der theologischen Fakultät als einer ihrer berühmtesten Lehrer angehört. Der von seinem Schüler Martin Steinbach herausgegebene Sentenzenkom-

---

[1] D. 24, q. 1 P; quia quando dicitur Deus est unus, importatur, quod Deus est Deus et non est dii nec creaturae nec alia entia.

[2] D. 24, q. 1 E; quia hoc praedicabile significat illam rem et quamlibet aliam, de qua praedicatur, connotando aliquid aliud ab ista . . .

mentar[1] ist aus Vorlesungen entstanden, die Biel teils in Tübingen, teils in den Bruderhäusern des Ordens der Brüder vom gemeinsamen Leben gehalten hat[2].

Der Einfluß Biels ist sehr groß. Unter den Graduierten Tübingens dieser Zeit finden wir Staupitz, unter den Studenten Melanchthon und Eck[2]. Ein Exemplar von Biels Sentenzenkommentar, das die Erfurter Augustiner erworben hatten, ist noch erhalten. Zahlreiche Randbemerkungen zeigen, mit welchem Eifer Luther und seine Freunde sich dem Studium des Werkes hingegeben haben[3]. Suarez zieht in vielen Fragen Biels Meinung heran[4]. Auch der junge Leibniz hat das Collectorium für seine erste Disputation benutzt[5].

Gabriel Biel bezeichnet seine Absicht im Vorwort: cum ergo nostri propositi est dogmata ex scriptis venerabilis inceptoris Guilhelmi Occam anglici veritatis indagatoris acerrimi circa quattuor sententiarum libros abbreviare . .[6].

Allerdings ist diese Absicht, einen zusammenfassenden Bericht über Ockham zu geben, nicht gleichmäßig durchgeführt. Wir finden ja bei Ockham, daß entsprechend der damaligen Übung, der Kommentar zum ersten Buch die gute Hälfte des ganzen Werkes einnimmt. Diese Gliederung führt dazu, daß die ontologischen Probleme, die im ersten Buch vorwiegend zur Sprache kommen, stark in den Vordergrund treten. Gabriel Biel aber, der inzwischen eingetretenen Entwicklung folgend, drängt die philosophischen Fragen zu Gunsten der eigentlichen theologischen Probleme zurück. Dies drückt sich zunächst rein äußerlich darin aus, daß das erste Buch stark, etwa auf ein Achtel des Gesamtwerkes verkürzt wird, während die drei letzten Bücher entsprechend ausgebaut werden. Diese starke Verkürzung des ersten Buches hat dann zur Folge, daß die

---

[1] Gabriel Biel, Collectorium circa quattuor sententiarum libros. Tübingen 1501.

[2] Nach der ausführlichen Darstellung in H. Hermelink, Die theol. Fakultät in Tübingen. Tübingen 1906.

[3] Luthers Randbemerkungen zu Gabriel Biels Collectorium ed. H. Degering. Weimar 1933.

[4] Etwa Disp. Met. d. 40, S. 2, II; 2, 140, 2 E.

[5] Leibniz, Disp. met. de principio individui § 4.

[6] Collectorium, Prologus, Abs. 2.

26

Wiedergabe Biels eigentlich nur noch die Ergebnisse thesenartig herausstellt, während der hinführende Gedankengang, wenn überhaupt, so nur ganz kurz angedeutet ist. Übrigens führt diese Verlagerung auch dazu, daß nur das uns allerdings allein beschäftigende erste Buch sich wirklich an Ockham anschließt, während die drei letzten Bücher sich neben Ockham auch stark auf Duns Scotus stützen.

Die Darstellung des ersten Buches schließt sich genau an Ockham an, es ist Distinktion für Distinktion und Quästion für Quästion wiedergegeben. In der ersten Quästion der Distinktion 24 wird also über Ockhams Lehre von der Einheit berichtet.

Biel bemerkt zunächst, daß Ockham sich mit Thomas sum. theol. q. 11 a. 1 auseinandersetzt. Er gibt dann die Bedeutungsunterscheidungen von unum und accidens wieder und referiert dann die Folgerungen Ockhams über die Anwendung von unum und accidens auf die einfachen Substanzen, auf die materiellen Kontinua und auf die zusammengesetzten Substanzen, also die Lebewesen. Zum Schluß sind dann die drei Einwände fast wörtlich wiedergegeben.

Als Ergebnis kommt folgende Bestimmung heraus: unum est ens sive res, quae non est plura entia, et sic verum est, quod unum non addit ultra ens nisi negationem divisionis vel multiplicitatis[1].

In dieser Form gibt also Biel die Lehre Ockhams wieder und damit weiter. Man wird dazu wohl sagen können, daß die Ergebnisse als solche einigermaßen richtig wiedergegeben sind, daß aber die philosophischen Antriebe, aus denen heraus Ockhams Bestimmungen kommen, also die Lehre von den Transzendentalien und die Auseinandersetzung zwischen transzendentalem und kategorialem Sein in dieser Wiedergabe Biels völlig ausgefallen sind. Dies ist aus den angeführten Gründen für die spätere Wirksamkeit Ockhams leider von großer Bedeutung, und unsere Untersuchung wird diese von Biel übergangenen Zusammenhänge besonders herausheben müssen.

§ 9. Suarez

Suarez ist für unsere Untersuchung in vielfacher Hinsicht bedeutsam. Zunächst kann seine Wirkung auf Leibniz und Wolff wohl

---

[1] Collectorium D. 24, q. 1 C.

kaum hoch genug angeschlagen werden. Die hier vorliegenden Probleme sind merkwürdigerweise erst vor wenigen Jahren Gegenstand einer besonderen Untersuchung geworden[1]. Suarez ist etwa für Leibniz das Lehrbuch der scholastischen Philosophie schlechthin und dürfte das Studium der Originalwerke fast durchweg ersetzt haben.

Man wird dabei zugeben müssen, daß die ausgedehnten geschichtlichen Darstellungen, die Suarez über die Entwicklung jedes Lehrpunktes der Scholastik gibt, zu dem Besten gehören, was wir über die Scholastik besitzen, und daß diese Darstellungen auch heute noch ihren Wert behalten haben.

Mag man nun weiterhin die eigne systematische Stellung des Suarez als eklektizistisch tadeln, für seine geschichtliche Wirkung ist es von großer Bedeutung gewesen, daß er sich selbst zwar als Thomist betrachtet, daß er aber keineswegs auf den allerengsten thomistischen Parteistandpunkt schwört. Dieser vermittelnde Standpunkt hat die für uns bedeutsame Folge, daß Suarez in vielen Punkten die Lehren Ockhams nicht nur wiedergibt, sondern daß er sich oft auch selbst, — wie in der Lehre von der Relation — der Meinung Ockhams anschließt. Es bleibt dabei für Suarez charakteristisch, daß er in solchen Fällen stets Wert darauf legt zu zeigen, daß die von ihm jeweils vorgetragene Lehre auch die Lehre des Aquinaten sei.

Die Lehre von der Einheit nimmt in dem Hauptwerk des Suarez, den Disputationes Metaphysicae, einen gewichtigen Raum ein. Die Einheit wird dort unter dem Titel der passiones entis in den Disputationen 4 bis 7 abgehandelt. Die numerale Einheit berührt Suarez noch einmal kurz in der von der quantitas discreta handelnden Disputation 41.

Suarez hält an der Unterscheidung zwischen transzendentaler und akzidentaler Einheit fest. Für die akzidentale Einheit braucht er den Terminus unitas quantitativa oder unitas numeralis[2].

Von der transzendentalen Einheit handelt Suarez in der 4. Disputation: de unitate transcendentali in communi. Er hält am gemein-

---

[1] K. Eschweiler, Die Philosophie der spanischen Spätscholastik auf den deutschen Universitäten des 17. Jahrh.

[2] An vielen Stellen, etwa Disp. Met. D. 41, S. 2; 2, 375, 1, D.

samen Lehrgut der Scholastik fest, insbesondere also daran, daß das Unum transcendens dem Ens keine selbständige Sachhaltigkeit hinzubringt [1]. In der Diskussion über die ratio formalis der transzendentalen Einheit entscheidet sich Suarez dahin, daß die Einheit nicht bloß die rein negative Ungeteiltheit, sondern, daß sie das Seiende in seiner Ungeteiltheit meint [2].

In D. 4 s. 9: utrum unitas transcendentalis sit unitas numerica, vel quaenam illa sit, geht Suarez ausdrücklich auf die uns besonders beschäftigende Frage nach dem Unterschied zwischen transzendentaler und akzidentaler Einheit ein.

Suarez will auf der einen Seite die Unterscheidung der beiden Weisen der Einheit aufrechterhalten, auf der anderen Seite will er aber jede Bestimmung vermeiden, die ein Nebeneinander zweier Einheiten zur Folge haben würde [3].

Die von Javellus und Capreolus vertretene Meinung, die quantitative Einheit füge der Quantität, also dem ausgedehnten Körper noch eine weitere positive Bestimmung hinzu, lehnt er daher entschieden ab [4].

Man muß nach Suarez vielmehr ausgehen von dem Zusammenhang zwischen Einheit und Sein. Das Sein als solches, das zunächst transzendental ist, entfaltet sich in das Sein der einzelnen Kategorieen, der Substanz, der Qualität, der Quantität als quantitas continua. Mit dieser Entfaltung des Ens entfaltet sich auch zugleich das Unum. Die numerale Einheit ist daher die auf Grund der Entfaltung des Seins zu kategorialen Bestimmungen zugleich entfaltete

---

[1] Disp. Met. D. 4, S. 1, VI; 1, 74, 1 C: dicendum est primo, unum nihil positivum addere supra ens, nec rationis, nec reale, neque ex natura rei, neque sola ratione ab ente distinctum.

[2] Disp. Met. D. 4, S. 2, VI; 1, 78, 2, E: unitatem non esse veluti quandam privationem adiunctam enti, sed esse ipsam rei naturam seu entitatem, quae ut est entitas vel essentia constituit ens: ut vero est entitas indivisa, constituit unum ens.

[3] Disp. Met. D. 4, S. 9, IV; 1, 89, 2, E: alioquin oporteret fingere duas unitates in una quantitate, aliam transcendentalem, aliam quantitativam, quod supervacaneum est et vix potest mente concipi.

[4] Disp. Met. D. 4, S. 9, V; 1, 90, 1, A: ex quo aliqui eliciunt, unitatem quantitativam addere ipsi quantitati aliquid positivum.

transzendentale Einheit. Suarez trägt diese Meinung zwar zunächst als die des Durandus vor, es zeigt sich aber bald, daß dieser Gedankengang des Durandus auch für Suarez (90, 1, A) die wesentliche Begründung darstellt[1].

Die akzidentale Einheit bleibt daher von der transzendentalen Einheit verschieden, weil sie nicht mit dem Ens als solchem konvertibel ist, sie bringt aber auf der anderen Seite der ausgedehnten Substanz keine neue Sachhaltigkeit hinzu, die zur Ausdehnung als solcher hinzukäme. Der Substanz, gewissermaßen der nackten Substanz, bringt sie die Ausdehnung in der Weise der Ungeteiltheit hinzu[2]. Dies ist auch die Meinung des Aquinaten[3].

Wenn nun auch Suanez sich zunächst auf Durandus bezieht, so wird er doch der Stellung Ockhams in starkem Maße gerecht. Er geht ja mit der Meinung Ockhams insofern überein, als die numerale Einheit als solche keine selbständige Sachhaltigkeit hinzubringt. Die der Substanz hinzugebrachte Sachhaltigkeit besteht nur in der Ausdehnung. Die Differenz zwischen Suarez und Ockham liegt daher eigentlich nicht in der Bestimmung der Einheit, sondern in der Bestimmung der Ausdehnung, da Ockham auch die Ausdehnung nicht als ein absolutes Akzidens auffassen will.

Dabei übersieht Suarez, im Gegensatz etwa zu Biel, mit völliger Klarheit das eigentlich tragende Moment bei Ockham. Suarez verdeutlicht dies an Gregor von Rimini, einem erklärten Anhänger Ockhams. Die Meinung des Gregor von Rimini bedeutet nicht, daß jede Einheit eine Quantität wäre, sondern sie bedeutet umgekehrt, daß jede Einheit, auch die quantitative, seinsmäßig als transzendentale Einheit verstanden werden soll. Mit diesem Bericht

---

[1] Disp. Met. D. 4, S. 9, 111; 1, 89, 2, B: unde sicut ens determinatur ad singula praedicamenta per proprios modos entitatis, et ens transcendens ut inclusum in singulis praedicamentis nihil aliud est quam tale vel tale ens; ita unum transcendens determinatur ad singula praedicamenta per tales modos unitatis.

[2] Disp. Met. D. 4, S. 9, X; 1, 91, 1, C: unitatem numericam seu quantitativam, quatenus substantiae denominative convenit, addere supra substantiam rem positivam sub negatione, scilicet quantitatem ipsam cum indivisione.

[3] Disp. Met. D. 4, S. 9; 1, 90, 2, D und 1, 91, 1, CD.

gibt Suarez lediglich das wieder, was Gregor von Rimini über diese Zusammenhänge schon klar herausgestellt hatte[1].

Schon Gregor von Rimini hatte gezeigt, und dies mag für uns der vorläufige Abschluß unserer Betrachtungen über die Einheit sein, daß alle Bestimmungen Ockhams darauf hinauslaufen, jede Einheit als eine transzendentale zu bestimmen[2].

---

[1] Disp. Met. D. 4, S. 9, IV; 1, 89, 2, DE: non quod putet, omne unum esse quantum, sed econverso, quia putat omne unum esse transcendens, et unum quantitativum nihil aliud esse, quam unum transcendens in substantia vel accidentibus materialibus.

[2] Gregor von Rimini in I. sent. d. 24, q. 1 und q. 2.

Kapitel 2

DIE ZAHL

Ockham handelt vom Sein der Zahl thematisch in der quaestio 2 der distinctio 24: utrum trinitas personarum sit verus numerus. Die Quaestion hat folgenden Aufbau:

A   contra et pro

BC   Thomas von Aquin nach sum. theol. I, 30, 3.

             a) seine Meinung, teils referiert, teils zitiert,
             b) fünf Gründe für diese Meinung

CDEF   Duns Scotus nach rep. par. I, d. 24

GHI   Man kann diese Meinungen zugleich als opinio communis dahin zusammenfassen, daß die Zahl bestimmt wird als ein absolut Seiendes:

             numerus est aliqua res absoluta una per se in genere distincta realiter a rebus numeratis.

             Die drei Hauptgründe gegen diese Auffassung:

             G 3 Dinge sind 3 auch ohne jedes absolute Akzidens

             H es ergeben sich Schwierigkeiten, wie und wem ein solches absolutes Akzidens inhärieren soll

             I eine solche Seinsbestimmung der Zahl als absolutes Akzidens löst nicht die durch die Zahl gestellten Seinsprobleme

KLMNO   Die verschiedenen Auffassungen — Thomas von Aquin, Heinrich von Gent, Duns Scotus, werden einzeln widerlegt

PQ   Formulierung der eignen These: numerus non est aliqua res absoluta una per se in genere distincta realiter a rebus numeratis; numerus est res pluraliter et non singulariter

RSTUX   Widerlegung der 5 Argumente, die für Thomas sprechen

Y   Formgerechte Antwort auf die Frage nach der Dreiheit der Trinität: Diese Dreiheit ist eine multitudo transcendens

Z   Widerlegung der als contra vorgegebenen Gegengründe.

Schon dieser Aufbau der thematischen Abhandlung über die Zahl zeigt, welche Bedeutung für den systematischen Ansatz Ockhams der geschichtliche Zusammenhang hat. Auch hier wieder gibt die

32

Auseinandersetzung zwischen Aristoteles und Plotin den Raum vor, in dem sich die Auseinandersetzung der Hochscholastik abspielt.

§ 10. Aristoteles

Thematisch äußert sich Aristoteles über die Zahl an drei Stellen: in den Kategorien bei der Lehre von der Quantität, in der Physik bei der Lehre von der Zeit und in der Metaphysik Buch XIII.

Die am wenigsten befriedigende Darstellung bringen die Kategorien. Wir erfahren dort eigentlich nur, daß die Zahl zur Quantität gerechnet wird und daß Zahl und Rede die diskrete Quantität ausmachen, im Unterschied zu Linie, Fläche, Körper, Zeit und Ort, die die kontinuierliche Quantität ausmachen[1]. Dies Gliederungsschema wird dann in den scholastischen Lehrbüchern ohne Aufhören traktiert.

Die Abhandlung über die Zeit findet sich in der Physik Buch IV, Kap. 10—14. Die Zahl kommt ins Spiel, weil die Zeit bestimmt wird als die Zahl der Bewegung[2]. Im Zusammenhang dieser Erörterung wirft Aristoteles im Kapitel 14 die Frage auf, wie die Zeit und damit die Zahl sich zur Seele verhalte. Eine Zahl, so nimmt Aristoteles die Schwierigkeit auf, gibt es doch nur[3], wenn gezählt wird; zählen kann aber nur die denkende Seele. Nun führt zwar Aristoteles hier auch noch eine Unterscheidung durch, es gilt aber doch zum mindesten für eine gewisse Art der Zahlen, daß sie in ihrem Sein vom Zählen der denkenden Seele abhängen. Diese Stelle der Physik ist besonders denjenigen Scholastikern wichtig gewesen, die etwa wie Petrus Aureolus, das Sein der Zahl von dem faktischen Zählen eines denkenden Wesens abhängig machen.

Die eigentlich thematische Abhandlung des Aristoteles über das Sein des Mathematischen und damit der Zahlen findet sich in der Metaphysik Buch 13 Kap. 1—3. Diese Darlegung entwickelt sich aus einer Auseinandersetzung mit der Ideenlehre Platos, teils in der Form, die Plato selbst ihr gegeben hatte, teils in der Form, die

---

[1] Kat. I, VI.
[2] Phys. IV, 11; 219^b 1.
[3] Phys. IV, 14; 223^a 22.

sie von verschiedenen Platoschülern erhalten hatte. Aus der Polemik gewinnt Aristoteles als abschließende Feststellung: das Mathematische, für uns also insbesondere die Zahl, ist kein Seiendes, das aus sich selbst bestehen kann (keine οὐσία); es hat auch keinen Seinsvorrang vor den sinnenfälligen Dingen, der Vorrang der Arithmetik und der Geometrie vor der Optik etwa oder der Astronomie ist nur ein Vorrang auf Grund des Logos; das Mathematische kann auch keine abgesonderte Existenz haben, und es kann schließlich nicht in den sinnenfälligen Dingen als deren Bestandteil existieren[1].

Mit dieser Feststellung scheinen freilich alle Möglichkeiten erschöpft, und doch ist nach Aristoteles die Frage in bezug auf das Mathematische nicht, ob es existiert, sondern nur in welcher Weise es existiert[2].

Zur Lösung der Seinsfrage des Mathematischen zieht Aristoteles seine Lehre vom Analogiecharakter des Seinsbegriffes heran. Der Begriff »Sein« hat weder nur eine einzige Bedeutung, noch zerfällt er in eine Reihe von zusammenhanglosen Bedeutungen; er hat vielmehr verschiedene Bedeutungen, die aber in sich zusammenhängen. Diese Bedeutungsmannigfaltigkeit entfaltet sich, wenn ich sage: er ist ein Mensch, oder: er ist gebildet. Das Gebildetsein ist kein Sein im Sinne der Ousia, und doch hängt es mit diesem eigentlichen Sein zusammen und hängt von ihm ab[3].

So ist auch das Sein des Mathematischen kein Sein wie das Sein der Dinge, aber nicht genommen als solche, sondern genommen in einer bestimmten Hinsicht. Aristoteles sagt vom Mathematiker: σκοπεῖ τι περὶ τούτων ᾗ τοιαῦτα (1078a 18)[4].

Diesen Seinscharakter des Mathematischen und damit der Zahlen als das Seiende in einer bestimmten Hinsicht erklärt Aristoteles durch eine sorgfältige Hinführung.

So können zunächst die Lebewesen in der Hinsicht auf ihr Geschlecht als männlich oder weiblich genommen werden, und dabei ist doch dies Sein des Männlichen oder des Weiblichen das Sein der

---

[1] Met. XIII, 2; 1077ᵇ 12.
[2] Met. XIII, 1; 1076ᵃ 36.
[3] Met. XIII, 2; 1077ᵇ 17.
[4] Met. XIII, 3; 1077ᵇ 27.

Lebewesen selbst, und es gibt kein Männliches und kein Weibliches, das für sich neben den Lebewesen existieren könnte[1].

So kann man ferner das Seiende als bewegt auffassen, es also in Hinsicht auf seine Bewegung bestimmen. Diese Möglichkeit ist sogar in einer eignen Wissenschaft, der reinen Bewegungslehre zum Ausdruck gekommen. Trotzdem ist Bewegung nicht etwas, das für sich existieren könnte; es gibt kein Bewegtes, das nur ein Bewegtes wäre, sondern das Bewegte ist das Seiende selbst in Hinsicht auf seine Bewegung[2].

Dieselbe Erwägung kann man, so sagt Aristoteles, auch für die reine Größenlehre anstellen. Er berührt damit ein Problem, das gerade zu seiner Zeit unter den Philosophen wie unter den Mathematikern brennend war. Man hatte nämlich gefunden, daß eine Reihe von Bestimmungen für Zahlen, Linien, Flächen und Körper gleichmäßig galt. Es drehte sich einmal um die Proportionenlehre. Ein Satz über Proportionen galt, es mochten nun Zahlen, Linien, Flächen oder Körper in Proportion stehen. Ebenso galten einige allgemeine Sätze, etwa: sind zwei Größen einer dritten gleich, so sind sie untereinander gleich, allgemein für Zahlen, Linien, Flächen und Körper. Diese Herausstellung einer besonderen Größenlehre war eine der ganz großen mathematisch-philosophischen Entdeckungen. Aristoteles zieht die ontologischen Konsequenzen. Die Existenz von Zahlen an sich wird zwar vielfach behauptet. Aber niemand wird doch behaupten wollen, es gebe Größen als Größen an sich, Größen also, die weder Zahlen noch Linien, Flächen oder Körper wären. Größen sind vielmehr stets entweder Zahlen oder Linien oder Flächen oder Körper, aber alle diese in einer bestimmten Hinsicht genommen.

Wenn also eine allgemeine Größenlehre nicht die Existenz von Größen an sich voraussetzt, sondern Größen anderweitig Bestimmtes in einer bestimmten Hinsicht genommen sind, dann muß dies auch für die Arithmetik und für die Geometrie möglich sein[3].

---

[1] Met. XIII, 3; 1078ª 5.
[2] Met. XIII, 3; 1077ᵇ 22.
[3] Met. XIII, 3; 1077ᵇ 17.

Dann muß es also auch für die Arithmetik gelten, daß die Tatsache der Arithmetik nicht die Existenz von Zahlen an sich voraussetzt, sondern daß die Zahlen das Schlicht-Seiende in einer bestimmten Hinsicht genommen sind. Die Hinsichtnahme, auf der die Zahlen gründen, nimmt das Seiende als Geteiltes und als Ungeteiltes[1], insofern es Ordnung untereinander hat.

§ 11. Plotin

Wir halten uns wieder an das 6. Buch der 6. Enneade. Plotin bereitet seine Lehre von der Zahl dadurch vor, daß er zwei verschiedene Interpretationsmöglichkeiten einer Timäusstelle vorlegt[2]. Plato sagt dort, Gott habe die Sonne in ihre Sphäre gesetzt, damit die Lebewesen, also in erster Linie die Menschen, der Zahl teilhaftig würden. Plato geht dabei davon aus, daß die Sonne durch den Wechsel von Tag und Nacht die regelmäßige Gliederung der Zeit bestimmt[3]. Diese Stelle kann man nun nach Plotin in verschiedener Weise auffassen. Man kann sich vorstellen, daß durch den Wechsel von Tag und Nacht die Zahl allererst entsteht, so daß die Menschen die Zahl hier erhalten, weil die Zahl hier entsteht. Die Zahl entsteht, wenn Menschen diesen regelmäßigen Wechsel von Tag und Nacht zählen, sie konnte vorher nicht entstehen, weil es vorher nichts gab, das als regelmäßig Veränderliches wahrnehmbar war.

Man kann aber nach Plotin diese Stelle auch dahin auffassen, daß die regelmäßige Änderung von Tag und Nacht in der Seele des Menschen die Kenntnis der Zahl lediglich wieder wachruft, so daß die Zahl schon immer bestand und gekannt war, und der Wechsel von Tag und Nacht in der Seele des Menschen lediglich die Erinnerung wachrief.

Diese beiden Auffassungen der Timäusstelle führen auf zwei verschiedene Auffassungen der Zahl. Für die eine Auffassung wird die Zahl erst durch das Zählen einer denkenden Seele erzeugt[4], für

---

[1] Met. XIII, 3; 1077b 29.

[2] Enn. VI, 6; 674B, 1235, 9.

[3] Platon, Timäus 39B.

[4] Friedrich Kreuzer faßt in seinen Erläuterungen zur Oxforder Ausgabe die Darlegung Plotins so auf, daß zwei verschiedene Meinungen Platos gegen-

die andere Auffassung hat die Zahl ein eignes Sein, ein Sein, das jeder Erfassung durch eine denkende Seele vorausgeht [1] [2].

Damit ist für Plotin das eigentliche Problem aufgerollt. Läßt man den Zusammenhang zwischen Zahl und Zählen zunächst einmal bei Seite, dann lautet die Frage: Bestehen die Zahlen an sich, oder sind die Zahlen immer nur Bestimmungen der Dinge? Gibt es also eine Zwei an sich, oder ist die Zwei stets nur die Zweiheit von je zwei Dingen? [3].

Plotin entscheidet sich für das ideale Sein der Zahl. Die Zehn z. B. geht also allem, was je als zehn angesprochen wird, voraus, und dies Vorausgehende ist die Zehn an sich [4].

Die eigentliche Begründung gibt Plotin im Kapitel 10 (1245, 1 bis 1247, 11). Der Seinsvorrang der Zahl wird begründet aus dem Werden und aus dem Erkennen.

Nichts kann werden, wenn nicht schon die Zahlen vorweggehend dies Werden bestimmen und dadurch erst möglich machen. Plotin erläutert dies am Beispiel des Goldes, das als Geld Zahlencharakter annimmt. Das Gold ist von sich aus ein homogener Stoff, ohne zahlenmäßige Gliederung. Will nun jemand Gold haben, so will er nicht das Gold als diesen homogenen Stoff, sondern das Gold in bestimmter Menge. Er verlangt etwa als Tribut 10 Talente Gold. Dies bedeutet nun, daß eine ganz bestimmte Menge Goldes bereitgestellt, gegebenenfalls ausgemünzt wird. Damit aber ein solches Verlangen nach 10 Talenten Gold überhaupt gestellt werden kann, und damit auf dies Verlangen 10 Talente Gold bereitgestellt werden können, muß vorher schon feststehen, wieviel 10 Talente Gold sind. Damit also Gold in dieser zahlenmäßigen Bestimmtheit auf-

---

einandergestellt werden sollen. Die eine Meinung würde sich dann auf Timäus p. 37 ff. beziehen, die andere Meinung auf Parmenides p. 144 ff. Für unsere Untersuchung ist zwischen diesen beiden Auffassungen der Plotinstelle kein Unterschied, auch Plotin selbst will ja durch diese Gegeneinanderstellung nur auf die beiden systematischen Möglichkeiten der Seinsbestimmung der Zahl hinführen.

[1] VI, 6; 674 B, 1235, 12.
[2] VI, 6, 674 C, 1235, 16.
[3] VI, 678 A, 1243, 3.
[4] VI, 6; 675 F, 1238, 1.

treten kann, verlangt und gegeben werden kann, muß vorher schon feststehen, was 10 Talente sind. Es können also aus der an sich unbestimmten Menge Goldes nicht zehn Talente Gold verlangt und gegeben werden, wenn nicht schon vorher feststeht, was 10 Talente sind, und damit was zehn an sich ist[1].

Da nun alles Wirkliche zahlenmäßig bestimmt ist, so kann es nicht werden, wenn nicht diese zahlenmäßige Bestimmung durch das Vorbestehen der Zahlen als Ideen ermöglicht ist[2].

Es kann aber auch nichts in seiner zahlenmäßigen Bestimmtheit erkannt werden, ohne daß die Zahlen als solche vorher gekannt wären. Man betrachte eine große Menge irgend welcher Dinge, etwa 1000 Goldstücke. Von einem solchen Haufen Goldstücke kann man nur sagen, es seien 1000, wenn man sie durchgezählt hat. Dieser Haufen Goldstücke zeigt ja nicht von sich aus seine Zahl her, so wie er seine Form oder seine Farbe herzeigt. Daß es 1000 sind, kann nicht wahrgenommen werden, sondern erst auf Grund einer bestimmten Hinsicht gesagt werden. Ohne eine solche einsichtige Aussage kann niemand wissen, wieviel Goldstücke es sind. Wie aber kann man eine solche Aussage machen? Doch nur dann, wenn man sich auf das Zählen versteht. Auf das Zählen aber kann sich doch nur verstehen, wer die Zahlen kennt, und die Zahlen kann man doch nur kennen lernen, wenn sie als solche schon sind[3].

Wenn daher jemand etwas als tausend oder als zehn ansprechen will, so muß dies entweder die — intuitiv erfaßte — Zehn selbst sein, oder dem anzusprechenden Seienden muß eine andere Zehn vorausgehen, und diese vorausgehende Zehn ist eben nichts anderes als die Zehn als Idee[4].

Die Zahl also geht allem anderen Seinden voraus und existiert in sich selbst als die Zahl selbst (αὐτοδεκάς)[5]. Diese eigentlich seiende Zahl ist zugleich nach dem Einen das eigentlich Seiende und allem anderen Quell und Ursprung des Seins[6].

---

[1] VI, 6, 680 A, 1245, 3.
[2] VI, 6; 680 A, 1245, 7.
[3] VI, 6; 680 D, 1246, 2.
[4] VI, 680 G; 1246, 16.
[5] VI, 6; 1238, 1 und 1256, 8.
[6] VI, 6; 687 C, 1258, 10.

38

Von hier aus wird, wie wir es bei der Einheit schon gesehen haben, das Verhältnis der Zahl zu den zahlenmäßig bestimmten Dingen bestimmt als die Anwesenheit der Idee der Zahl in den Dingen. Von den Dingen her gesehen erscheint dies als Teilhabe der Dinge an den Ideen der Zahlen. Zwei Dinge sind also zwei durch die Anwesenheit der Zweiheit selbst[1]. Damit erhebt sich freilich für die Zahl wie für die Einheit wiederum die Frage, wie diese Teilhabe eigentlich zu denken sei[2].

Jedenfalls bedeutet die Zwei für die Dinge, die je zwei sind, stets einen neuen selbständigen Sachgehalt in demselben Sinn wie jede Qualität als selbständige Sachhaltigkeit aufgefaßt wird. Plotin betont ausdrücklich, und er stellt damit schon von sich aus den eigentlichen Angriffspunkt heraus, daß die Zahl seinsmäßig genau so zu bestimmen ist wie die Qualität, daß Zweisein und Dreisein seinsmäßig dasselbe ist wie Weiß-sein, Bitter-sein und Süß-sein.

§ 12. Thomas von Aquin

Für die Lehre des Aquinaten halten wir uns wie bei der Einheit zunächst wieder an Ockhams Bericht. Dieser Bericht ist, wie stets bei Ockham, eine Verbindung von Referat und Zitat, und zwar auf Grund von sum. theol. I, 30, 3 c. Thomas handelt dort von der Frage, was die zahlenmäßigen Bestimmungen der Trinität — drei Personen, ein Gott — seinsmäßig bedeuten. Für Thomas wären als thematische Abhandlungen weiter heranzuziehen in I. sent. d. 24 und de pot. Dei q. IX a 7. Ockhams Bericht sagt, etwas frei wiedergegeben, folgendes:

(Thomas) lehrt von der Zahl, daß eine Art der Zahl in der Teilung des Kontinuums begründet ist, daß eine andere Art der Zahl aber lediglich eine Vielheit ist, die aus dem Sein der Dinge selbst unmittelbar hervorgeht. Die erste Zahl ist eine Unterart der Kategorie der Quantität und meint daher eine hinzutretende selbständige Sachhaltigkeit. Die andere Zahl dagegen ist keine Unterart der Quantität.

---

[1] VI, 6; 686 A, 1256, 1.
[2] VI, 6; 686 B, 1256, 2.
[3] VI, 6; 685 D, 1255, 8.

Auf Grund dieser Unterscheidung sagt nun (Thomas) wörtlich, daß jede Vielheit sich auf einer bestimmten Teilung aufbaut. Es gibt aber zwei Arten der Teilung. Die erste Teilung ist eine materielle Teilung. Sie geschieht, wenn ein Ausgedehntes geteilt wird; auf dieser Teilung baut sich diejenige Zahl auf, die eine Unterart der Quantität ist. Diese Zahl kann daher nur bei solchen Dingen vorkommen, die Ausdehnung haben, und daher grundsätzlich an die Materie gebunden sind. Die zweite Teilung ist die formale Teilung. Sie beruht auf dem Gegensatz der Formen, und auf ihr baut sich die Vielheit auf, die nicht zu einer bestimmten Kategorie, sondern zu den transzendenten Begriffen gehört. Sie beruht darauf, daß das Sein als solches sich in das Eine und das Viele teilt. Diese Vielheit bezeichnet keine selbständige Sachhaltigkeit, die zu den Dingen hinzuträte; sie folgt hierin dem Unum transcendens, das im Gegensatz zum Unum, quod est principium numeri, dem Ens ebenfalls keine selbständige Sachhaltigkeit hinzubringt. Die Zahl dagegen, die eine Unterart der Quantität ist, bringt ihren Substraten eine selbständige Sachhaltigkeit hinzu, wie dies ja auch der Fall ist bei der Einheit, die der Ursprung der Zahl ist.

Daher kommt (Thomas) zu folgendem Ansatz:

Es gibt eine bestimmte Weise der Zahl, die auf der Teilung des Ausgedehnten beruht. Diese Zahl ist eine Unterart der Quantität, und daher von allen anderen Arten und Unterarten sowohl aller anderen Kategorieen als auch der Quantität verschieden[1].

Ockham hebt mit diesem Bericht aus der Zahlenlehre des Aquinaten als den eigentlichen Kern die ontologische Unterscheidung zwischen der Zahl als Akzidens und der Zahl als Transzendens heraus. Freilich wird diese Lehre des Aquinaten in den üblichen Darstellungen der Lehre von den Transzendentalien stark vernachlässigt. Dort trifft man immer nur auf ens, unum, bonum, verum, res und aliquid, von der transzendentalen Vielheit — multitudo, quae est de transcendentibus — ist wenig die Rede; Suarez, Gredt und E. Bodewig[1] bilden eine rühmliche Ausnahme.

---

[1] E. Bodewig, Die Stellung des hl. Thomas von Aquin zur Mathematik. Archiv für Gesch. der Philos. 41, 1932 und: Zahl und Kontinuum in der Philosophie des hl. Thomas. Divus Thomas (Fr.) 13, 1935.

Diese ontologische Unterscheidung zwischen den beiden Arten der Zahl stellt den eigentlichen Angriffspunkt für Ockham dar, wir wollen sie daher noch einmal im einzelnen durchgehen.

Die akzidentale Einheit, und demzufolge auch die akzidentale Zahl ist für Thomas eine Unterart der Kategorie der Quantität; sie ist also eine kategoriale Bestimmung. Thomas bezeichnet sie als: numerus, qui est species quantitatis[1].

Als eine kategoriale Bestimmung ist sie ein Akzidens im eigentlichen Sinne, das heißt, sie bringt dem Seienden, dessen Bestimmung sie ist, eine selbständige Sachhaltigkeit hinzu: ponit quoddam additum supra res[2].

Diese hinzutretende Sachhaltigkeit bestimmt Thomas im Anschluß an Aristoteles als Gemessensein, Maß erhalten haben, mensuratum esse[3]. Diese Bestimmung der akzidentalen Zahl entspricht der Bestimmung der akzidentalen Einheit, deren selbständige Sachhaltigkeit als Maßhaftigkeit bestimmt war.

Die akzidentale Zahl beruht auf einer Teilung des Kontinuums: (divisio) materialis, quae fit secundum divisionem continui; et hanc sequitur numerus, qui est species quantitatis[4]. Für diesen Begriff des Kontinuums haben wir keinen wirklich zutreffenden Ausdruck. Thomas meint damit die Materie in ihrer dreidimensionalen Ausdehnung, diese materielle dreidimensionale Ausdehnung aber nicht genommen als Komponente der zusammengesetzten Substanz, also im Hinblick auf den Gegensatz Form und Materie, sondern als mögliche kategoriale Bestimmung der Substanz, in erster Linie als quantitas continua.

Beruht die akzidentale Zahl auf einer solchen materiellen Teilung, dann ergibt sich, daß eine solche Zahl auch nur bei materiellen Dingen vorkommen kann. Man muß hier besonders beachten, daß materielle Dinge hier Dinge bedeutet, die als materielle kategorial

---

[1] sum theol. I, 30, 3, c.

[2] sum. theol. I, 30, 3, c.

[3] de pot. IX, 7, ad 17: 14, 272 b: dicendum, quod unum, quod est principium numeri, comparatur ad multitudinem ut mensura ad mensuratum.

[4] sum. theol. I, 30, 3, c.

bestimmt sind: unde talis numerus non est nisi in rebus materialibus habentibus quantitatem[1].

Dieser akzidentalen Zahl steht die transzendentale Zahl gegenüber, die von Thomas meistens als transzendentale Vielheit bezeichnet wird.

Sie beruht darauf, daß jedes Seiende entweder Eines oder Vieles ist[2]. Dann aber übersteigt das Eine wie das Viele jede Gliederung des Seins in Gattungen oder Kategorieen[3] und nicht nur die Einheit, sondern auch die Vielheit ist ein transzendentaler Begriff.

Thomas spricht von einer multitudo transcendens[4], multitudo, secundum quod est transcendens[5], multitudo quae est de transcendentibus[6], prout multitudo est de transcendentibus[7]. Daneben verwendet er aber auch den Ausdruck numerus besonders in konkreter Bedeutung dort, wo eigentlich von einer multitudo transcendens die Rede ist: numerus trium personarum[8], numerus angelorum[9]. Immerhin vermeidet Thomas an der thematischen Stelle, also sum. theol. I, 30, 3 sorgfältig die Gegenüberstellung zweier Arten der Zahl. An dieser thematischen Stelle ist stets numerus gegen multitudo transcendens gesetzt. Auch den Ausdruck: numerus essentialis[10], den Ockham im Bericht über Thomas anwendet, habe ich bei Thomas nicht gefunden. Immerhin sprechen auch Gredt und Bodewig von einer transzendentalen Zahl[11]. Ich habe daher kein Bedenken darin gefunden, Ockham zu folgen, und von einer akzidentalen und einer transzendentalen Zahl bei Thomas zu sprechen, wenn dies auch, genau genommen, über die Terminologie des Aquinaten hinausgeht.

---

[1] sum. theol. I, 30, 3, c.

[2] sum. theol. I, 30, 3, c: secundum quod ens dividitur per unum et multa.

[3] de pot. IX, 7, ad 5: cum multitudo et unum circumeant omnia genera.

[4] [5] [6] sum. theol. I, 30, 3.

[7] sum. theol. I, 50, 3 ad 1.

[8] sum. theol. I, 31, 1, c.

[9] sum. theol. I, 50, 3.

[10] Ockham D. 24, q. 2 B: numerus, qui est tantum multitudo essentialis.

[11] J. Gredt, El. Philos. I, 150: numerus transcendentalis. E. Bodewig, Divus Thomas, 13, S. 65: zwei Arten von Zahlen.

Diese transzendentale Zahl bringt dem Seienden keine selbständige Sachhaltigkeit hinzu: multitudo transcendens, quae non addit supra ea, de quibus dicitur, nisi indivisionem circa singula.[1]

Thomas bestimmt die transzendentale Zahl als eine Negation, und zwar als eine doppelte Negation. Schon die transzendentale Einheit war ja als Negation bestimmt. Die transzendentale Vielheit, die ihrerseits wieder die transzendentale Einheit verneint, ist daher eine doppelte Negation[2].

Die transzendentale Zahl ruht nicht auf einer materiellen, sondern nur auf einer formalen Teilung (divisio formalis)[3].

Diese Lehre von der transzendentalen Zahl ist zunächst geeignet, die Verwicklungen im Problem der Trinität aufzulösen. Wenn die Dreiheit der göttlichen Personen als eine transzendentale Zahl bestimmt wird, dann wird mit einer solchen transzendentalen Vielheit nicht mehr ein Akzidens in das göttliche Sein hineingetragen.

Thomas bestimmt daher die Dreiheit der göttlichen Personen als transzendentale Vielheit: multitudo transcendens . . et talis multitudo dicitur de Deo[4].

Da nun weiterhin die akzidentale Zahl an die kategoriale Bestimmung der materiellen Ausdehnung gebunden ist, so können auch alle immateriellen Substanzen nicht in der akzidentalen, sondern nur in der transzendentalen Zahl stehen. So bedeutet etwa die Zahl 7 Engel keine akzidentale, sondern nur eine transzendentale Zahl[5].

Schließlich können auch die Substanzen als solche in einer transzendentalen Zahl stehen. Sie können nämlich, zum mindesten durch göttlichen Eingriff, jedes Akzidens verlieren. Sie verlieren also damit auch die akzidentale Zahl, bleiben aber dennoch viele. Auch die ihrer Akzidenzen beraubten Substanzen stehen also in der transzendentalen Zahl[6].

---

[1] sum. theol. I, 30, 3, ad 2, vgl. auch de pot. IV, 7, c.

[2] de pot. IX, 7, c.

[3] sum. theol. I, 30, 3, c.

[4] sum. theol. I, 30, 3, ad 2.

[5] sum. theol. I, 50, 3, ad 1: dicendum, quod in angelis non est numerus, qui est quantitas discreta, causatus ex divisione continui, sed causatus ex distinctione formarum, prout multitudo est de transcendentibus.

[6] de pot. IX, 7, 6: ad positionem substantiae non sequitur positio quantitatis,

Der Kern der Zahlenlehre des Aquinaten besteht also im Aufbau einer Lehre von der transzendentalen Zahl, der in erster Linie aus theologischen Gründen erfolgt sein dürfte. Auch Bodewig sieht das Wesentliche in einer solchen Erweiterung des Zahlbegriffs[1]. Diese Erweiterung führt Thomas zunächst dazu, zwei Weisen der Zahl nebeneinander zu stellen. Es wird sich nun fragen, ob dies Nebeneinander zweier Zahlen wirklich haltbar ist, und ob nicht eine konsequente Durchführung des Gedankens der transzendentalen Zahl auf dies Nebeneinander wird verzichten müssen. Wir werden schon bei Duns Scotus eine Reihe von Einwänden gegen dies Nebeneinander zweier Zahlen finden, und Ockham wird dann die im Ansatz des Aquinaten liegende Konsequenz ziehen.

§ 13. Duns Scotus

Wenn wir nach der Meinung des Duns Scotus über das Sein der Zahl fragen, so stoßen wir auf dieselben Schwierigkeiten wie bei der numeralen Einheit. Die Bestimmungen, die Duns Scotus in seinen verschiedenen Werken gibt, gehen teils über eine rein aporetische Behandlung nicht hinaus, und sind auf der anderen Seite nicht leicht auf einen Nenner zu bringen.

Daß der Metaphysikkommentar eine vorwiegend aporetische Haltung zeigt, haben wir schon gesehen. Für unsere Untersuchung ist bedeutsam, daß Duns Scotus gegen das Nebeneinander der beiden Zahlen bei Thomas gewichtige Einwände erhebt. Ockham hat diese Einwände übernommen, wie wir noch im einzelnen sehen werden.

Die Distinktion 24 des ersten Buches der Pariser Reportationen kommt für uns deshalb besonders in Frage, weil Ockham diese Distinktion in einem langen Referat ausgezogen hat[2].

Duns Scotus prüft hier nacheinander drei Meinungen, Thomas von Aquin, Aristoteles, Heinrich von Gent.

---

cum substantia possit esse sine accidente, sed positis solis formis substantialibus sequitur distinctio in substantiis, ergo non quaelibet distinctio constituit multitudinem, quae est accidens.

[1] E. Bodewig, Divus Thomas, S. 64: es entging nun Thomas nicht, daß sein von Aristoteles übernommener Zahlbegriff zu eng sei.

[2] Duns Scotus, rep. par. I d. 24; Ockham I d. 24, q. 2C.

Schließlich führt er ohne jede weitere Bemerkung eine vierte Meinung vor mit den Worten: alia opinio est ... Dies ist selbst für einen Scholastiker eine recht zurückhaltende Weise, die eigne Meinung vorzutragen. Daß Duns Scotus auf Grund dieser vierten Meinung die trinitarischen Probleme auflöst, spricht immerhin dafür, daß er sie als seine eigne Meinung aufgefaßt haben will.

Diese vierte Meinung unterscheidet zwischen dem Sein der kontinuierlichen Quantität, also der Ausdehnung, und dem Sein der diskreten Quantität, also der numeralen Einheit und der Zahl. Nur die Ausdehnung hat ein eignes Sein außerhalb der Seele (extra animam). Die Zahl dagegen hat ihre Einheit und damit ihr Sein von der Seele. Die Zahl, mit der man Dinge in ihrer zahlenmäßigen Bestimmung anspricht, ist von dieser Zahl in der Seele abgeleitet[1].

Zu der Frage, wie diese Bestimmung der Zahl als ens rationis überhaupt verstanden werden könnte, verweise ich auf M. Heideggers schon zitierte Untersuchung.

Im Ganzen wird man sagen können, daß Duns Scotus bei der Zahl eine aporetische Erörterung vorzieht, und eine endgültige Festlegung vermeidet. Die Bedeutung seiner Erörterungen liegt wohl darin, daß er die Frage nach dem Grunde des Unterschiedes der einzelnen Zahlen noch mehr in den Vordergrund gebracht hat, als dies vor ihm bereits geschehen war. Die Frage ist also etwa: Was unterscheidet die 3 von der 4? Die Frage klingt leicht, aber man mag bedenken, daß der anzugebende Unterschied geeignet sein muß, unendlich viele mögliche Zahlen voneinander zu unterscheiden. Jedenfalls zeigt Duns Scotus, daß gegenüber dieser Frage die drei von ihm geprüften Meinungen versagen.

Wollte man dies Problem mit den traditionellen Begriffen von genus und species anfassen, dann wäre etwa der Begriff der natürlichen Zahl das genus und die einzelnen Zahlen, also 1, 2, 3, ... die einzelnen species. Es wäre dann also die Frage, welche spezifische Differenz die Gattung natürliche Zahl zu den einzelnen Spezies 1, 2, 3, ...

---

[1] rep. par. I d. 24; 22, 279b; Ockham I, d. 24, q. 2. Alia opinio est, quod de quantitate nihil est extra animam, nisi quantitas continua ... numerus habet suam unitatem ab anima ... et sic dicitur numerus denominative ab numero in anima.

spezifiziert. Wegen der Unendlichkeit der Zahlenreihe müßte dann die Gattung Zahl unendlich viele spezifische Differenzen haben, und das ist offenbar unmöglich. Rückt man dies Problem der spezifischen Differenz der Zahl in den Vordergrund, dann sieht man, — und dies ist das eigentliche Ergebnis bei Duns Scotus — daß Zahlen etwas ganz anderes sein müssen als die Dinge, von denen her die Begriffe genus und species ursprünglich gewonnen worden sind.

§ 14. Petrus Aureolus

Eine genaue Untersuchung der Beziehungen zwischen Petrus Aureolus und Ockham wäre wünschenswert und würde gewiß wichtige Aufschlüsse für beide Denker ergeben. Wir können uns auf eine solche Untersuchung nicht einlassen, wir ziehen Aureolus nur heran, um durch die Gegenüberstellung die Lehren Ockhams besser herausarbeiten zu können.

Wir halten uns an den Sentenzenkommentar. Dort[1] handelt Aureolus in der 24. Distinktion des ersten Buches in vier Artikeln von der spezifischen Form der Zahl, vom Sein der Zahl, vom Unterschied zwischen numeraler und transzendentaler Einheit und von den theologischen Ergebnissen dieser ontologischen Bestimmungen.

Uns interessiert der zweite Artikel: ubi (numerus) sit: an scilicet in anima vel extra?[2].

Schon der Aufbau des Artikels ist für Aureolus kennzeichnend. Es werden zwei Meinungen einander gegenübergestellt.

Die erste Meinung behauptet eine reale Existenz der Zahl unabhängig von jedem Intellekt. Dies wird dann genauer dahin bestimmt, daß die Zahl dem Kontinuum ein bestimmtes reales selbständiges Sein hinzubringt[3].

---

[1] Petrus Aureolus, Comm. in 4, 11. sent. Rom 1594. I d. 24; Bd. I, 542 ff.
[2] Ebd. I, 543, 2, E.
[3] Ebd. I, 548, 2, C D: forma numeri esse in rebus circumscripto omni actu intellectus ... ergo numerus addit ad continuum aliquam entitatem realem.

Die andere Auffassung dagegen, — wie der Herausgeber wohl richtig anmerkt: Duns Scotus und Heinrich von Gent, — betrachtet das Sein der Zahl nur als ein von der Seele Vorgestellt-sein[1].

Aureolus entscheidet sich für die zweite Auffassung. Zur Begründung beruft er sich ausführlich auf den von Aristoteles Physik IV, 14 berührten Zusammenhang zwischen Zahl und zählender Seele; der Bericht über diese Aristotelesstelle wird durch einen ausführlichen Auszug aus dem Kommentar des Averroes zu Phys. IV, 14 ergänzt.

Aureolus gibt dann in vier Argumenten eine eigne Begründung für diese Seinsbestimmung der Zahl als einer bloßen Vorstellung.

Er stellt dabei im dritten Argument ausdrücklich fest, daß die Zehnzahl von zehn Steinen darin besteht, daß ein Verstand die Steine vergleichend als zehn zusammennimmt[2].

Eine solche Zehnzahl muß, so lautet das vierte Argument, als eine Summe begriffen werden. Eine Summe existiert aber nur dann, wenn ein denkender Verstand summiert[3].

Das aktuelle Sein der Zahl wird also ausdrücklich als eine bloße Vorstellung begriffen; daß den Dingen selbst eine gewisse potentielle Zahl zugeschrieben wird, ist für unsere Untersuchung unwesentlich.

WILHELM VON OCKHAM
§ 15. Die Zahl ist kein Akzidens

Ockhams Ausgangspunkt ist, wie bei der Einheit, so auch bei der Zahl die Unterscheidung des Aquinaten zwischen einer akzidentalen und einer transzendentalen Zahl. Ockham greift zunächst den Ansatz einer akzidentalen Zahl auf und zeigt die Widersprüche, auf die eine solche Seinsbestimmung führen muß. Er legt dann weiter dar, daß das Nebeneinander zweier Zahlen überhaupt unnötig ist, daß

---

[1] Ebd. I, 549, 1, E: forma numeri non est extra intellectum; sed est tamen in anima objective.

[2] Ebd. I, 552, 1, D: ergo impossibile est, quod denarius decem lapidum sit in actu, nisi in anima computante.

[3] Ebd. I, 552, 1, F: constat enim, quod summatio non est in re extra, sed tantum in mente summante; ergo forma numeri non potest esse, nisi in anima objective.

man vielmehr mit dem Ansatz der transzendentalen Zahl allein auszukommen vermag.

Ockham zeigt zuerst, daß der Ansatz einer Zahl als Akzidens widerspruchsvoll und unmöglich ist. Er formuliert dazu noch einmal zusammenfassend den Standpunkt der Gegner. Nach dieser Ansicht ist die Zahl ein Akzidens im strengen Sinne: Sie hat ein selbständiges absolutes Sein, sie hat ihre Einheit in sich selbst, sie gehört in eine bestimmte Kategorie, und sie ist schließlich als selbständiges Akzidens von den gezählten Dingen real verschieden: aliqua res absoluta una per se in genere distincta realiter a rebus numeratis [1]. Eine solche Auffassung der Zahl bedeutet, daß die Beziehung der Zahl zum Gezählten verstanden wird von der Qualität her, wie dies Plotin unmißverständlich zum Ausdruck gebracht hatte [2].

Die Zahl wird also verstanden als ein Akzidens im strengsten Sinne, im Sinne der Qualität. Ockham zeigt nun, daß diese Akzidensvorstellung der Zahl auf unlösbare Schwierigkeiten führt. Er erhebt drei Einwände. Eine solche Akzidensvorstellung der Zahl führt erstens auf eine Trennbarkeit der Zahl vom Gezählten, sie läßt sich zweitens mit dem Begriff des Inhärierens, der mit dem Begriff des Akzidens wesentlich verbunden ist, nicht vereinigen, und sie führt drittens zu einer Seinsvervielfältigung ins Unendliche.

Wäre nämlich die Zahl ein vom Substrat real verschiedenes Akzidens, so müßte sie nach der allgemeinen Lehre der Scholastik von ihrem Substrat getrennt werden können. Eine solche Trennung braucht im natürlichen Lauf der Dinge nicht vorzukommen, ist aber durch göttlichen Eingriff möglich. Wäre also etwa die Dreiheit dreier Dinge a, b, c, ein real verschiedenes Akzidens, so müßten diese drei Dinge als bloße Substanzen ohne jedes Akzidens, insbesondere also ohne das Akzidens Dreiheit existieren können. Sie wären aber auch nach Verlust aller Akzidenzen immer noch drei Dinge. Die akzidentale Drei kann also nicht das eigentliche Sein der Drei ausmachen, wenn nach Aufhebung dieser akzidentalen Zahl drei Substanzen immer noch drei bleiben [3].

---

[1] D. 24, q. 2, G.
[2] Plotin, Enneaden VI, 6, 686C, 1255, 8.
[3] D. 24, q. 2, G; S. 34—38: ergo a et b et c poterunt per divinam

Man sieht, daß es sich um einen Einwand handelt, den sich Thomas selbst schon vorgegeben hatte. Für Thomas ist die akzidentale Zahl in der quantitas continua fundiert, und nur die quantitas ist direkt in der Substanz fundiert. Nun können die Akzidenzen vionder Substanz getrennt werden, und gewiß gilt dies von der quantitas continua; mit einer solchen Abtrennung der quantitas continua wird aber zugleich die in ihr fundierte akzidentale Zahl abgetrennt. Diese Schwierigkeit hatte ja Thomas schon dazu geführt, die Zahl der bloßen Substanzen als transzendentale Zahl anzusetzen [1].

Thomas würde also diesen Einwand dahin anerkennen, daß eine Dreiheit von Substanzen, wenn alle Akzidenzen abgetrennt werden, auch ihre akzidentale Zahl verliert, daß aber dann die Substanzen immer noch drei bleiben, weil sie als bloße Substanzen in der transzendentalen Zahl stehen. Man sieht, worauf Ockham hinaus will. Er will mit dem Einhaken an diesem schwachen Punkt der thomistischen Auffassung zeigen, daß das Nebeneinander der beiden Zahlen überflüssig ist, daß die transzendentale Zahl allein genügt.

Der zweite Einwand, den Ockham gegen den Ansatz der Zahl als Akzidens erhebt, geht vom Problem der Inhärenz aus. Ein Akzidens kann nicht für sich selbst bestehen, es ist daran gebunden, von einem anderen Seienden getragen zu werden. Es ist, wie Thomas formuliert, nicht eigentlich selbst ein Seiendes, sondern nur eine Bestimmung eines Seienden: non ens, sed entis [2]. Nun muß freilich in der Scholastik mit Rücksicht auf die Probleme der Transsubstantiation dieser Ansatz modifiziert werden. Es muß möglich sein, wie immer die Auffassung im einzelnen auch sein mag, daß die Akzidenzen der Hostie existieren, ohne einer Substanz zu inhärieren. Suarez formuliert daher im Sinne des Aquinaten: inhaerentiam saltem aptitudinalem esse de essentia accidentis [3]. Gredt bestimmt: accidentia naturaliter tanquam subjecto inhaerent substantiae subsistenti [4].

---

potentiam esse sine omni tali forma absoluta, et tamen impossibile est, quod sint, quin sint tres.

[1] Thomas, de pot. IX, a. 7, 6.

[2] Thomas, sum. theol. I, 90, 1, c: et propter hoc dicitur in 7. Met., quod accidens dicitur magis entis, quam ens. Vgl. auch com. in Met. VII, 1. 2.

[3] Suarez, Disp. Met. D. 37, S. 2, VI; 2, 316, 1, C.

[4] J. Gredt, El. Philos. II, 135.

Dies Getragenwerden des Akzidens von einer Substanz setzt nun voraus, daß jedes Akzidens, sofern es wirklich ist, von einer bestimmten, wirklichen Substanz getragen wird. Zu einem bestimmten Akzidens gehört ein bestimmtes Subjekt. Thomas kann daher sagen: accidentia autem, sicut esse habent in subjecto, ita ex subjecto suscipiunt unitatem et multitudinem[1]. Im gleichen Sinne bestimmt Duns Scotus: unum accidens numero est in uno subjecto numero[2], und Ockham sagt ebenfalls: omne accidens per se unum habet aliquod subjectum per se unum[3].

Diese Übereinstimmung in der Lehre, daß ein bestimmtes Akzidens ein bestimmtes Subjekt braucht, ist ja nicht zufällig, sondern fließt notwendig aus dem Gedanken der Inhärenz. Es kann kein Akzidens geben, das, wie sich Leibniz einmal drastisch ausdrückt, mit einem Bein in einem Subjekt und mit dem anderen Bein in einem anderen Subjekt steht[4].

Setzt man nun die Zahl als ein Akzidens an, so muß sie, wie jedes Akzidens, einem bestimmten Subjekt inhärieren, und hieraus ergeben sich die Schwierigkeiten.

Betrachtet man etwa die Zahl Zwei, so fragt sich also, was ist das Subjekt dieses Akzidens »Zwei«. Die Sachlage scheint durchsichtig zu sein bei der Qualität. Zwei gelbe Steine sind gelb, weil jeder von ihnen gelb ist. Wie aber ist es mit dem Zweisein?

Es gibt bei der Zahl drei Möglichkeiten: Die Zwei ist entweder in jedem von den beiden Steinen, oder sie ist in keinem von beiden, oder ein Teil der Zweiheit ist in dem einen Stein und ein anderer Teil der Zweiheit ist in dem anderen Stein[5].

Der erste Fall, daß die Zwei in jedem der beiden Steine ist, ist unmöglich; denn wäre dieselbe Zwei in beiden Steinen, dann wäre sie ein Akzidens, und damit ein Seiendes, das an zwei getrennten

---

[1] Thomas, sum. theol. I, 29, 3, c.
[2] Duns Scotus, rep. par. D. 24, q. unica, n. 8; 22, 274 b.
[3] Ockham D. 24, q. 2 H.
[4] Leibniz an Des Bosses, Erdmann 741 a; neque enim puto a te statue accidens, quod simul insit duobus subjectis, et unum, ut sic dicam, pedem in uno, alterum in altero habeat.
[5] I. d. 24, q. 2 H; et sit binarius. Tunc quaero: aut est subjective in utraque quantitate, aut in neutra, aut una pars in una et alia pars in alia.

Stellen zugleich ist. Das ist aber, im natürlichen Lauf der Dinge wenigstens, unmöglich[1].

Aber nicht nur von der Zahl, also dem Akzidens her, sondern auch von den Steinen, also von den Substraten her, würde dies auf eine unmögliche Konsequenz führen. Wenn nämlich jedem einzelnen Steine die ganze Zwei als Akzidens zukommt, dann ist ja auf Grund dieses Zukommens der Zwei jeder einzelne Stein Zwei und eine solche Benennung »Zwei« kann ihm mit Recht zugesprochen werden. Aber wer wird eine solche Konsequenz aufnehmen wollen?[2].

Nicht besser steht es mit dem zweiten Fall, daß die Zahl ein Akzidens ist, das überhaupt keinem Seienden als seinem Subjekt inhäriert, daß also die Zahl als Akzidens überhaupt ohne Subjekt ist. Die Möglichkeit einer solchen subjektslosen Zahl scheidet offenbar von vornherein aus. Wenn es zum Begriff des Akzidens gehört, in der Regel wenigstens einem Subjekt zu inhärieren, dann kann nicht eine so bedeutende Klasse von Akzidenzen, wie die Zahlen regelmäßig ohne Subjekt existieren[3].

Aber auch der dritte Fall führt nicht weiter. Man könnte sich ja zunächst vorstellen, daß die Zwei Teile hätte, und daß, um bei den zwei Steinen zu bleiben, der eine Teil der Zwei in dem einen Stein, und der andere Teil der zwei in dem anderen Stein existierte. Eine solche Auffassung verstößt zunächst gegen den Begriff des Akzidens, aus dem hervorgeht, daß jedes bestimmte Akzidens einem und nur einem bestimmten Subjekt inhärieren muß, von dem es getragen wird, um überhaupt existieren zu können[4].

---

[1] I. d. 24, q. 2 H; si detur primum, ergo idem accidens numero erit secundum se totum et secundum quamlibet partem sui in pluribus loco et situ distinctis, quod est impossibile, naturaliter saltem.

[2] D. 24, q. 2 H; similiter tunc utraque illarum quantitatum posset denominari ab illo numero, ut dicatur utraque illarum duae vel binarius, quia omne subjectum informatum quocumque accidente absoluto poterit ab illo denominari tale.

[3] D. 24, q. 2 H; vel erit accidens sine subjecto et in nullo subjective et per consequens nullum subjectum poterit a tali subjecto denominari, et ita nulla duo subjecta poterunt dici duo, quod est manifeste impossibile.

[4] D. 24, q. 2 H; si autem una pars sit in uno subjecto, et alia pars in alio, contra: omne accidens per se unum habet aliquod subjectum per se unum; ergo cum illa subjecta non faciunt per se unum, nulla accidentia existentia per se in illis inhaerenter poterunt facere per se unum.

Schließlich ist durch eine solche Auffassung, nach der die Zwei mit je einem Teil in jedem der beiden Steine existieren soll, das Problem nicht gelöst, sondern nur zurückgeschoben, nämlich auf die Frage, wie werden die beiden Teile der Zwei eine Einheit? Ging die Frage ursprünglich dahin, wie kommen zwei einzelne Steine zu der einen Bestimmung zwei zu sein, so ist das Problem doch nicht weiter gekommen, wenn ich jetzt frage, wie kommen die beiden Teile der Zwei dazu, eine Zwei zu sein?[1].

Diese Überlegungen über Substrat und Akzidens, die Ockham — in Übereinstimmung mit Duns Scotus übrigens — hier durchführt, mögen als überflüssige Subtilitäten erscheinen. Man mag aber bedenken, daß der Prozeß, der sich in diesen Diskussionen vollzieht, die Auflösung des schlichten Akzidensbegriffes der Scholastik ist. Die andere — und vielleicht interessantere Seite dieses Prozesses ist die Entwicklung der Mathematik und der mathematisch-experimentell orientierten Naturbetrachtung. Diese Entwicklung ist gewiß von Duns Scotus wie von Ockham auf das aufmerksamste verfolgt worden. Eine wirkliche Auflösung eines Grundbegriffes kann aber nicht nur von außen kommen, sie muß sich zugleich von innen vollziehen, und in einer solchen Auflösung des Akzidensbegriffes von innen heraus stehen wir eben hier bei Ockham. Die Schwierigkeiten rühren im Grunde daher, daß die ganze Vorstellung des Akzidens und damit des Inhärierens von den Qualitäten her genommen ist, und daß sie deshalb mit den besonderen Problemen der Zahl in Konflikt kommen muß. Diese besonderen Probleme gründen darin, daß bei der Zahl Einheit und Vielheit in der innigsten Weise verbunden sind. Eine Zwei ist in ganz besonderer Weise zugleich Einheit und Vielheit. Wir zitierten oben schon Thomas: accidentia autem, sicut esse habent in subjecto, ita ex subjecto suscipiunt unitatem et multitudinem. Man sieht leicht, daß Verwicklungen eintreten müssen, wenn Einheit und Zahl, die in diesem Fall aus dem Verhältnis von Substanz und Akzidens hervorgehen sollen, nun ihrerseits als Akzidens angesetzt werden. Diese

---

[1] D. 24, q. 2 H; impossibile est duas partes ejusdem rationis distinctas loco et subjecto facere per se unum. Sed illas partes numeri distant loco et subjecto, sicut subjecta earum, ergo non faciunt per se unum.

Schwierigkeiten sind daher keineswegs nur von Ockham geltend gemacht worden. Schon Duns Scotus hatte auf sie hingewiesen. Er hat dabei die Möglichkeit einer Auflösung angedeutet; ich weiß aber nicht, ob er eine solche Auflösung an irgend einer anderen Stelle wirklich gegeben hat[1].

Auch Petrus Aureolus hat von diesen aus der Inhärenz stammenden Schwierigkeiten immer wieder Gebrauch gemacht. Ockhams Leistung besteht nicht darin, daß er diese Schwierigkeiten als erster gesehen hat, sondern daß er sie zusammengefaßt hat, und daß er von hier ausgehend zu einer neuen Seinsbestimmung nicht nur der Zahl, sondern der Quantität und der Relation im ganzen gekommen ist.

Als dritten Einwand macht Ockham geltend, daß die Auffassung der Zahl als Akzidens in keiner Weise geeignet sei, die Seinsprobleme der Zahl aufzuklären, daß sie im Gegenteil zu einer Seinsvervielfältigung ins Unendliche führen müsse.

Zunächst würde jeder Körper eine unübersehbar große Zahl von Akzidenzen enthalten[2]. Man betrachte etwa die Bäume eines Waldes und greife einen bestimmten Baum heraus. Dieser Baum bildet mit dem neben ihm stehenden eine Zweiheit. Aus dieser Zweiheit käme ihm also das Akzidens »mit dem neben ihm stehenden Baum zwei zu sein« zu. Unser Baum bildet nun aber auch mit jedem anderen Baum des Waldes eine Zweiheit, er hat also soviel Akzidenzen, wie es neben ihm Bäume in diesem Walde gibt. Ja, er hat noch viel mehr Akzidenzen. Er bildet ja mit den zwei neben ihm stehenden Bäumen eine Dreiheit, hat also aus dieser Dreiheit das Akzidens »in dieser Gruppe drei zu sein«, und er hat ein solches

---

[1] Duns Scotus, rep. par. I. d. 24; 22, 274b: unum accidens numero tantum est in uno subjecto numero. si igitur numerus senarius erit in uno subjecto numero, ergo sex numero, inquantum sunt sex numero, erunt in uno subjecto numero. Hanc tamen non tantum pondero, quia hic forte potest esse aliqua evasio, quam nunc pertracto.

[2] D. 24, q. 2J; similiter sequeretur, quod in quolibet corpore essent tot formae absolutae, quot sunt corpora realiter distincta, immo multo plura. Probatio: quia illud corpus et a faciunt binarium; ergo in isto corpore est aliqua pars illius binarii. Similiter illud corpus et b faciunt binarium; ergo in isto corpore est alia pars illius binarii, et sic de aliis. Similiter illud corpus et a et b faciunt ternarium ; ergo in isto corpore est aliqua pars illius ternarii vel totus ternarius et ita potest argui comparando illud corpus ad omnia alia corpora.

Akzidens aus jeder möglichen Dreiergruppe. In derselben Weise geht es weiter mit der vier, mit der fünf, bis zu der Zahl, die angibt, wieviel Bäume in diesem Walde stehen. Er hat dann weiter ein solches Akzidens nicht nur von den Bäumen des Waldes, in dem er steht, sondern von den Bäumen jedes anderen Waldes, weiter nicht nur mit den Bäumen, sondern auch mit den Tieren, den Steinen, kurz mit allen Dingen.

Da nun die Dinge der Welt auf dem Boden der aristotelischen Kosmologie als endlich angesetzt werden, so ist die Zahl der auf diese Weise herauskommenden Akzidenzen zwar nicht unendlich — das wird erst eine spätere Betrachtung ergeben, — aber doch eine ganz außergewöhnlich hohe Zahl. Es ist ja die Zahl aller Kombinationen aller Dinge in der Welt, wenn man die Dinge selbst — als Einheiten — nicht zu den Kombinationen rechnet.

Eine solche Auffassung würde weiterhin[1] alle Dinge einem beständigen und augenscheinlich unbegründeten Wechsel unterwerfen. Würde Gott zum Beispiel in Rom einen neuen Körper schaffen, so würde dieser neue Körper mit jedem Körper, der sich etwa hier (in Oxford) befindet, eine Zweiheit bilden. Ist Zweiheit ein absolutes Akzidens, dann erhält jeder Körper in Oxford ein neues Akzidens, sobald in Rom ein neuer Körper entsteht.

Im weiteren Verlauf der Quästion verschärft Ockham diesen Einwand aus der Seinsvervielfältigung. Diese Verschärfung geht davon aus, daß nicht nur die Dinge sich zählen lassen, sondern auch die Zahlen selbst; so sind die Zahlen 5, 6, 7 drei Zahlen. Aus dieser Eigenschaft der Zahlen, selbst gezählt werden zu können, entstehen nun Schwierigkeiten, sobald die Zahlbestimmungen der Dinge als absolute Akzidenzen aufgefaßt werden.

Dann muß zunächst zu jeder Zahl die doppelte Zahl existieren[2].

---

[1] D. 24, q. 2 J; quia tunc impossibile esset Deum facere aliquod corpus de novo Romae, nisi faceret aliquam formam in illo corpore hic, quia impossibile est, quod fiat aliquod corpus Romae nisi isto corpore hic conservato sint illa duo corpora . . . Vgl. Duns Scotus rep. par. I. D 24; 22, 274 b: igitur in illo existente Romae non causabitur aliquid absolutum ex hoc, quod concurrit cum istis unitatibus, quae sunt hic, ad faciendum numerum.

[2] I. d. 24, q. 2 P; tunc numquam posset esse ternarius quin esset senarius,

Es seien drei Körper gegeben. Dann kommt jedem dieser drei Körper die akzidentale Einheit zu, und es existieren also mindestens drei Substanzen und drei Akzidenzen, also insgesamt sechs Dinge, und damit auch die Zahl sechs als absolute reale Bestimmung dieser Vielheit. Dann könnte also nicht einmal Gott eine bestimmte Zahl schaffen, ohne zugleich die doppelte Zahl zu schaffen. Nun ist aber für die Scholastik die Zahl der geschaffenen Dinge endlich, damit muß es also eine Zahl geben, die diese Menge der geschaffenen Dinge anzeigt, ohne daß zugleich die doppelte Zahl existierte.

Noch ärger wird die Konsequenz bei folgender Überlegung. Man betrachte etwa zwei Steine. Diese beiden Steine haben nach dieser Ansicht ein real verschiedenes Akzidens, die Zweiheit. Damit habe ich drei absolute Dinge, zwei Substanzen, die beiden Steine, und ein absolutes Akzidens, die Zweiheit. Die Existenz dreier Dinge aber zieht die Existenz der Dreiheit als eines real verschiedenen Akzidens nach sich. Also ist zugleich als ein real verschiedenes Akzidens die Vier gegeben, mit der Vier die Fünf, und so weiter ins Unendliche [1].

Damit ist zunächst eine nach Ockham offenbar sinnlose Seins-vervielfältigung gegeben. Aus den beiden Steinen, die ich noch immer vor mir habe, ist eine Unendlichkeit absoluter Akzidenzen erwachsen.

Diese Konsequenz ist vollends unmöglich, denn sie bedeutet die Existenz eines aktual Unendlichen. Die Existenz eines Aktual-Unendlichen ist aber unmöglich, wenigstens auf dem Boden der aristotelischen und der scholastischen Kosmologie, auf dem wir uns hier befinden.

Diesen Einwand hatte schon Duns Scotus erhoben, wenn auch

---

quia si sit ternarius, sunt tres unitates; et si sunt tres unitates, sunt tria subjecta, quae non sunt tres unitates. Sed tres et tres sunt sex, et ita impossibile esset Deum facere ternarium, nisi faceret senarium.

[1] D. 24, q. 2 P; Accipio binarium. Ille binarius est per istam positionem alia res realiter distincta a duabus unitatibus. Ergo sunt hic tres res realiter distinctae, puta, duae unitates et unus binarius. Sed tres res non possunt esse sine ternario; ergo est hic ternarius distinctus realiter a tribus unitatibus, ex quibus componitur, et per consequens sunt ibi quattuor, et ita quaternarius, et ultra ergo quinarius et sic in infinitum.

in einer etwas anderen Wendung. Duns Scotus hatte geschlossen: wenn es überhaupt zwei Zweien gibt, so gibt es unendlich viele Zweien. Man betrachte etwa zwei Steine und zwei Bretter. Ist jeweils die Zweiheit der Steine und die Zweiheit der Bretter ein absolutes Akzidens, so sind diese beiden Zweiheiten zwei real verschiedene Dinge, sie begründen somit eine dritte Zweiheit, nämlich die Zweiheit der beiden Zweiheiten. Dann aber bildet die Zweiheit der beiden Steine mit der Zweiheit der beiden Zweiheiten wieder eine Zwei und so fort ins Unendliche[1].

Wir sehen also, daß sowohl Ockham wie Duns Scotus gegen die Seinsbestimmung der Zahl als eines absoluten Akzidens Stellung nehmen, und daß beide die Schwierigkeiten geltend machen, die aus der Inhärenz und aus der Seinsvervielfältigung fließen.

§ 16. Jede Zahl ist ein Transzendens

Nachdem Ockham herausgestellt hat, auf welche Widersprüche die Auffassung der Zahl als Akzidens führt, greift er die Unterscheidung zwischen akzidentaler und transzendentaler Zahl an, um zu zeigen, daß schon die transzendentale Zahl allein völlig ausreichend sei.

Wir hatten gesehen, daß Thomas die transzendentale Zahl ansetzt für die Dreizahl der göttlichen Personen, für die Zahl immaterieller Substanzen, also etwa der Engel und schließlich für die Zahl der ihrer Akzidenzen beraubten, an sich materiellen Substanzen. Ockham greift an dem Punkt an, an dem diese Auffassung am schwächsten erscheint, bei der Zahl der Engel.

Wir hatten gesehen, daß Thomas die akzidentale Zahl an die kontinuierliche Quantität bindet. Es war daher eine notwendige

---

[1] Duns Scotus, rep. par. I. D. 24, n. 22; 22, 274b: item quarto sic: si forma numeri sit aliquid extra animam in ipsis unitatibus discretis, sequitur infinitos esse numeros actu, si tantum sint duo binarii. Probatio consequentiae: accipiatur hic binarius lapidis et ille binarius lignorum, binarius lapidis est unus binarius singularis, binarius lignorum est alius binarius, quorum unus non est alius; igitur istorum duorum binariorum est unus numerus binarius, quia habet hunc binarium pro una unitate, et alium pro alia unitate; igitur illi duo binarii, tamquam duae unitates faciunt unum binarium; igitur ille est alius ab utroque istorum, et sic in infinitum.

56

Konsequenz, daß die akzidentale Zahl auf die Engel, die weder Materie noch Ausdehnung haben, keine Anwendung finden kann.

Aber wie schwer, so wendet Ockham ein, ist eine solche Folgerung zu verstehen[1]. Warum nur sollen die mit Materie und Ausdehnung behafteten Substanzen eine andere Zahl begründen als die Engel. Beide, die Engel, wie die materiellen Substanzen können doch viele sein, je zwei, je drei, je vier, worin soll da der Unterschied begründet sein. Wenn sich eine solche Unterscheidung begründen läßt, dann hat Thomas jedenfalls eine solche Begründung nicht gegeben.

Man wird doch zugeben müssen, so sagt Ockham weiter, daß alle Eigenschaften der Zahl, bis auf den seinsmäßigen Ansatz, von der transzendentalen Zahl ebensogut wie von der akzidentalen Zahl gelten müssen. So ist doch gewiß in einer Vielheit von Engeln ein Engel das Maß dieser Vielheit; eine Dreizahl von Engeln ist ebensogut eine ungerade Zahl wie eine Dreizahl von materiellen Substanzen. Überhaupt wird jede Eigenschaft, die man von der Zahl beweisen kann, sowohl für die transzendentale wie für die akzidentale Zahl bewiesen sein[2].

Was hier von der Zahl der Engel gesagt wird, gilt dann allgemein von der Zahl der immateriellen Substanzen.

Wir überblicken zunächst noch einmal die Auseinandersetzung zwischen Ockham und Thomas. Die Unterscheidung zwischen einer akzidentalen und einer transzendentalen Zahl ist nach Ockham

---

[1] D. 24, q. 2; Q; nec video rationem, quare unitates quantorum sive sint realiter distinctae sive non, plus faciunt aliquid per se unum quam unitates angelorum — D. 24, q. 2 P; et unitates duorum angelorum non faciunt unam rem, ergo nec unitates quantitatum continuarum, vgl. auch s. t. l. I, 9.

[2] D. 24, q. 2 T; et ita potest multitudo angelorum mensurari uno sicut potest quaecumque multitudo quorumcumque quantorum. — D. 24 q. 2 T; similiter de numero angelorum sicut hominum possum ostendere omnes passiones numeri. Numerus enim ternarius angelorum est numerus impar utrobique primus. — D. 24, q. 2 T; unde multae passiones convenientes numero ita conveniunt multitudini substantiarum immaterialium sicut substantiarum materialium. — D. 24, q. 2 P; et ita vel omnia distincta realiter quorum quodlibet est unum per se non componens cum alio facient numerum talem vel nulla; et ipsi concedunt quod non omnia quia non substantiae immateriales; ergo nulla et per consequens nec substantiae materiales.

unmöglich, unbegründet und unnötig. Sie ist unmöglich, denn die in ihr enthaltene Auffassung der Zahl als eines Akzidens zieht Widersprüche über Widersprüche nach sich. Sie ist unbegründet, denn Thomas hat keinen Grund dafür angegeben, daß vier Engel eine andere Zahl begründen als vier Menschen. Sie ist schließlich auch unnötig, denn man kommt mit der transzendentalen Zahl allein völlig aus.

Damit ist also Ockham bei der Zahl zu denselben Ergebnissen gekommen wie bei der Einheit. Bei der Einheit wie bei der Zahl traf Ockham die Unterscheidung des Aquinaten zwischen einem akzidentalen und einem transzendentalen Sein an. Beide Male verwirft Ockham diese Unterscheidung, und für beide Begriffe, für die Einheit wie für die Zahl, behält er allein die transzendentale Bestimmung.

Man muß diese Zusammenhänge, die bei der Relation in bezug auf Duns Scotus noch einmal auftreten werden, mit aller Deutlichkeit ins Auge fassen, wenn man sich nicht durch die übliche Behandlung Ockhams von den eigentlichen Problemen abdrängen lassen will.

Die übliche Auffassung klammert sich an den Gegensatz ens reale — ens rationis. Ein Seiendes ist, wie man frei übersetzen könnte, wenn man sich an den ursprünglichen Sinn von ens rationis hält, entweder ein Ding für sich oder eine bloße Vorstellung.

Da nun Ockham die selbständige Realität der Zahl bestreitet, so muß er, wenn dieser Gegensatz erschöpfend ist, die Zahl als ens rationis, also als bloße Vorstellung angesetzt haben. Kurz, Ockham ist auch in der Kategorienlehre, und insbesondere in der Zahlenlehre Nominalist. Man übersieht bei einer solchen Klassifizierung Ockhams, daß Thomas selbst den Gegensatz ens reale — ens rationis dadurch gesprengt hat, daß er den Begriff des transzendentalen Seins zu einem Grundbegriff seines Philosophierens gemacht hat. Wir haben daher, in bezug auf mögliches Sein nicht mehr eine Zweiteilung, ens reale — ens rationis, vor uns, sondern eine Dreiteilung: ens reale — ens transcendens — ens rationis.

Wenn Ockham daher die Auffassung verwirft, die Zahl sei ein

58

ens reale im üblichen Sinne, so will er damit nicht sagen, sie sei ein
ens rationis, sondern er will sagen, sie sei ein ens transcendens[1].

§ 17. Die Behandlung der Zahl in der Summa totius logicae.

Die summa totius logicae ist ein kurzer Abriß der aristotelischen
Logik; sie folgt dabei, wenn auch in lockerer Weise, dem Aufbau
des Organons, wobei sie, wie üblich Betrachtungen vorausschickt,
die sich an die Isagoge des Porphyrius anschließen. Bei den die
Analytiken betreffenden Teilen ist besonders der Einfluß Robert
Greathead's zu spüren, des großen Förderers der Universität Oxford,
der zugleich ein besonderer Freund der Franziskaner war (gest. 1253).
Auch auf Johannes Damascenus wird oft verwiesen.

Der Einfluß dieses Grundrisses der Logik, wie man ein solches
Buch heute nennen müßte, ist außerordentlich groß gewesen.
Es wurde besonders in England jahrhundertelang als das eigentliche
Lehrbuch der Logik gebraucht und dazu in immer neuen Auflagen
gedruckt.

Das erste Buch dieser Logik umfaßt die Isagoge des Porphyrius
und das erste Buch des Organons, also die Kategorien. Die Kapitel
40 bis 62 dieses ersten Buches bringen die eigentliche Kategorienlehre, Kap. 42/43 die Substanz, Kap. 44/48 die Quantität, Kap. 49/54
die Relation, Kap. 55/56 die Qualität und die Kapitel 57/62 in je einem
Kapitel die sechs letzten Kategorien.

In den einzelnen Kapiteln werden die logischen Fragen der Kategorienlehre, wie die Unterscheidung der einzelnen Kategorien, die
Ableitung der Zehnzahl, die Teilung der einzelnen Kategorien in
ihre Unterarten nur kurz referiert. Ockham hält sich hier überall an
das traditionelle Lehrgut. Die eigentliche Erörterung bleibt daher
für die ontologischen Probleme frei.

Dabei wird allerdings hier in der Logik schon infolge der Kürze
der Abhandlung bei weitem nicht die Feinheit und die Genauigkeit

---

[1] Auf den Zusammenhang dieser Zahlenlehre Ockhams mit der modernen
Auffassung Freges, eine Auffassung, die auch in die Principia Mathematica
übergegangen ist, ist schon von C. Delisle Burns hingewiesen worden (Birch,
de sacramento altaris, S. XXXI).

erreicht, mit der dieselben Probleme im Sentenzenkommentar behandelt sind. Das meiste kommt nur lehrsatzmäßig, in stark verkürzten Thesen heraus, aber vielleicht liegt gerade in dieser abflachenden Vereinfachung der große Erfolg des Buches begründet.

Besonders verdeckt bleibt der Zusammenhang der Kategorienlehre Ockhams mit der Lehre von den Transzendentalien. Dies liegt wohl nicht nur an der Kürze der Logik, die eine eigentliche Entwicklung gar nicht zuläßt, sondern auch daran, daß entsprechend dem Aufbau des aristotelischen Gesamtwerkes und dementsprechend der scholastischen Aristoteleskommentierung, die Lehre vom Unum, aus der ja die Lehre von den Transzendentalien entspringt, nicht zur Logik, sondern zur Metaphysik gehört.

Die Abhandlung der Logik über die Quantität stellt im Kapitel 44 zunächst die beiden Auffassungen der Quantität einander gegenüber. Sie berichtet, daß von den modernen Philosophen — darunter versteht Ockham in erster Linie Thomas — unter allgemeiner Anerkennung gelehrt wird, daß jede Quantität eine selbständige Realität sei, die seinsmäßig und sachhaltig von der Substanz und der Qualität verschieden sei[1].

Im Sinne dieser Auffassung ist zunächst die kontinuierliche Quantität ein selbständiges Akzidenz von eigner Einheit, das in der Weise zwischen der Substanz und den Qualitäten steht, daß diese kontinuierliche Quantität die Substanz als das unmittelbare Subjekt hat, während sie selbst das Subjekt der Qualitäten ist[2].

In diesem Sinne ist denn auch die Zahl, wie der Ort und die Zeit, ein von den Substanzen und von den Qualitäten real verschiedenes absolutes Seiendes[3].

Dieser Meinung steht eine andere gegenüber, die lehrt, daß keine Quantität ein von der Substanz oder von der Qualität sachhaltig verschiedenes selbständiges Sein habe.

---

[1] S. t. l. I, 44: et quia ponitur communiter a modernis, quod quaelibet quantitas est quaedam res distincta realiter et totaliter a substantia et qualitate.

[2] S. t. l. I, 44: ut quantitas continua est unum accidens medium inter substantiam et qualitatem, quae ponitur esse subjective in substantia et esse subjectum qualitatum.

[3] S. t. l. I, 44: similiter ponitur, quod quantitas discreta est quaedam res distincta a substantiis et qualitatibus, et idem ponitur de loco et tempore.

60

Daher ist zunächst die Ausdehnung das Auseinandersein der aus Teilen bestehenden Dinge (vgl. Kap. 3). Für diese Auffassung gibt es keine Einheit, die ein Akzidens wäre. (Hier wird einmal der Zusammenhang mit der Lehre von den Transzendentalien deutlich.) Für diese Auffassung ist die Zahl schließlich nichts anderes als die gezählten Dinge[1].

Aristoteles ist dieser zweiten Meinung zuzurechnen[2].

Was man von dieser diskussionsweisen Erörterung der beiden Meinungen halten soll, ist nicht ganz leicht zu sagen. Federhofer[3] hat daraus den Schluß gezogen, daß Ockham seine Meinung über das Sein der Quantität und der Relation geändert habe, und für eine solche Auffassung scheint zu sprechen, daß Ockham selbst sagt: Ideo est alia opinio, quae mihi videtur de mente Aristotelis, sive sit haeretica sive catholica, quam volo nunc recitare, quamvis nolim eam asserere[4].

Doncoeur hat den entgegengesetzten Schluß gezogen. Er findet, daß der Ton der Logik furchtsam sei; es sei zu merken, daß die dort vertretene Ansicht vom Autor eben erst gebildet worden sei. Die Logik ist deshalb zeitlich nicht an den Schluß, sondern an den Anfang zu stellen[5].

Daß mit solchen Erwägungen irgend welche sicheren Ergebnisse über die zeitliche Abfolge der Werke Ockhams nicht gewonnen werden können, braucht wohl nicht betont zu werden.

Ich möchte aber glauben, daß man diese diskussionsweise Erörterung nicht einmal unbedingt als Meinungsänderung auffassen muß.

Zunächst liebt ja überhaupt die Scholastik — und nicht nur sie —,

---

[1] S. t. l. I, 44: opinio, quod nulla quantitas est realiter distincta a substantia et qualitate ... quantitas continua permanens nihil aliud est nisi res una habens partem distantem situaliter a parte ... unitas non est accidens additum rei, quae est una ... numerus nihil aliud est quam res numeratae.

[2] S. t. l. I, 44: alia opinio, quae mihi videtur de mente Aristotelis.

[3] F. Federhofer, Ein Beitrag zur Bibliographie und Biographie des W. v. Ockham, Philos. Jahrb. d. Görresges. 38 (1925).

[4] S. t. l. I, 44.

[5] P. Doncoeur, Le nominalisme de G. Occam, Rev. néo-scol. 31 (1921) S. 6.

eine solche diskutierende Erörterung. Wir haben schon darauf hingewiesen, daß Duns Scotus im Metaphysikkommentar die beiden Lehren
von der Einheit — Avicenna gegen Averroes, lediglich diskutiert,
ohne eine Lösung auch nur zu versuchen. Auch in den rep. par. I, 24
war die Lehre von der Zahl nur als eine Meinung neben anderen
eingeführt.

Auch im Sentenzenkommentar trägt Ockham seine Lehre von
der Zahl recht vorsichtig vor[1].

Darüber hinaus ist zu beachten, daß die Logik von vornherein
als ein Einführungsbuch für junge Studenten gedacht ist[2], und für
eine solche Einführung sich eine diskussionsweise Erörterung schon
aus pädagogischen Gründen empfehlen dürfte.

Auch für die ganze Stellung Ockhams dürfte eine solche diskussionsweise Erörterung der Probleme vorteilhaft gewesen sein, mag
man nun der Auffassung sein, daß die Logik schon in Oxford entstanden ist, oder mag man sie in eine spätere Zeit stellen. Der Sentenzenkommentar war nicht nur wegen seiner theologischen, sondern
auch wegen seiner ontologischen Stellungnahme scharf angegriffen
worden. Dies liegt schon daran, daß die Probleme der Transsubstantiation mit der Ontologie der Quantität, wie wir im nächsten
Kapitel noch im einzelnen sehen werden, auf das innigste zusammenhängen. In einer solchen Lage empfahl sich aber eine diskussionsweise Erörterung sowohl für die Leser, die Ockham noch für seine
Meinung zu gewinnen hoffte, als auch für die Leser, die sich der
neuen Auffassung der Quantität und der Relation grundsätzlich
versagen würden.

Ich glaube daher nicht, daß man in dieser Form der Logik eine
Meinungsänderung sehen muß. Es kommt hinzu, daß von einer
wirklichen Diskussion, wie sie etwa Duns Scotus über das Unum
durchgeführt hatte, hier keine Rede sein kann. Die Meinung, die
den realen Unterschied von Quantität und Relation gegenüber Substanz und Qualität leugnet, wird mit so offenbarem Vorzug abgehandelt und die entgegengesetzte Meinung so offenbar hintenange-

---

[1] In I. sent. D. 24, q. 2 P; ideo praeter istas opiniones posset esse alia opinio,
si aliquis vellet eam tenere . . .

[2] S. t. l. I, 57: de quibus tamen ad iuniorum utilitatem latius est tractandum.

62

setzt, daß über die wirkliche Meinung des Autors kein Zweifel sein kann. Darüber hinaus wird stets mit größter Sorgfalt gezeigt, daß auch Aristoteles die reale Unterscheidung geleugnet habe, und dies allein würde doch schon genügt haben, um dem scholastischen Leser der Logik zu zeigen, welche Meinung der Autor selbst für die richtige gehalten habe.

Die Bedeutung der Logik liegt nun vor allem in der thesenartigen Verkürzung der Lehre. An die Stelle der sorgsamen Formulierung des Sentenzenkommentars: numerus non est aliqua res absoluta una per se in genere distincta realiter a rebus numeratis« [1] tritt die abkürzende Formulierung der Logik: »numerus nihil aliud est, quam res numeratae« [2].

In der zwischen 1320 und 1324 entstandenen Schrift »de sacramento altaris« wird dieser Ausdruck weiter verkürzt zu »numerus est res numeratae« [3].

Ockham bezieht sich in diesem Traktat ausdrücklich auf Johannes Damascenus, den er übrigens in einer mehr als schlechten Übersetzung vor sich gehabt haben muß.

Johannes Damascenus sagt in seiner viel gelesenen Logik: ὑπὸ μὲν cὖν τὸ διωρισμένον ποσὸν ἀνάγεται ὁ ἀριθμὸς καὶ ὁ λόγος. ᾽Αριθμὸν ἐνταῦθα λέγομεν τὰ ἀριθμούμενα [4]. Der fast sinnlosen Übersetzung [5] entnimmt Ockham den richtigen Sinn: et tamen numerus est ipsa res numerata [6].

Diese zusammenfassende These »numerus est res numeratae«, die auch schon vor Ockham gebraucht worden ist, setzt sich nun mit der großen Verbreitung der Schule Ockhams noch weit über diese Schule hinaus fast allgemein durch. Nur die Anhänger des allerengsten thomistischen Standpunktes vertreten noch einen realen Unterschied zwischen der Zahl und dem Gezählten.

Diese These: »Numerus est res numeratae« hält in einer höchst geschickten Weise den Zusammenhang mit dem Problem der

---

[1] In I. sent. D. 24, q. 2 P; S. 46, vgl.
[2] S. t. l. I, 44.
[3] De sacramento altaris ed. Birch 1930, S. 406.
[4] Johannes Damascenus Dialectica, Cap. 49. Migne gr. 94, p. 625.
[5] De sacramento altaris ed. Birch, S. 406, 6.
[6] A. a. O. S. 406, 9.

Transzendentalien offen. Es ist ja die Grundlage der Lehre von den Transzendentalien, daß ein Seiendes selbst und durch sich selbst zugleich seine Einheit ist.

Wie nun ein Seiendes seine Einheit ist, so sind mehrere Dinge ihre Zahl.

Für diesen Zusammenhang ist die These »numerus est res numeratae« eine kurze und überzeugende Darstellung.

§ 18. Gabriel Biel

Das Referat Biels D. 24 q. 2 leidet besonders unter der allzustarken Verkürzung. Die Abhandlung Ockhams, die etwa 8 Seiten umfaßt, ist hier auf nicht viel mehr als eine Seite zusammengezogen. Damit ist der eigentliche Sinn von Ockhams Darlegungen verloren gegangen. Die Quaestion Ockhams ist eine thematische Abhandlung über die Zahl und ist als solche auch in der einleitenden Fragestellung: de numero, quid sit, bezeichnet. Bei Biel ist das eigentliche Seinsproblem der Zahl ausgefallen, geblieben sind nur noch die theologischen Fragen.

Dabei ist wenigstens ein kurzer Hinweis auf den Zusammenhang von Ockhams Zahlenlehre mit dem Problem der multitudo transcendens übriggeblieben[1].

Als Bestimmung der Zahl wird gegeben: numerus non importat rem aliquam superadditam rebus numeratis, sed supponit pro rebus connotando eas esse plures ... significat res plures, et binarius, ternarius, non est nisi duae res distinctae[2].

Diese Beschreibung der Zahl wird dann wieder zusammengefaßt in: numerus numeratus est res numeratae[3].

Wir haben also einen im ganzen richtigen Bericht, der aber die tieferen ontologischen Zusammenhänge völlig herausfallen läßt.

---

[1] Biel, in I. sent. d. 24, q. A: et eadem ratione ipsi probant quod numerus essentialis (id est rerum quae non sunt extensae ut angelorum) nihil addit rebus numeratis, probatur, quod numerus rerum extensarum, quem vocant accidentalem, nihil addit rebus numeratis.
[2] A. a. O. q. 2A.
[3] A. a. O. q. 2C.

§ 19. Suarez

Suarez handelt von der Zahl Disp. Met. D. 41: de quantitate discreta. Die Quästion bietet wie immer bei Suarez einen vortrefflichen Überblick über die historischen und sachlichen Probleme der scholastischen Zahlenlehre.

In der Lehre von der Zahl stehen sich nach Suarez die zwei uns bereits aus Ockham bekannten Ansichten schroff gegenüber.

Die erste Ansicht bestimmt die Zahl als ein einheitliches Akzidens, das mit einer Mehrheit von Teilen in einer Mehrheit von Subjekten existiert[1]. Dies ist zunächst die Meinung des Thomas und mit ihm die allgemeine Meinung der Thomisten, von denen Suarez Capreolus, Soncinas, Cajetan und Soto nennt. Dieselbe Meinung vertreten Argentinus, Heinrich von Gent und Avicenna. Duns Scotus, so meint Suarez, ist im Sentenzenkommentar zu keiner festen Entscheidung gekommen, ist aber wegen 5. Met q. 9 doch schließlich dieser Ansicht beizurechnen.

Die entgegengesetzte Ansicht will nun zwar nicht leugnen, daß die Zahl eine Bestimmung der Dinge sei, trotzdem aber habe die Zahl keine selbständige Einheit, die zur Begründung einer eignen Gattung, eines Akzidenz von selbständiger Sachhaltigkeit ausreichen würde[2]. Diese zweite Meinung vertreten Albertus Magnus, Aureolus, Gregor von Rimini, Ockham, Fonseca, Ägidius Romanus und Gabriel Biel.

Suarez vertritt — mit einer noch zu besprechenden Abweichung, die sich auf das Verhältnis der Zahl zur Materie bezieht — die Meinung Ockhams, also die Meinung, daß die Zahl zwar in den Dingen sei, daß sie aber den gezählten Dingen kein neues Akzidens hinzubringe, das von den kollektiv genommen gezählten Dingen real verschieden sei[3].

---

[1] Disp. Met. D. 41, S. I, VI; 2, 376, 1, C: numerus . . . formaliter dicat unum accidens partialiter existens in pluribus subjectis.

[2] A. a. O. 376, 1, E: quantitatem discretam, quamvis in rebus sit, non tamen habere in rebus unitatem realem, quae ad constituendam veram aliquam speciem accidentis realis sufficiat.

[3] D. 41, S. I, IX; 2, 376, 2 E: hinc sumo secundum ut certum, licet numerus, qui est quantitas discreta, in rebus sit, tamen non addere ipsis rebus numeratis aliquod accidens in re distinctum ab illis collective sumptis.

Er kann daher in einer gewissen Zuspitzung sagen, die Zahl sei weder ein Akzidens noch überhaupt ein Seiendes im eigentlichen Sinne. Die Zahl rein für sich genommen, ist keine eigne und selbständige Gattung des Seins, also auch nicht des akzidenziellen Seins, denn sie ist in bezug auf eigne Sachhaltigkeit weder ein Seiendes überhaupt noch ein Akzidens, sondern nur eine Sammlung von Seienden oder von Akzidenzen[1].

Die Gründe, die Suarez für seine Auffassung geltend macht, sind im wesentlichen die Gründe, die schon Ockham vorgebracht hatte.

Der grundlegende Gedankengang ist die Frage, woher die Zahl ihre Einheit nehme. Die Zahl besitzt keine eigne Einheit; ihr fehlt also ein notwendiges Erfordernis für das selbständige Sein auch nur eines Akzidens.

Dies Argument muß nach Suarez als das Hauptargument gelten. Es entspricht der Meinung des Aristoteles und der Definition der Zahl. Dies Argument faßt im wesentlichen diejenigen Einwände zusammen, die Ockham vom Problem der Inhärenz her erhoben hatte[2].

Ein weiteres Argument gegen den Akzidenscharakter der Zahl geht aus dem Vergleich mit der multitudo transcendens hervor[3].

Schließlich würde ein solcher Ansatz der Zahl als Akzidens zu einer Seinsvervielfältigung ins Unendliche führen[4].

---

[1] D. 41, S. I, XVI; 2, 378, 1 B: quarto tandem videtur plane ex dictis colligi numerum in re ipsa spectatum non esse propriam et peculiarem speciem entis, vel accidentis, quia in re non est ens aut accidens, sed collectio entium seu accidentium.

[2] D. 41, S. 1, 1; 2, 375, 1 E: quia sive consideres subjectum numeri seu res numeratas, sive formam seu rationem formalem, quae numerum ut numerus est constituere potest, in neutra invenitur unitas sufficiens ad constituendum ens per se.

[3] D. 41, S. 1, 4; 2, 375, 2 E: unde tandem argumentor quarto, quia multitudo transcendens seu aliorum entium, neque est aliquid per se unum, neque constituit aliquam speciem in entibus; ergo nec multitudo quantitatum constituit aliquam speciem per se unam in genere quantitatis.

[4] D. 41, S. 1, 12; 2, 377, 1 D: tandem confirmatur, quia etiam unitas apta est componere binarium, ternarium et quemlibet numerum in infinitum; ergo vel est apta per se ipsa sine additione ulla, et hoc est quod intendimus, nam

Diese Lehre von der Zahl gehört zu den wenigen Punkten, in denen sich Suarez gegen die Meinung des Aquinaten entscheidet. Er hält aber mit dem Aquinaten daran fest, daß die Zahl die quantitas continua voraussetzt. Zahlen gibt es also nur bei materiellen Dingen. Suarez entgeht es dabei nicht, daß dies zur Konsequenz führt, daß es keine Zahl von Engeln geben kann; er glaubt aber durch Unterscheidungen, denen ich nicht ganz zu folgen vermag, eine Lösung dieser Schwierigkeit zu haben[1].

Die Lehre des Suarez erweist sich also auch bei der Zahl als eine Mittelstellung. Mit Thomas bindet Suarez die Zahl an die ausgedehnte Materie, mit Ockham bestreitet Suarez einen realen Unterschied zwischen der Zahl und den gezählten Dingen.

§ 20. Leibniz

Zu der Frage, in welchem Umfang Leibniz die Scholastik gekannt habe, steht trotz einiger Ansätze eine genaue Untersuchung noch aus. Daß Leibniz die Scholastik hoch geschätzt hat, liegt offen zu Tage. Der Briefwechsel mit dem gelehrten Jesuiten Des Bosses zeigt dies fast in jedem Brief.

Der Übung seiner Zeit folgend, dürfte Leibniz die Scholastik weniger durch das Studium der Originalwerke — das Studium der Originalwerke der griechischen oder der scholastischen Philosophie ist überhaupt kein sehr alter Gedanke — sondern durch die Disputationes Metaphysicae des Suarez kennen gelernt haben. Vielleicht ist die Behauptung Eschweilers: »der philosophiegeschichtlich ungleich wichtigere und mächtigere Magister des deutschen Denkers ist der Spanier Suarez gewesen«[2] etwas aus der übervollen Begeisterung geschrieben. Man wird aber Eschweiler dahin Recht geben müssen, daß die Kenntnis der Zusammenhänge zwischen

---

hinc plane fit, numerus nihil addere supra unitates simul sumptas: vel est apta unaquaeque unitas ad componendum numerum per aliquid ei additum: et sic ad singulos numeros indigebit peculiari addito distinctae rationis, quod est satis absurdum; alioqui deberent illae entitates in infinitum multiplicari.

[1] D. 41. S. 11, V; 2, 379, 2E.

[2] K. Eschweiler, Die Philosophie der spanischen Spätscholastik auf den deutschen Universitäten des 17. Jahrhunderts. Spanische Forschungen d. Görresges. I, 1928, S. 324.

Suarez und Leibniz für ein wirkliches Verständnis von Leibniz unentbehrlich ist.

Das Studium der Scholastik dürfte für Leibniz im wesentlichen in seine Leipziger Studentenzeit fallen. Später ist Leibniz durch seine eigenen Arbeiten zur Mathematik, zur Philosophie, zur Physik fast völlig in Anspruch genommen worden. Er dürfte also im wesentlichen mit dem Stamm von Kenntnissen über die Scholastik gearbeitet haben, wie er sich in seinen drei ersten Arbeiten, Disputatio metaphysica de principio individui (1663), Dissertatio de arte combinatoria (1666) und Dissertatio de stilo philosophico Nicolii (1670) ausdrückt.

Geht man diese Arbeiten durch, so erhält man den Eindruck, daß Leibniz Gabriel Biel vielleicht im Original gelesen hat. Gregor von Rimini wird ausdrücklich aus zweiter Hand zitiert[1]. Aus zweiter Hand wird ebenfalls zitiert Ockhams Logik und Ockhams Traktat de Eucharistia (also de scramento altaris)[2]. Ockhams Sentenzenkommentar dürfte Leibniz schwerlich im Original benutzt haben. Es ergibt sich also für Ockham eine indirekte Kenntnis auf dem Wege über Suarez und vielleicht auch über Gabriel Biel. Man sollte sich dabei vor Augen halten, daß die Berichte des Suarez stets ganz ausgezeichnet sind.

Was die Diskussion über die Unterscheidung zwischen akzidentaler und transzendentaler Einheit anbetrifft, so teilt Leibniz die Meinung Ockhams: Es gibt nur eine Einheit, die transzendentale. Jedes Seiende ist durch das, was es ist, auch zugleich Eines, auch der Zahl nach[3]. Das Unum, auch das numerale, fügt dem Ens keine neue Realität hinzu[4]. Leibniz bestreitet daher ausdrücklich einen seinsmäßigen Unterschied zwischen numeraler und transzendentaler Einheit[5] und sagt zum Schluß ausdrücklich: Auch die numerale Einheit ist ein Transzendens. Verum et illa (die numerale Einheit) est transcendens[6].

---

[1] De principio individui § 4.
[2] Ebd. § 11.
[3] Ebd. § 5: per quod quid est, per idem unum numero est.
[4] Ebd. § 5: unum supra ens nihil addit reale.
[5] Ebd. § 5/6.
[6] Ebd. § 5.

Im Verfolg seiner eignen Arbeiten zur Mathematik und zur allgemeinen Mannigfaltigkeitslehre erkennt dann Leibniz, daß die Zahl unter den allgemeineren Begriff der Relation fällt, und daß sie daher auch der Seinsbestimmung der Relation folgt: numeri, unitates, fractiones habent naturam relationum[1]. Für Leibniz enthält daher die Seinsbestimmung der Relation, der wir im zweiten Teil nachgehen werden, auch die Seinsbestimmung der Zahl in sich.

Wir wollen hier nur festhalten, daß Leibniz in seiner Frühzeit unter dem offensichtlichen Einfluß seiner scholastischen Studien den realen Unterschied zwischen der Zahl und den gezählten Dingen ablehnt.

Die Zahl ist kein Seiendes für sich, das vom Eigentlich-Seienden real verschieden wäre[2].

Leibniz ist sich auch darüber im klaren, aus welchen Notwendigkeiten diese Seinsbestimmung der Zahl fließt. Die Zahlen lassen sich wieder zählen, und aus diesem Zählen der Zahl, der Anwendung der Zahlen auf sich selbst, ergeben sich Widersprüche, sobald man die Zahl als eine selbständige Realität, als res, auffaßt[3].

Diese Bestimmung der Frühzeit hält Leibniz, wenn auch unter manchen Modifikationen, beständig durch. Wir wählen zum Nachweis einen Brief an Des Bosses vom 13. 1. 1716.

Es handelt sich dort um die Seinsbestimmung des Raumes und der Ausdehnung. Um begreiflich zu machen, daß die Ausdehnung als Ordnungsrelation aus den Dingen fließt, die in dieser Ordnung stehen, und daß eine Ausdehnung und ein Raum ohne ausgedehnte und auseinanderliegende Dinge bloße Einbildungen sind, verweist Leibniz auf die gleichartigen Verhältnisse bei der Zahl.

---

[1] An Des Bosses: Erdmann 435b.

[2] Epistola ad Thomasium, Erdmann 53b.
Figura autem, magnitudo, situs, numerus etc non sunt entia a spatio, materia et motu realiter distincta.

[3] De stylo philosophico Nicolii, Erdmann 63b.
Nam concreta vere res sunt, abstracta non sunt res, sed rerum modi, modi autem nihil aliud sunt quam relationes rei ad intellectum seu apparendi facultates. Et vere datur modorum in infinitum replicatio, et qualitatum qualitates, et numeri numerorum, quae si omnia res sunt, non infinitas tantum, sed et contradictio oritur.

Auch die Zahl ist ohne die gezählten Dinge eine bloß willkürliche Vorstellung, ein imaginarium. Hebt man die gezählten Dinge auf, dann hebt man auch die Zahlen in ihrem eigentlichen Sein auf[1].

Diese Bestimmung aber fließt aus der alten Unterscheidung zwischen akzidentaler und transzendentaler Zahl. Die akzidentale Zahl als ein absolutes Sein muß bleiben, auch wenn die tragenden Substanzen vernichtet werden, die transzendentale Zahl dagegen wird mit der Aufhebung der Substanzen selbst aufgehoben. Wenn also mit der Aufhebung der Substanzen auch die Zahlen aufgehoben werden, dann kann zwischen den Zahlen und den Substanzen kein realer Unterschied bestehen.

Alle diese Bestimmungen erhalten für Leibniz die grundsätzliche Klärung beim Problem der Relation.

---

[1] An Des Bosses: Erdmann 739 b.
itaque recte scholastici olim spatium sine rebus imaginarium dixere, qualis est numerus sine re numerata. Secus sentientes in miras se inducunt difficultates. Sublatis monadibus manere extensionem non magis verum puto, quam sublatis rebus manere numeros.

Kapitel 3

DIE AUSDEHNUNG

Im scholastischen Aufbau der Kategorienlehre steht der diskreten Quantität — Einheit und Zahl — die kontinuierliche Quantität gegenüber. Unter diesem Titel werden abgehandelt die Linie, die Fläche, der Körper. Zu diesen eigentlichen Kontinua kommt der Punkt als Grenze eines Kontinuums. Weiter werden hierher gerechnet einige zusammengesetzte Begriffe, als die wichtigsten der Ort, die Zeit und die Bewegung. Ockham hält sich wie sonst, so auch hier, an den schulmäßig überlieferten Aufbau, um seine Untersuchungen auf die Seinsfrage konzentrieren zu können.

Die Darlegung der scholastischen Lehre von der quantitas continua wird durch zwei Momente erschwert. Es ist zunächst nicht immer klar, welches die eigentliche Bestimmung der quantitas continua sein soll. Undurchdringlichkeit, Ausdehnung als dreidimensionale Erstreckung und Kontinuität gehen nicht selten durcheinander. Dann aber hängt für die Scholastik die quantitas continua in der allerengsten Weise mit der Transsubstantiation zusammen. Diese Probleme erfahren daher eine so ausgedehnte Behandlung, daß eine einigermaßen genaue Darstellung ein Werk für sich erfordern würde. Wegen dieses Zusammenhanges nimmt auch das Problem der Ausdehnung in den Schriften Ockhams einen so breiten Raum ein. Die Abendmahlslehre und damit die Lehre von der Ausdehnung dürfte ein wesentlicher Grund für den Kampf sein, der schon in Oxford gegen Ockham eingesetzt hat, und der dann zu dem Prozeß in Avignon führte.

Um nicht alle diese Zusammenhänge darstellen zu müssen, beschränke ich mich bei der Ausdehnung auf einen verhältnismäßig kurzen Bericht. Ich stütze mich dabei auf den Sentenzenkommentar Buch IV q. 4, und ziehe dann die Logik und den Traktat »de sacramento altaris« heran. Für die Vorgeschichte beschränke ich mich auf den Zusammenhang mit Thomas und Duns Scotus, wie ihn Ockham in IV. sent q. 4 selbst angegeben hat.

71

§ 21. Thomas von Aquin

Ockham berichtet: Est igitur una opinio, quae ponit, quod corpus Christi est ibi ex vi conversionis substantiae panis in corpus Christi et ideo locus non habet immediate ordinem ad corpus Christi: sed mediantibus speciebus sub quibus fuit substantia panis. Et ita non est ibi sicut in loco proprio, sed sicut in sacramento, quia ex vi conversionis est sub speciebus substantiae panis. Secundo declarat, quomodo est ibi quantitas corporis Christi, quia non est ibi ex vi conversionis, sed tantum ex naturali concomitantia. Et ideo contrario ordine sunt ibi dimensiones corporis Christi et dimensiones corporis locati in loco; quia substantia non potest esse alicubi sine dimensionibus suis. Et ideo una substantia non potest esse cum alia, nisi quia dimensionis sic possunt esse cum dimensionibus alterius. Sic est in proposito et sic est ibi quantitas corporis Christi[1].

Dieser Bericht Ockhams über die Transsubstantiationslehre des Aquinaten dürfte als ein zusammenfassendes Referat von sum. theol. III q. 75—77 gemeint sein. Der Zusammenhang mit dem Text der Summa ist allerdings viel lockerer als bei den beiden früheren Zitaten Ockhams zur Einheit und zur Zahl. Es wäre immerhin möglich, daß Ockham entweder eine andere Thomasstelle oder daß er einen Thomasschüler im Auge hat.

Nach dieser Transsubstantiationslehre des Aquinaten verwandelt sich die Substanz des Brotes in die Substanz des Leibes Christi und die Substanz des Weines in die Substanz des Blutes Christi[2]. Dies Geschehen ist die eigentliche Umwandlung, und insofern spricht Thomas davon, daß etwas ex vi conversionis, ex vi sacramenti gegenwärtig sei. Nun ist aber Christus im Sakrament ganz gegenwärtig. Man muß daher unterscheiden zwischen einer Gegenwart ex vi sacramenti (conversionis) und einer Gegenwart ex naturali concomitantia[3]. Ex vi sacramenti ist der Leib Christi seiner Substanz nach in der Hostie gegenwärtig, ex naturali concomitantia die Seele und

---

[1] Ockham in IV. sent. q. 4B.
[2] sum. theol. III, 75, 4, c.
[3] sum theol.. III, 76, 1, c: Sciendum tamen, quod aliquid Christi est in hoc sacramento dupliciter: uno modo quasi ex vi sacramenti, alio modo ex naturali concomitantia.

72

die Gottheit Christi[1]. Auch ist Christus in jeder Form des Sakramentes ganz gegenwärtig; daher existiert in der Hostie der Leib Christi der Substanz nach ex vi sacramenti, das Blut Christi ex naturali concomitantia[2].

Bei der Transubstantiation bleiben alle Akzidenzen des Brotes erhalten. Es bleibt also insbesondere erhalten die quantitas dimensiva, die Ausdehnung des Brotes. Auch die Hostie ist ja ein ausgedehnter Körper. Andererseits ist der Leib Christi nicht nur der Substanz nach, sondern mit allen seinen Akzidenzen gegenwärtig, die Akzidenzen allerdings nicht ex vi sacramenti, sondern ex naturali concomitantia. Diese Gegenwart gilt insbesondere wieder von der quantitas dimensiva des Leibes Christi, es ist also die quantitas dimensiva des Brotes mit der quantitas dimensiva des Leibes Christi zugleich gegenwärtig, wenn auch in verschiedener Weise[3].

Die quantitas dimensiva des Brotes ist also ihrem ursprünglichen Sein nach erhalten geblieben, ihr ist aber durch die Transsubstantiation die Substanz entzogen, der sie inhärierte. Dies gilt zunächst für alle Akzidenzen des Brotes. Es zeigt sich aber, daß für die verschiedenen Akzidenzen Unterschiede bestehen. Schon in der natürlichen Seinsweise hatte die quantitas dimensiva eine ausgezeichnete Stellung dadurch, daß sie von allen Akzidenzen allein unmittelbar in der Substanz existierte, während die anderen Akzidenzen nur durch ihre Vermittlung der Substanz zukamen. Dies führt dazu, daß nach der Transsubstantiation nur die quantitas dimensiva ohne Subjekt existiert, während alle anderen Akzidenzen in dieser Quantität wie in ihrem Subjekt weiterexistieren[4]. (Es wird also hier an der üblichen Auslegung festgehalten, gegen neuere Meinungen, nach denen die Akzidenzen in der Transsubstantiation die Natur einer Substanz erhalten.)

Die Quantität steht in einer besonderen Beziehung zur Materie. Mit diesem Gedankengang schlägt Thomas ein Thema an, das sich

---

[1] sum. theol. III, 76, 1, ad 1: consequens est, quod divinitas Christi non sit in hoc sacramento ex vi sacramenti, sed ex naturali concomitantia.

[2] sum. theol. III, 76, 3.

[3] sum. theol. III, 77, 1, c.

[4] sum. theol. III, 77, 2, c, vgl. das Zitat aus s. t. l. I, 44.

immer mehr, bei Duns Scotus, wie bei Ockham, wie bei Leibniz als die Grundlage der Diskussion erweisen wird.

Thomas bezeichnet die Ausdehnung als die primäre Verfassung der Materie: prima dispositio materiae est quantitas dimensiva[1].

Von den beiden Kategorien nämlich, die im gewissen Sinne den stärksten Seinsgehalt haben, hat die Quantität einen besonderen Bezug zur Materie, die Qualität aber einen besonderen Bezug zur Form. Dies hat zur Folge, wie wir bei der Zahl schon sahen, daß die Quantität an die Materie gebunden ist, und daß also Quantität nur an materiellen Substanzen existieren kann. Die Qualität dagegen bezieht sich auf die Form, und es liegt daher im Sein der Qualität als solchem kein Hindernis, daß nicht gewisse Qualitäten den immateriellen Substanzen zukommen sollten[2].

Diese Transubstantiationslehre des Aquinaten birgt folgende Lehre von der Ausdehnung (quantitas dimensiva) in sich: 1. Die Ausdehnung ist ein absolutes Akzidens. 2. Die Ausdehnung steht zwischen der Substanz und den anderen Akzidenzen, sie selbst existiert in der Substanz als in ihrem Subjekt, und sie vermittelt gewissermaßen als Träger das Existieren der anderen Akzidenzen.

Ockham faßt daher diese Meinung dahin zusammen: quantitas continua est unum accidens mediam inter substantiam et qualitatem, quae ponitur esse subjective in substantia et esse subjectum qualitatum[3] und in einer ähnlichen Formulierung: dimensiones sunt quaedam res informantes substantias et sustentantes qualitates corporales[4].

---

[1] sum. theol. III, 77, 2, c.

[2] De potentia Dei q. 9 a. 7 c; 14, 270: et praeterea quantitas proprie est dispositio materiae, unde omnes species quantitatis sunt mathematica quaedam, quae secundum esse non possunt a materia sensibili separari. . . Unde patet, quod nulla species quantitatis potest in rebus spiritualibus convenire, nisi secundum metaphoram. Qualitas autem sequitur formam, unde quaedam qualitates sunt omnino immateriales, quae attribui possunt rebus spiritualibus. Vgl. auch comm. in met. V, 1. 9; 892: Secundo modo ut praedicatum sumatur secundum quod inest subjecto: quod quidem praedicatum vel inest ei per se et absolute, ut consequens materiam, et sic est quantitas: vel ut consequens formam, et sic est qualitas.

[3] S. t. l. I, 44.

[4] S. t. l. I, 48.

74

Damit ist zugleich gegeben, daß die Ausdehnung ein selbständiges Akzidens ist, das wegen des realen Unterschiedes zwischen ihr
und der Substanz wenigstens grundsätzlich ohne die Substanz
existieren kann: esse rem absolutam distinctam a substantia et
qualitate[1].

Ockham kann beide Gesichtspunkte dieser Auffassung, selbständigen Seinsgehalt und Zwischenstellung zwischen Substanz und
Qualität zusammenfassen: quantitatem esse rem distinctam mediam
inter substantiam et qualitatem[2].

§ 22. Duns Scotus

Für unsere Untersuchung ist der Bericht, den Ockham in IV.
sent. q. 4 auch über Duns Scotus gibt (q. 4 D: alia est opinio Jo-
hannis . .) nicht so bedeutungsvoll. Für uns kommt es vielmehr
darauf an, zu sehen, daß die Stellungnahme des Duns Scotus zum
Seinsproblem der Ausdehnung nicht einheitlich ist. Diese Tatsache
hat seinen Anhängern und Kommentatoren rechte Mühe gemacht,
und wird auch von Doncoeur tadelnd angemerkt[3]. Für unsere Betrachtung dagegen zeigt dies Schwanken des subtilen Denkers, daß
Ockham keineswegs der mutwillige Neuerer gewesen ist, als den
man ihn so gern bezeichnet, daß er vielmehr auch in der Frage der
Ausdehnung nur die von Duns Scotus bereits erhobenen Schwierigkeiten weiter verfolgt hat.

Bei Duns Scotus finden wir die wohl auch zeitlich erste Äußerung
im Physikkommentar I q. 8: utrum quantitas sit res distincta a
substantia et qualitate.

Duns Scotus legt dar, daß in dieser Frage zwei Meinungen, wegen
einer Spaltung der zweiten Meinung eigentlich drei Meinungen
vertreten worden sind. Die erste Meinung bestreitet, daß die Quantität von der Substanz und der Qualität real unterschieden sei. Substanzen sowohl wie Qualitäten können vielmehr außereinander be-

---

[1] Ockham in IV. sent. q. 4, G; vgl. auch in IV. sent. q. 40.
[2] S. t. l. I, 44.
[3] P. Doncoeur, La théorie. Rev. d. Sc. ph. et th. 1921, S. 37.

findliche Teile haben, und sind durch eine solche Art des Teilehabens zugleich ausgedehnt[1].

Die andere Meinung behauptet das absolute Sein der Ausdehnung, und hier will ein Standpunkt nur das absolute Sein der dreidimensionalen Ausdehnung gelten lassen, während ein anderer Standpunkt das absolute Sein auch für Flächen und Linien annimmt[2].

Duns Scotus selbst entscheidet sich in dieser Untersuchung für das absolute Sein der Ausdehnung[3]. Er hebt diesen Ansatz im Grunde aber dadurch sofort wieder auf, daß er die Ausdehnung als ein untrennbares Akzidens bestimmt. Die Ausdehnung ist eine solche Verfassung der Substanz, auf Grund deren die Teile der Substanz von einander entfernt sind und auseinander sind. Eine solche Verfassung der Substanz aber kann nicht von der Substanz selbst getrennt werden[4].

Durch diese Bestimmung steht Duns Scotus, der in der These den einen Standpunkt vertritt, sachlich völlig auf dem anderen Standpunkt: Die Ausdehnung ist eine Verfassung der Substanz, die von der Substanz nicht getrennt werden kann.

Nun ist freilich nicht zu sehen, wie Duns Scotus bei dieser Auffassung mit der Transubstantiation zurechtkommen will. Gehört die Untrennbarkeit zur Natur des Akzidens, dann müßte ja in der Transubstantiation auch die Natur der Akzidenzen geändert werden, eine Konsequenz, die Duns Scotus auch in Erwägung gezogen hat[5]. Diese Konsequenz hat aber doch ihre Schwierigkeiten, und der Kommentator bemerkt deshalb sofort beschwichtigend, daß hier Duns Scotus nicht als Theologe, sondern nur als Philosoph spreche[6].

---

[1] A. a. O.; 2, 396a: notandum, quod in ista quaestione sunt duae opiniones contrariae. Una probat, quod quantitas non est res distincta a substantia et qualitate, immo tam substantia quam qualitas habet partem extra partem.

[2] In I. Phys. q. 8; 2, 396a.

[3] Ebd. 396a: quantitas est res distincta a substantia et qualitate.

[4] Ebd. 397a: dico igitur ex praedictis, quod quantitas est dispositio inhaerens substantiae, secundum quam partes substantiae ab invicem distant, et sunt extra se invicem; quam dispositionem esse separatam a substantia, implicat contradictionem, ut deductum est in quaestione praecedenti.

[5] In I. Phys. q. 7, 2, 390a: mutatur natura accidentis . . .

[6] com. zu q. 8; 2, 399a.

Im Oxforder Sentenzenkommentar geht Duns Scotus so vor, daß er beide Standpunkte nebeneinander als mögliche Auffassungen berücksichtigt, ohne daß er selbst eine feste Entscheidung trifft[1]. Doncoeur bezeichnet dies als eine vorübergehende Unschlüssigkeit. Dies würde freilich voraussetzen, daß das Pariser Werk später ist, als das ganze Oxforder Werk, und dies ist wohl so sicher noch nicht.

Darüberhinaus aber scheint mir Doncoeur zu übersehen, daß dies Schwanken bei der Seinsbestimmung der Quantität für Duns Scotus mit Problemen zusammenhängt, die unzweifelhaft festes Lehrgut dieses Denkers sind, nämlich mit der Frage, ob die Materie auch noch existieren kann, wenn jede Form von ihr abgelöst worden ist.

Daß Duns Scotus eine solche selbständige Existenz der Materie ohne Form im Gegensatz zu Thomas gelehrt hat, kann wohl nicht gut in Zweifel gezogen werden. Die thematische Erörterung finden wir op. ox. II D 12 q. 2: utrum per aliquam potentiam materia possit esse sine forma?[2]. Wenn nach Duns Scotus die Materie ohne jede Form existieren kann, so ist eine bestimmte Auffassung der Quantität die fast unumgängliche Folge. Existiert nämlich die Materie ohne jede Form, so fragt sich, ob sie dann noch Teile hat. Hat sie Teile, und das bejaht auch Duns Scotus — so kann man weiter fragen, ob diese Teile noch außereinander sind. Heißt dann »Teile außereinander haben« ausgedehnt sein, dann würde die Materie auch entblößt von jeder Form noch ausgedehnt sein; mithin könnte die Ausdehnung keine Form, also auch kein selbständiges Akzidens sein.

Duns Scotus bestimmt: si quaeras etiam an habeat partes? dico, quod partes substantiales habet, illas enim non habet per quantitatem[3]. Es ist schwer, in dieser mehr wie lakonischen Antwort eine völlige Lösung des Problems zu finden.

Für unsere Betrachtung genügt es auch schon zu sehen, wie sehr über den starren Ansatz des Aquinaten hinaus Duns Scotus das Seinsproblem der Ausdehnung wieder in Bewegung gebracht hat. Als sachlichen Gewinn halten wir fest, daß der Zusammenhang der Ausdehnung mit der Materie, den Thomas bereits in Erwägung

---

[1] op. ox. IV D. 12, q. 2; 17, 572 a/b und q. 5; 17, 637 a.
[2] op. ox. II, D. 12, q. 2; 12; 574 ff.
[3] Ebd. S. 577 b.

gezogen hatte, vertieft wird, und daß die besondere Bedeutung des
Auseinander, der partes extra partes von Duns Scotus herausgearbeitet wird.

WILHELM VON OCKHAM

§ 23. Die Darstellung im Sentenzenkommentar

Wenn auch in einem gewissen Sinne Ockham — ebenso wie
Duns Scotus — die beiden entgegengesetzten Meinungen über
das Sein der Ausdehnung referiert, so gewinnt doch die eine Meinung — die Ausdehnung ist kein absolutes Akzidens — in Darstellung und Begründung einen so entschiedenen Vorrang, daß man sie
mit Recht stets als die eigentliche Meinung Ockhams betrachtet hat.

Der Gedankengang ruht, wie bei Duns Scotus, auf der Vorstellung,
daß die Materie ohne jede Form existieren kann. Man kann sich
vorstellen, daß Gott, wenn auch nicht im natürlichen Lauf der
Dinge, so doch aus seiner absoluten Allmacht heraus, jede Form
aufhebt und nur die Materie erhält. Die Frage ist dann, ob eine
solche von jeder Form entblößte Materie noch ausgedehnt ist. Ist
sie ausgedehnt, dann ist Ausdehnung kein absolutes Akzidens, da
ja alle Formen des Seins, mithin auch alle Akzidenzen, durch Gottes
Allmacht weggenommen sein sollten[1].

Ockham bestimmt zunächst den Begriff der Ausdehnung. Ausgedehnt sein heißt Teile haben, die in der Weise voneinander verschieden sind, daß sie einen verschiedenen Ort und eine verschiedene
Lage zueinander haben: habere distinctionem realem partium situ
et loco distinctarum[2].

Zur Begründung seiner These muß Ockham zeigen, daß die
Materie real verschiedene Teile hat, und daß diese Teile auch nach
Aufhebung der Quantität als eines absoluten Akzidens noch außer-
einander sind.

Verschiedenheit und Identität sind zunächst Beziehungen, wie wir
in der Relationstheorie noch sehen werden, die jedem Seienden nicht

---

[1] In 4. sent. q. 4 G : Deus de potentia sua absoluta potest facere omne absolutum prius alio . . . certum est, quod Deus potest materiam facere destruendo
solam quantitatem.

[2] In 4. sent. q. 4 G.

nur durch ein Anderes, sondern aus sich selbst heraus zukommen. Wenn etwas daher verschieden ist, so ist es aus sich selbst heraus verschieden. Nun sind aber die Teile der Materie, die jeweils einer bestimmten zusammengesetzten Substanz zugrunde liegen, verschieden, denn Gott kann die Materie jeder Substanz für sich allein genommen vernichten. Soll aber die Materie eines bestimmten Körpers für sich vernichtet werden können, dann darf nicht eine unterschiedslose Materie der ganzen Welt zugrunde liegen, es muß vielmehr einem bestimmten Körper auch ein bestimmter Teil der Materie zugrunde liegen. Die Materie ist also von sich aus in Teile gegliedert, und damit in sich selbst aus sich selbst heraus unterschieden. Diese innere Unterscheidung der Materie in ihre Teile gilt für Ockham[1] wie für Duns Scotus[2].

Wenn also die Verschiedenheit der Teile nicht eine hinzukommende Form, sondern eine transzendentale Bestimmung der Teile ist, dann wird diese Verschiedenheit auch nach Vernichtung aller Formen erhalten bleiben.

Ockham muß nun weiter zeigen, daß die verschiedenen Teile auch noch in ihrem Auseinandersein erhalten bleiben. Duns Scotus hält zwar auch an der Verschiedenheit der substantiellen Teile der Materie fest, für ihn sind aber die Teile der Materie nach Aufhebung aller Form nicht mehr zirkumskriptiv, — als in eigentlicher Räumlichkeit — sondern nur noch diffinitiv im Raum[3]. Für Ockham dagegen wird an dem Außereinandersein der Teile durch die Vernichtung aller Formen nichts geändert. Dann ist aber die Materie aus sich selbst heraus ausgedehnt, und es ist eine überflüssige Annahme, für die Ausdehnung ein besonderes Akzidens anzusetzen[4].

Ockham kommt also zu dem Ergebnis, daß die ausgedehnten

---

[1] Ockham in 4. sent. q. 4 G : sed secundum omnes materia existens sub una forma substantiali habet partes distinctas, quia una pars sine alia potest annihilari. Igitur circumscripta quacumque forma de mundo, adhuc una pars materiae distinguitur ab alia, quia seipsa et per aliquid sibi intrinsecum.

[2] Duns Scotus op. ox. II D. 12, q. 2; 12, 577 b: Si quaeras etiam, an habeat partes ? dico, quod partes substantiales habet, illas enim non habet per quantitatem.

[3] Duns Scotus op. ox. 2, 12, 2; 12, 577 b.

[4] Ockham in 4. sent. q. 4 G.

Kontinua, also die materiellen Körper und die Qualitäten wie Farbe und Wärme, nicht durch ein hinzukommendes Akzidens ausgedehnt sind, daß vielmehr ihre charakteristische Verfassung selbst, nämlich das Auseinandersein ihrer Teile, die Ausdehnung ist[1].

Dies bedeutet aber, wie wir bei Leibniz noch sehen werden, nichts anderes als: Die Ausdehnung ist nichts ohne das Ausgedehnte.

Diese Auffassung der Ausdehnung wird in der Distinktion 24 des ersten Buches in einem Hinweis schon vorweggenommen[2].

Diese ontologische Bestimmung der Ausdehnung, daß die Ausdehnung selbst kein absolutes Sein ist, daß sie vielmehr stets ein absolutes Sein voraussetzt, das sich ausdehnt, hat freilich erst Leibniz zu größerer Klarheit gebracht.

Für Ockham führt diese ontologische Bestimmung zunächst auf eine logische Bestimmung des Begriffes der Ausdehnung. Es zeigt sich nämlich, daß dieser Begriff ein konnotativer Begriff ist. Unter konnotativen Begriffen versteht die Scholastik solche Begriffe, die mindestens eine Zweiheit von Seienden in der Weise meinen, daß sie ein Seiendes primär und ein anderes Seiendes sekundär ansprechen. Der Begriff der Ausdehnung ist nun ein konnotativer Begriff; er meint stets primär ein absolutes Sein und sekundär ein bestimmtes Zueinandersein der Teile dieses absoluten Seins. So meint die Ausdehnung eines Körpers primär den Körper selbst, sekundär, daß dieser Körper Teile hat, die auseinander liegen[3].

Zugleich bemüht sich Ockham um eine schärfere Fassung des Begriffs der Ausdehnung. Er benutzt verschiedene Definitionen: habere distinctionem realem partium loco et situ distantium[4]. In einer zweiten Definition wird der Begriff des räumlichen Ausein-

---

[1] Ockham in 4. sent. q. 4G.

[2] Ockham in 1. sent. D. 24, q. 2R: sed quantitas continua significat substantiam vel qualitatem habentem partem extra partem, ita quod posita substantia sine omni re absoluta addita, si ipse habeat partem extra partem, ipsa vere est quanta.

[3] In 4. sent. q. 4G: quantitas non dicit aliquam rem absolutam vel respectivam ultra substantiam et qualitatem, sed est quaedam vox vel conceptus significans substantias principaliter ... et connotans multas alias res; vgl. auch I d. 24, q. 2R und s. t. l. I, 44.

[4] In 4. sent. q. 4G.

80

anderseins durch den gleichwertigen Begriff der möglichen Bewegung ersetzt: quantitas non est aliud nisi extensio rei habentis partes, a quarum una ad aliam potest esse motus[1].

Diese verschiedenen Definitionen werden schließlich verkürzt in die knappste Definition: ausgedehnt sein heißt »habere partem extra partem«[2].

Man könnte dabei freilich einwenden, daß »habere partem extra partem« keine Definition der Ausdehnung sei, da ja im Begriff des extra als des Außereinander der Begriff der Ausdehnung als des räumlichem Auseinander schon enthalten sei. Wir werden später sehen, daß Ockham diesem Einwand nicht nur stattgibt, sondern darüber hinaus grundsätzlich sagt, daß die Ausdehnung, wie alle konnotativen Begriffe, nicht im eigentlichen Sinne definiert werden kann, daß sie keine definitio quid rei haben kann. Diese Tatsache, daß der Raum im eigentlichen Sinne nicht definiert werden kann, erhält erst in Kants Bestimmung des Raumes nicht mehr als eines Begriffes, sondern als einer Anschauung ihre volle Bedeutung[3].

§ 24. Die Darstellung in der summa totius logicae

In der summa totius logicae handelt Ockham in den Quaestionen 44 bis 48 des ersten Buches von der Quantität. Die Abhandlung geht im wesentlichen auf die quantitas continua, soweit sie sich auf die Zahl bezieht, haben wir sie schon in § 17 durchgesprochen.

Das Kapitel 44 bringt eine Erörterung der Seinsfrage im Ganzen, das Kapitel 45 weist nach, daß auch Aristoteles das absolute Sein der Ausdehnung verneint habe. Die Kapitel 46 und 47 bringen die in der scholastischen Kategorienlehre üblichen Erörterungen. Das Kapitel 46 bringt die Einteilung der Quantität in quantitas discreta und quantitas continua und die Unterteilung in unum, numerus, oratio; punctum, linea, superficies, corpus, locus, tempus.

---

[1] In 4. sent. q. 4 G.

[3] An vielen Stellen: in 1. sent. D. 24, q. 2 R; S. 53. In 4. q. sent. 4 G ; de corpore Christi ed. Birch S. 148.

[3] Zum Zusammenhang mit dem »partes extra partes« vgl. etwa K. d. r. V A 23: damit ich sie als außereinander, mithin nicht bloß verschieden, sonde r n als in verschiedenen Orten vorstellen könne . . .

Das Kapitel 47 bringt die charakteristischen Eigenschaften der Quantität, proprietates quantitatis: quantitati nihil est contrarium, quantitas non suscipit magis et minus, esse aequale vel inaequale. Das kurze Kapitel 48 referiert anhangsweise die Meinung, nach der die Ausdehnung ein absolutes Akzidens darstellt.

Wir finden also bei der Ausdehnung wie bei der Zahl eine an sich diskussionsweise Erörterung. Die allgemeine Überzeugung ist wieder, auch die Ausdehnung sei ein absolutes Akzidens. Hier wird besonders auf Thomas Bezug genommen[1].

Aber auch die entgegengesetzte Meinung, die einen realen Unterschied zwischen der Ausdehnung und den absoluten Kategorien, der Substanz und der Qualität, bestreitet, hat zahlreiche Anhänger. Von besonderer Bedeutung ist es, daß — nach Ockham — auch Aristoteles diese Meinung vertritt[2].

Im Ganzen gewinnt der Leser den Eindruck, daß Ockham selbst der letzteren Meinung zustimmt, mag dem auch eine ausdrückliche Verwahrung entgegenstehen[3].

Das im Sentenzenkommentar grundlegende Argument aus dem Verhältnis der Ausdehnung zur Materie wird in der Logik in einer konkreteren und anschaulicheren Form vorgetragen.

Statt die Materie zu betrachten, die durch Gottes Allmacht aller Formen beraubt ist, betrachtet Ockham hier ein Brett, das wieder durch Gottes Allmacht seine absoluten Akzidenzen verloren hat. In der grundsätzlichen Möglichkeit der Existenz einer Substanz ohne die reale verschiedenen Akzidenzen ebenso wie der Existenz der real verschiedenen Akzidenzen ohne die Substanz gehen Thomas, Duns Scotus und Ockham ja einig, und ohne eine solche Möglichkeit kann die Transsubstantiation kaum erklärt werden[4].

---

[1] S. t. l. I, 44: et quia ponitur communiter a modernis, quod quaelibet quantitas est quaedam res distincta realiter et totaliter a substantia et qualitate.

[2] S. t. l. I, 44: est igitur illa opinio, quam multi catholici ponunt et theologi tenent et tenuerunt, quod scilicet nulla quantitas est realiter distincta a substantia et qualitate.

[3] S. t. l. I, 44: quamvis nolim eam asserere.

[4] S. t. l. I, 44: omnem rem absolutam priorem alia potest Deus conservare sine mutatione locali ejusdem et rem posteriorem destruere. Cum ergo secundum communem opinionem hoc lignum sit quaedam substantia habens partes...

Es mag daher angenommen werden, daß Gott ein solches Brett in seiner Substanz erhalte, und ohne jede Ortsbewegung lediglich die real verschiedenen Akzidenzen zerstöre.

Dann hat sicher nach der allgemeinen Überzeugung der Scholastiker das Brett noch Teile, die partes substantiales.

Und nun ist die Frage, ob diese Teile noch außereinander befindlich sind.

Sind sie noch außereinander, dann ist eine solche blanke Substanz auch noch ausgedehnt, und die Ausdehnung ist also kein absolutes Akzidens.

Sind sie aber nicht mehr außereinander, dann müssen sie gewissermaßen in einen Punkt zusammengefallen sein. Dann wäre also eine räumliche Bewegung vor sich gegangen, die aber der vorausgesetzten Allmacht Gottes widersprechen würde[1].

Die Ausdehnung ist also, das ergibt sich bei dieser konkreten Betrachtung ebenso wie bei der abstrakten Betrachtung über die Materie, kein absolutes Akzidens, das real von der Substanz verschieden wäre.

§ 25. Die Darstellung in de sacramento altaris

Der Traktat de sacramento altaris liegt erfreulicher Weise — als einzige von den theoretischen Schriften Ockhams — in einer modernen Ausgabe vor.

T. Bruce Birch, Professor im Wittenberg College der Universität von Pennsilvania, hat ihn, wohl von der Reformationsgeschichte herkommend, im Jahr 1930 herausgegeben. Diese Ausgabe stützt sich auf die alten Drucke und drei Handschriften.

Der Traktat ist nach der Sentenzenvorlesung entstanden, und dürfte mit großer Wahrscheinlichkeit noch in Oxford veröffentlicht

---

et illa substantialis res sit prior natura illa quantitate inhaerente sibi: poterit Deus sine mutatione locali illius substantiae conservare eam et destruere illam quantitatem.

[1] S. t. l. I, 44: quod si sit possibile ponatur in esse. Quo facto: quaero an illa substantia habet partem distantem a parte aut non. Si sic: ergo est quanta sine quantitate addita et per consequens superfluit illa quantitas. Si non habet partem distantem a parte, prius distabant illae partes; ergo sunt mutatae localiter, quod est contra hypothesin.

sein. Er wäre also etwa in die Jahre 1320 bis 1324 und zwar eher an das Ende dieses Zeitraums zu setzen[1].

Er besteht aus zwei nur locker zusammenhängenden Teilen. Der erste Teil ist rein philosophisch gehalten und besteht aus 3 Quästionen, in denen nach dem Sein des Punktes, der Linie, der Fläche und des Körpers gefragt wird[2].

Der zweite Teil geht vorwiegend auf die theologischen Fragen ein und behandelt in 41 Kapiteln die Probleme der Transsubstantiation.

Die Absicht des Traktates ist die Verteidigung der in der Sentenzenvorlesung gegebenen Ansichten[3].

Ockham muß zu dieser Verteidigung seiner Sentenzenvorlesung zeigen, daß in der Seinsfrage der Quantität und in der damit zusammenhängenden Auffassung der Transsubstantiation keine dogmatischen Bindungen bestehen, und daß daher die in der Sentenzenvorlesung vertretene Auffassung nicht als häretisch angegriffen werden kann[4].

Diese Absicht hat zur Folge, daß Ockham in der Formulierung jeden unnötigen Anstoß vermeidet und daß er vom Autoritätenbeweis einen ausgiebigen Gebrauch macht. Es kommt darauf an, zu zeigen, daß die zu verteidigende Meinung nicht nur mit der Lehre des Aristoteles, sondern auch mit der Lehre der Väter übereinstimmt. Augustinus und Johannes Damascenus spielen daher eine wichtige Rolle. Auch auf Anselm von Canterbury nimmt Ockham oft Bezug. Wie aus der dann doch erfolgten Einleitung des Prozesses in Avignon hervorgeht, hat der Traktat seine Absicht in Oxford selbst jedenfalls nicht erreicht.

Aus dieser Absicht des Traktates ergibt sich wohl auch, daß im Sentenzenkommentar die Auseinandersetzung mit Thomas und

---

[1] de sacramento altaris ed. Birch S. 210.
[2] Ebd. S. XXXVIII: q. 1: utrum punctus sit res absoluta distincta realiter a quantitate? q. 2: utrum linea et superficies realiter distinguantur inter se et a corpore? q. 3: utrum corpus, quod est quantitas, sit res absoluta distincat realiter a substantia.
[3] Ebd. S. 160: quando sententias legi . . .
[4] de sacramento altaris S. 126.

84

Duns Scotus die Grundlage jeder Erörterung bildet, während es hier mehr auf Übereinstimmung mit Aristoteles, Augustin, Johannes Damascenus und Anselm ankommt. Dabei ist der Traktat mit einer erstaunlichen Sicherheit gearbeitet. Ockham war durch die Absicht des Traktates genötigt, einen gewissen Abstand von seinen eignen Lehren zu nehmen und die Stellung seiner Ontologie in ihren wesentlichen Zusammenhängen herauszuarbeiten. So ist die Darlegung des Traktates besonders klar und sicher.

Der Traktat vertritt wieder die uns wohlbekannte These: quantitas non est alia res absoluta distincta realiter a substantia et a qualitate (S. 92).

Die ontologische Bestimmung geht wieder von der logischen aus. Wir finden zunächst wie im Sentenzenkommentar die weitere Bestimmung: res habens partem extra partem et habens partem distantem ab alia (S. 114) und: habens partem extra partem sive partem distantem a parte (S. 242).

Als eigentliche Definition wird dann wieder der kurze Ausdruck bezeichnet: habens partem extra partem[1].

Für diesen Begriff wird der kühne Terminus: extrapositio, die Auseinanderlage, gebildet[2].

Auch auf den konnotativen Charakter des Begriffes der Ausdehnung wird wieder hingewiesen[3].

Die Argumentation, die ja wieder darauf abzielt, daß ein Seiendes auch nach Vernichtung aller zusätzlichen Formen ausgedehnt ist, wird wie in der Logik, nicht an dem abstrakten Problem der Materie, sondern am konkreten Problem einer zusammengesetzten Substanz durchgeführt.

Ockham wählt als Beispiel einen Stein. Auch für den Stein kann Gott aus seiner absoluten Allmacht heraus alle real verschiedenen Akzidenzen aufheben und nur die Substanz des Steines erhalten. Aber auch nach der Aufhebung der absoluten Akzidenzen bleibt der

---

[1] de sacramento altaris S. 148: cum haec ergo sit diffinitio quantitatis vel quanti »habere partem extra partem«.

[2] Ebd. S. 348: quantitas non est nisi extrapositio seu distantia localis seu situalis partium fascientium unum totum.

[3] Ebd. S. 466: hoc nomen quantum connotat partem rei esse extra partem.

Stein in Teile gegliedert und bleiben die Teile außereinander. Der Stein ist also auch als bloße Substanz noch ausgedehnt und die Ausdehnung infolgedessen kein real verschiedenes absolutes Akzidens[1].

Das eigentlich Bedeutsame dieses Traktates im Rahmen unserer Untersuchung ist aber, daß Ockham den Zusammenhang seiner Lehre von der Ausdehnung mit den Problemen des transzendentalen Seins erkannt hat.

Dies kommt schon in der Contra-These der von der Ausdehnung handelnden dritten Quästion zum Ausdruck.

Die Substanz hat aus sich heraus Teile und ist daher aus sich selbst heraus ausgedehnt. Die Substanz ist also nicht durch ein anderes Seiendes ausgedehnt, und die Ausdehnung ist infolgedessen kein real verschiedenes anderes Seiendes. Das »Aus-sich-selbst-heraus-etwas-sein« aber ist die charakteristische Eigenschaft der transzendentalen Bestimmungen. Daß jedes Seiende aus sich selbst heraus, und daß es nicht durch ein anderes Seiendes je Eines ist, begründet den transzendentalen Charakter der Einheit. In derselben Weise ist aber hier jede (zusammengesetzte) Substanz aus sich selbst heraus ausgedehnt[2].

Daraus ergibt sich zunächst, daß auch für Ockhams Ansatz die unteilbaren, also die einfachen Substanzen, sich als nicht ausgedehnt erweisen. Es sind also weder die Engel noch die denkende Seele ausgedehnt[3].

Dieser Zusammenhang mit dem Problem des transzendentalen Seins wird dann besonders herausgearbeitet in derselben 3. Quästion in der Darstellung der eignen These (S. 92, 20—96, 13).

Die Teile einer zusammengesetzten Substanz, Ockham wählt hier als Beispiel den Menschen, die Teile eines Menschen also, sind viele. Diese Vielheit der Teile ist eine transzendentale Bestimmung, denn diese Vielheit haben die Teile, also die Glieder des Menschen nicht als eine zusätzliche Eigenschaft, sondern aus ihrer eigenen

---

[1] de sacramento altaris S. 96, 18—30.

[2] Ebd. S. 92: ad oppositum: substantia habet de se partes igitur de se est quanta; igitur non est per aliam rem quanta, et per consequens non est alia res.

[3] Ebd. S. 94: ... aliqua substantia est simpliciter indivisibilis, quae substantia est angelus et anima intellectiva.

Natur. Diese Verschiedenheit geht insbesondere aus der causa efficiens und der causa finalis der Glieder eines Lebewesens hervor. Durchaus aber in der gleichen Weise, wie die Glieder viele sind, sind sie auch außereinander. Aus der eigentlichen Natur der Glieder eines Lebendigen fließt es, daß sie außer und nebeneinander sein müssen. Die Vielheit der Glieder ist eine transzendentale Bestimmung. Das Neben- und Miteinander dieser Teile, die Ausdehnung also, die in einem gewissen Sinne nur die Entfaltung dieser Vielheit darstellt, ist also gleichfalls eine transzendentale Bestimmung. Die Glieder eines Lebendigen sind also außer- und nebeneinander, das heißt aber ausgedehnt, nicht durch eine zusätzliche Eigenschaft, sondern sie sind dies durch ihre Natur, also durch sich selbst[1].

§ 26. Gabriel Biel

Im vierten Buch des Collectoriums, das die Eucharistie und im Zusammenhang damit die Ausdehnung behandelt, lehnt sich Gabriel Biel stark an Duns Scotus an. Es ist dabei fraglich, ob es sich um sachliche Differenzen handelt. Vielleicht liegt es nur daran, daß Ockhams Sentenzenkommentar zum vierten Buch so außerordentlich kurz ist, daß Biel dort nicht genügend Material fand.

Jedenfalls stützt Biel seine Erörterungen in 4. sent. D. 10 q. unica im wesentlichen auf Duns Scotus.

Biel führt aus, es herrsche Streit zwischen den »Doktoren«, ob die ausgedehnten Körper durch ein real verschiedenes Akzidens oder ob sie durch sich selbst ausgedehnt seien. Duns Scotus gebe in 4. sent. D. 12 q. 2 einen Bericht über das Problem und komme dabei zu dem Ergebnis, daß sich beide Meinungen verteidigen ließen.

Biel selbst will sich aber für die zweite Meinung, also doch für die Meinung Ockhams entscheiden. Diese Ausdehnung ist also für ihn

---

[1] de sacramento altaris S. 94: sicut etiam in homine aliquae partes sunt ejusdem rationis inter se, quamvis non omnes partes sunt ejusdem rationis cum homine; tales autem sicut ex naturis suis sine omni re addita habent, quod sunt plures, quamvis non sunt plures causaliter ex se sed per suas causas essentiales, puta efficientem et finalem, ita ex suis naturis habent quod naturaliter est per agens quicquid sit de potentia divina absoluta, non sunt in eodem loco et situ.

kein selbständiges Akzidens, er faßt seine Meinung in folgender Weise zusammen: Unde sequitur, quod res ex eo praecise dicitur quanta et extensa, quia habet partem extra partem localiter. Hoc enim existente omnibus aliis circumscriptis, res est quanta, et omnibus aliis positis illo circumscripto res non est quanta. Nihil ergo superaddit quantitas extensiva toti et partibus ejus, nisi quod connotat ordinem partium ad locum verum vel imaginarium, qui ordo non est accidens absolute inhaerens[1].

§ 27. Suarez

Suarez handelt von der Ausdehnung in der Diputation 40: de quantitate continua. Für unsere Untersuchung kommen besonders in Frage: sectio I: Quid sit quantitas, praesertim continua. sectio II: Utrum quantitatis molis sit res distincta a substantia materiali et qualitatibus ejus. sectio IV: Utrum ratio et effectus formalis quantitatis continuae sit divisibilitas, vel distinctio aut extensio partium substantiae.

Wenn auch Suarez in der Lehre von der Ausdehnung sich ganz an die Lehre des Aquinaten anzuschließen scheint, so kommt er doch durch eine Reihe von subtilen Unterscheidungen zu einem Standpunkt, der auch den Einwendungen Rechnung trägt, die Duns Scotus und Ockham gemacht haben.

In der sectio I: quid sit quantitas, geht Suarez von der Definition des Aristoteles[2] aus: quantum esse, quod est divisibile in ea, quae insunt, quorum utrumque vel unum quodque unum quid et hoc aliquid aptum est esse[3].

Die Erörterung zeigt, daß mit dieser Bestimmung nicht das eigentliche Sein der Quantität, die essentia der Quantität getroffen ist, daß aber mit ihr doch eine Beschreibung (descriptio) gegeben ist, die für jedes quantitativ Seiende und nur für dieses zutrifft, wenigstens wenn diese Bestimmung des Aristoteles richtig aufgefaßt wird[4].

---

[1] Biel in 4. sent. D 10, B.
[2] Met. V, 13; 1020 a 7.
[3] Disp. Met. D. 40 S. I, II; 2, 338, 1, D.
[4] Disp. Met. D. 40 S. I, V; 2, 338, 2, D.

In der sectio II: Utrum quantitas molis sit res distincta a substantia materiali et qualitatibus ejus, steht Suarez der Lehre des Aquinaten am nächsten.

Suarez stellt wie stets zuerst die beiden gegenüberstehenden Meinungen dar.

Die Partei der Nominalisten, wie er sie nennt, behaupte: die körperliche Ausdehnung ist keine selbständige Sache, die als solche von der Substanz und den materiellen Qualitäten verschieden ist, sondern jedes in dieser Weise absolut Seiende, also Substanz und Qualität, ist durch sich selbst körperlich und in seinen Teilen ausgedehnt. Dies führt zur Konsequenz, daß in einem materiellen Körper verschiedene Ausdehnungen sich durchdringen[1].

Als Hauptvertreter dieser Meinung nennt Suarez Ockham und Petrus Aureolus, dann Gabriel Biel, Major, Adam und Albert von Sachsen.

Suarez referiert in vier Argumenten die Ausführungen Ockhams in 2. sent q. 4; das zweite und das dritte Argument betreffen das Verhältnis der Quantität zu Materie[2].

Dieser Meinung der Nominalisten steht die allgemeine Überzeugung[2] der Theologen und Philosophen gegenüber, nach der die Quantität ein selbständiges Sein hat. Suarez nennt unter anderen Thomas, Duns Scotus (mit Einschränkungen), Aristoteles und Averroes[3].

Diese Meinung muß nach Suarez deshalb angenommen werden, weil sie allein geeignet ist, die Probleme der Eucharistie zu erklären. Wenn nämlich den Akzidenzen des Brotes mit der Substanz zugleich die mit der Substanz verbundene Ausdehnung entzogen würde, dann ist nicht mehr zu erklären, warum zwei Hostien gegeneinander den Charakter der Undurchdringlichkeit bewahren. Die aus den Qualitäten resultierende Ausdehnung hat offenbar nicht diesen

---

[1] D. 40, S. II, II; 2, 340, 2, D: est aliquorum sententia, praesertim nominalium, quantitatem molis non esse rem distinctam a substantia et qualitatibus materialibus, sed unamquamque earum entitatum per seipsam habere hanc molem, et extensionem partium, quae est in corporibus . . . Unde inferunt, in unoquoque composito materiali tot esse quantitates, quot sunt entitates materiales realiter distinctae, quae ita possunt esse penetrare, sicut ipsamet entitates.

[2] D. 40, S. II; III, IV, V und VI; 2, 341, 1, A—E.

[3] D. 40, S. II, VII; 2, 341, 2, AB.

Charakter der Undurchdringlichkeit, da sich ja zwei Qualitäten, etwa Wärme und Farbe, durchdringen können[1].

Diese Begründung ist zugleich die einzig durchschlagende Begründung; sie hat aber zur Folge, daß die reale Unterscheidung zwischen Substanz und Quantität aus der natürlichen Vernunft heraus allein nicht ausreichend begründet werden kann[2]. Dies ist freilich eine bedenkliche Feststellung, und ein solches Ergebnis, daß das absolute Sein der quantitas continua endgültig nur aus Glaubensgründen erwiesen werden kann, muß doch wohl schon als eine Auflockerung des streng thomistischen Standpunktes angesehen werden.

Eine weitere Annäherung an den Standpunkt Ockhams erfolgt in der sectio IV: Utrum ratio et effectus formalis quantitatis continuae sit divisibilitas vel distinctio aut extensio partium substantiae.

Suarez zeigt zunächst, von einer Erörterung Fonsecas ausgehend, daß zwischen der Bestimmung der Quantität als divisibilitas und der Bestimmung als extensio kein wirklicher Unterschied bestehe. Es ist zwar die extensio die eigentliche Bestimmung der quantitas continua, aber die divisibilitas meint im Grunde dasselbe[3].

Für die weitere Erörterung geht Suarez von der Frage aus, die auch für Ockham entscheidend war, von der Frage der Trennbarkeit. Gott kann eine materielle Substanz in ihrem Sein erhalten, ohne auch die Quantität zu erhalten. Wenn nämlich Gott die Quantität ohne die Substanz erhalten kann, so kann er auch die Substanz ohne die Quantität erhalten, denn die Abhängigkeit der Quantität von der Substanz ist sehr viel größer als die umgekehrte Abhängigkeit der Substanz von der Quantität[4].

---

[1] D. 40, S. II, X; 2, 342, 1, AB.

[2] D. 40, S. II, VIII; 2, 341, 2, C: atque haec sententia est omnino tenenda, quamquam enim non possi ratione naturali sufficienter demonstrari, tamen ex principiis theologiae convincitur esse vera, maxime propter mysterium Eucharistiae.

[3] D. 40, S. IV, II; 2, 347, 1, D.

[4] D. 40, S. IV, XI; 2, 348, 2, DE: Tertium argumentum sumitur ex illa hypothesi, quod Deus conservet materialem substantiam sine quantitate. Nam si Deus conservat quantitatem sine substantia, quomodo negari potest posse conservare substantiam sine quantitate, cum multo maior sit dependentia accidentis a substantia, quam substantiae ab accidente.

90

Suarez bemerkt, daß dies Argument zu allgemeiner Anerkennung gelangt sei, und verweist dazu auf Soto und Fonseca. Um die Herkunft des Arguments deutlich zu machen, bezieht sich Suarez ausdrücklich auf Duns Scotus in 2. sent. D. 12 q. 2, auf Ockham Quodl. IV, q. 37 und auf Biel (in 4. d. 1 q. 1).

Bei einer solchen Vernichtung der Quantität und Erhaltung der Substanz wird aber nicht die Gliederung der Substanz in ihre Teile aufgehoben. Die Teile bleiben vielmehr aus ihrem eignen Sein heraus unterschieden (entitative distinctae, 2, 349, 1, A).

Suarez löst das daraus entstehende Problem durch die Unterscheidung einer dreifachen Art der Ausdehnung, einer transzendentalen, einer quantitativen und einer lokalen Ausdehnung. Die transzendentale, auch entitative Ausdehnung, besteht darin, daß gewisse Substanzen in Teile gegliedert sind, die lokale Ausdehnung besteht darin, daß die Teile einer zusammengesetzten Substanz ein bestimmtes Wo haben, also auf die Ortsbestimmung der Welt im ganzen bezogen sind, die quantitative Ausdehnung besteht schließlich darin, daß die Teile einer gegliederten Substanz eine lokale Ausdehnung, also einen Bezug auf den Ort von sich aus verlangen, und daß sie einen solchen Bezug auch stets haben, wenn sie nicht auf übernatürlichem Wege daran gehindert werden[1].

Diese Unterscheidung zwischen den drei Weisen der Ausdehnung führt dann in einer genaueren Analyse zu einer Unterscheidung einer vierfachen Seinsweise des »extra«[2].

Da die extensio bestimmt war als »partes extra partes«, so muß konsequenterweise die Unterscheidung verschiedener Weisen der extensio auch die Unterscheidung verschiedener Weisen des »extra« nach sich ziehen.

Uns interessiert die extensio entitativa, die völlig den Bestimmungen entspricht, die Ockham von der extensio überhaupt gibt. Diese extensio entitativa ist kein Akzidens, sie kommt dem Träger vielmehr von sich aus zu. Sie beruht darauf, daß der Träger als solcher Teile hat.

---

[1] D. 40, S. IV, XV; 2, 349, 2, AB.
[2] D. 40, S. IV, XXVII; 2, 351, 2, AB.

Diese extensio entitativa kommt daher sowohl den zusammengesetzten Substanzen als auch den Qualitäten von sich aus zu, und sie kommt schließlich auch der Materie als solcher abgelöst von jeder Form zu[1].

Das Sein dieser extensio entitativa ist daher kein akzidentales Sein, sondern im eigentlichen Sinne ein transzendentales Sein: illa enim est tantum entitativa, et quasi transcendentalis (2, 349, 1, D).

Diese etwas mühsamen Untersuchungen des Suarez haben für uns das Bedeutsame, daß in ihnen die eigentliche Konsequenz der scholastischen Behandlung der Ausdehnung gezogen wird. In diesen Bestimmungen des Suarez zeigt sich, daß schon im Ansatz des Thomas, aber erst recht in der aporetischen Behandlung bei Duns Scotus in Wirklichkeit die Unterscheidung zweier Weisen der Ausdehnung, einer akzidentalen und einer transzendentalen Ausdehnung, wenn noch verborgen, aber doch schon wirksam, zu Grunde liegt.

Von dieser konsequenten Entwicklung der Probleme bei Suarez her gesehen, geht die Lehre Ockhams von der Ausdehnung seiner Lehre von der Einheit und seiner Lehre von der Zahl völlig konform. Ockham wendet sich gegen das Nebeneinander akzidentalen und transzendentalen Seins, und will jede Ausdehnung als eine transzendentale verstanden wissen.

§ 28. Leibniz

Für Leibnizens Lehre von der Ausdehnung und dem Raum[2] wollen wir von einem Bericht Kants ausgehen. Wenn wir in dieser Untersuchung wiederholt von Berichten ausgegangen sind, Berichten Ockhams über Thomas und Duns Scotus, Berichten des Suarez über Thomas, Duns Scotus und Ockham, und jetzt von einem Berichte Kants über Leibniz, so wird hoffentlich deutlich geworden sein, daß

---

[1] D. 40, S. IV, XII; 2, 349, 1, D: nec refert, quod materia sit pura potentia, quia hoc non excludit, quia habeat suam propriam entitatem, in qua potest ex se habere substantialem partium distinctionem et compositionem, nam ad hoc sufficit, ut actu habeat suam partialem essentiam vel substantiam.

[2] Für Leibniz führt die Untersuchung der Ausdehnung (extensio) ontologisch zu denselben Ergebnissen wie die Untersuchung des Raumes (spatium). Wir können daher in unserer Untersuchung Raum und Ausdehnung unterschiedslos behandeln.

dieser Aufbau nicht zufällig ist, sondern daß er veranlaßt ist von einem besonderen Bemühen um den tatsächlichen geschichtlichen Zusammenhang.

Kant sagt von Leibniz: Qui spatii realitatem defendunt . . conten-dunt esse ipsam rerum existentium relationem, rebus sublatis plane evanescentem et nonnisi in actualibus cogitabilem, uti, post Leibnitium, nostratum plurimi statuunt[1].

Auch in der Kritik der reinen Vernunft gibt Kant dieselbe Dar-stellung. Leibniz betrachtet, so sagt dort Kant, den Raum als Ver-hältnisse der Erscheinungen im Nebeneinander[2].

Als die wesentliche Bestimmung übernimmt Leibniz den Begriff des Außereinanderseins, des »partes extra partes«.

So sagt er in einem Brief an Des Bosses: Die Ausdehnung ist nichts anderes als die Ordnung, gemäß deren die Teile auseinander sind[3]. Im Verfolg einer Diskussion mit Des Bosses über die Probleme der Transsubstantiation hatte sich Leibniz einige Jahre vorher in demselben Sinne geäußert. Dort hatte er ausdrücklich die Möglich-keit in Betracht gezogen, daß dieser Modus des Außereinander durch göttlichen Eingriff aufgehoben werden könne[4].

Daneben tritt für den Raum die den Raum gegen die Zeit ab-hebende Bestimmung als Ordnung der gleichzeitig existierenden Dinge (ordo coexistendi)[5]. Der Raum ist daher eine Ordnung, in der die Dinge in derselben Zeit existieren oder existieren können

---

[1] De mundi sens. et int. forma et materia § 15D; WW II, 403f.

[2] A 39, B 57: dagegen die, so die absolute Realität des Raumes und der Zeit behaupten, sie mögen sie nun als subsistierend, oder nur als inhärierend annehmen . . . Nehmen sie die zweite Partei (von der einige metaphysische Naturlehrer sind), und Raum und Zeit gelten ihnen als von der Erfahrung ab-strahierte, obzwar in der Absonderung verworren vorgestellte Verhältnisse der Erscheinungen . . . (Der Nachdruck liegt hier auf »inhärierend«.)

[3] An Des Bosses 13. 1. 1716: Erdmann 739b, Gerhardt II, 510: si extensio nihil aliud est, quam ordo secundum quem partes sunt extra partes.

[4] An Des Bosses 15. 2. 1712: Erdmann 680a: Ubi autem supernaturaliter cessabit Tò extra partes.

[5] An de Volder, Gerhardt II, 221: extensio nihil aliud esse videtur, quam continuus ordo coexistendi.

Der Begriff der tatsächlichen Ordnung ist dabei zum Begriff der möglichen Ordnung erweitert[1].

Als eine solche Ordnung der Dinge nun hat der Raum keine selbständige Realität, die von der Realität der Dinge verschieden wäre.

Diese Seinsbestimmung des Raumes kommt wohl am nachdrücklichsten im Briefwechsel mit Clarke heraus. Clarke, der hier die Meinung Newtons vertritt, behauptet eine selbständige absolute Realität des Raumes. Es existiert ein leerer Raum im eigentlichen Sinne, ein Raum — und eine Zeit — ohne Dinge. Es gab schon einen Raum und es gab schon eine Zeit, ehe Gott in diesem Raum und in dieser Zeit die Welt schuf.[2]

Für Leibniz dagegen ist der Raum nichts als eine Ordnung der Substanzen, also — für Leibniz — der Monaden. Der Raum hat keine absolute Realität, weder als Substanz, noch als absolutes Akzidens der Monaden[3].

Es kann daher für Leibniz erst dann einen wirklichen Raum geben, wenn die Monaden existieren, und mit Aufhebung der Monaden — wie weit das möglich ist, kann ja dahingestellt bleiben — würde auch der Raum aufgehoben sein[4], [5]. Sublatis monadibus plane evanescentem, sagte Kant.

Ich möchte diese Seite der Raumbestimmung bei Leibniz die transzendentale nennen. Sie setzt völlig das fort, was Ockham herausgearbeitet hatte, und was durch Suarez überliefert wurde. Der Raum ist, so hatte Ockham gesagt, keine »res absoluta distincta a rebus absolutis«, und Leibniz sagt: »aucune réalité absolue hors des choses«.

Mit Aufhebung der Dinge werden der Raum wie die Ausdehnung aufgehoben, sagt Ockham wie Leibniz.

---

[1] An Clarke III, 4; Erdmann 752a: Car l'espace marque, en termes de possibilité, un ordre des choses qui existent en même temps . . . (comme le Temps est un ordre de Successions).

[2] Clarke an Leibniz etwa IV, 15, Erdmann 760b.

[3] An Clarke V § 47, Erdmann 768b: sans avoir besoin de se figurer ici aucune réalité absolue hors des choses, dont on considère la situation.

[4] An Des Bosses 13. 1. 1716: Erdmann 739b; sublatis monadibus manere extensionem non magis verum puto, quam sublatis rebus manere numeros.

[5] An Clarke IV, § 41: Erdmann 758a: Mais s'il n'y avoit point de créatures, l'Espace et le Temps ne seroient que dans les idées de Dieu.

Am deutlichsten wird wohl der Zusammenhang in folgender Formulierung Ockhams: non est ibi aliqua situatio praeter illa, qua sunt situata[1].

Man kann wohl ohne Einschränkung sagen, daß dies die Auffassung von Leibniz ist nach der Seite, nach der wir sie eben betrachtet haben.

Dieser Auffassung tritt eine andere zur Seite, die ich die phänomenale nennen möchte.

Der Raum ist eine Ordnung, und als solche ganz allgemein genommen eine Beziehung.

Er nimmt daher an der allgemeinen Bestimmung der Beziehungen teil, daß die Beziehungen nicht in den Dingen sind, sondern den Dingen erst vom Verstand hinzugebracht werden[2]. Der Raum wird daher als ein Phänomen bestimmt[3].

In diesem Sinne sagt dann Kant, als er noch ganz auf dem Boden der Leibnizschen Philosophie steht: quia vero spatium non est substantia, sed est quoddam externae substantiarum relationis phaenomenon[4],[5].

Diese beiden Seiten der Raumbestimmung bei Leibniz finden nun ihre Einheit darin, daß der Verstand, der den Raum als ein Aufgefaßtes trägt, der Verstand Gottes ist. Der Raum ist zwar ein phänomenon, aber er ist eben ein phänomenon Dei[6].

Der Raum ist zwar nur eine Beziehung, nur ein Zusammenhang der geschaffenen Substanzen, und insofern nicht selbst etwas Sub-

---

[1] Ockham in I. sent d. 30, q. 1 Z.

[2] Nouveaux Essais II, T II, § 3; Erdmann 238b: L'entendement y ajoute les rélations.

[3] An D'Arnauld ed. Janet I, p. 674 (Boirac, de spatio S. 3). Materiam nihil aliud esse nisi merum phaenomenon, aut speciem bene fundatam, sicut etiam spatium et tempus.

[4] Monadologia physica, WW I, 480.

[5] Diese phänomenale Seite faßt Boirac (De spatio apud Leibnitium, Paris 1894, S. 41) zusammen: non dari spatium neque extensionem neque motum extra animae humanae perceptiones.

[6] An Des Bosses, Gerhardt II, 435: Itaque realitas corporum, spatii, motus, temporis videtur in eo consistere, ut sint phaenomena Dei, seu objectum scientiae visionis.

stantielles, aber dieser Zusammenhang ist begründet und getragen vom Denken Gottes[1].

Gott kennt und weiß alles, er sieht beständig jedes Geschaffene vor sich, und in diesem Zusammendenken alles Geschaffenen einigt er es zugleich[2].

Hatte Ockham gezögert, das Sein der Zahl, des Raumes, der Beziehung an ein Denken zu binden — wir werden noch sehen, daß er in dieser letzten Entscheidung unschlüssig bleibt — so entscheidet sich Leibniz für eine radikale Bestimmung, indem er als den Verstand, der alle Beziehungen, und damit insbesondere die Zahlen und den Raum, begründet, den Verstand Gottes setzt[3]. Auf die letzten Endes wohl unauflösbaren und durch keine Auslegung zu beseitigenden Schwierigkeiten der Leibnizschen Raumvorstellung hat ja Kant oft genug hingewiesen.

§ 29. Die einheitliche Auslegung der Quantität als transzendentales Sein

Unsere Betrachtung der Quantität ist am Ende angelangt, und wir wollen die Ergebnisse kurz zusammenfassen.

Wir haben unsere Betrachtung beschränkt auf die Einheit die Zahl und die Ausdehnung; die zusammengesetzten Weisen der Quantität, darunter die Bewegung, die Dauer, den Ort und die Zeit haben wir nicht in die Untersuchung einbezogen. Aus der Untersuchung von Simon Moser über die Begriffe der Bewegung und der Zeit bei Ockham ergibt sich, daß die Betrachtung der zusammen gesetzten Begriffe zu denselben Ergebnissen führen würde[4].

---

[1] Nouveaux Essais I, XIII, § 17, Erdmann 240b Mais sa vérité et réalité est fondée en Dieu, comme toutes les vérités éternelles. . . . Le meilleur sera donc de dire, que l'espace est un ordre, mais que Dieu en est la source.

[2] Rem. sur le sent. du Malebranche, Erdmann 451a. Cet ordre donne lieu à faire une fiction et de concevoir l'espace comme une substance immuable; mais ce qu'il y a de réel dans cette notion regarde les substances simples sous lesquelles des Esprits sont compris, et se trouve en Dieu, qui les unit.

[3] Vgl. auch Boirac a. a. O., Cap. 8: de relatione spatii ad Deum.

[4] Simon Moser, Die Summulae in libros physicorum des Wilhelm von Ockham. Philosophie u. Grenzwissenschaften IV, 2/3.

Bei der Einheit unterschied schon Averroes zwischen zwei Weisen der Einheit. Thomas nahm diese Unterscheidung auf. Die numerale Einheit — unum, quod est principium numeri — rechnet Thomas zur Kategorie der Quantität, ihr Sein ist ein akzidentales Sein im eigentlichen Sinne, sie bringt ihrem Träger eine neue selbständige Sachhaltigkeit hinzu. Die transzendentale Einheit dagegen — unum, quod convertitur cum ente — ist eine allgemeine Bestimmung des Seins. Im Sinne dieser transzendentalen Einheit ist das Seiende nicht durch ein Akzidens, sondern durch sich selbst stets auch Eines.

Duns Scotus fand im Begriff der akzidentalen Einheit Schwierigkeiten.

Ockham hebt die Unterscheidung auf, und bestimmt jede Einheit als transzendentale Einheit.

In der Lehre von der Zahl hatte Thomas, im wesentlichen von den trinitarischen Problemen ausgehend, den Begriff der multitudo transcendens ausgebildet. Damit war auch für die Zahl das Nebeneinander von transzendentaler und akzidentaler Zahl gegeben.

Duns Scotus fand wieder Schwierigkeiten bei der akzidentalen Zahl.

Ockham hebt den doppelten Ansatz auch der Zahl auf und versteht jede Zahl als transzendentale Vielheit.

Für die Ausdehnung hatte Thomas streng am akzidentalen Charakter festgehalten. Die Ausdehnung als quantitas continua spielt für die zusammengesetzte Substanz eine besondere Rolle.

Duns Scotus sah, daß hier noch Probleme liegen, daß für die zusammengesetzten Substanzen und für die Materie das Auseinandersein der Teile nicht erst durch ein Akzidens hinzugebracht werden kann, daß vielmehr die zusammengesetzte Substanz wie die Materie aus ihrem eignen Sein heraus in Teile gegliedert sind. Die weitere Entwicklung bei Suarez zeigt, daß diese Gedanken in ihrem Kern eine Unterscheidung zwischen transzendentaler und akzidentaler Ausdehnung bedeuten.

Ockham hat auch für die Auslegung der Ausdehnung die Bestimmung als Akzidens verworfen und die Bestimmung als transzendentales Sein durchgeführt.

Diese Lehre Ockhams von der Einheit, der Zahl und der Ausdehnung bedeutet zunächst, daß Ockham die Auslegung als absolutes

Akzidens für den ganzen Bereich der Quantität bestreitet. Sie bedeutet weiter, daß Ockham jedes quantitative Sein als ein transzendentales Sein bestimmt, und sie bedeutet damit, daß Ockham den Gedanken des transzendentalen Seins in die Kategorienlehre hineinträgt. Das transzendentale Sein steht also nicht mehr außerhalb der Kategorien, sondern gewisse Kategorien, zunächst einmal die Quantität, müssen als transzendentales Sein aufgefaßt werden.

Gewiß war bis dahin die Bedeutung des transzendentalen Seins nicht verkannt worden. Mit diesem Begriff des transzendentalen Seins sollten ja das Ens, das Unum, das Verum, das Bonum ausgelegt werden. Aber die lehrbuchmäßige Verkümmerung der transzendentalen Begriffe zur Vier- oder Sechszahl, die die schon bei Thomas vorliegenden weitergehenden Ansätze zur multitudo transcendens beiseite ließ, war doch wenig fördernd.

Durch die Einbeziehung der wichtigsten Kategorien aber entfaltet sich bei Ockham der Begriff des transzendentalen Seins in so starkem Maße, daß er endgültig der entscheidende Grundbegriff wird.

Teil II

DIE RELATION

§ 30. Allgemeine Übersicht

Ἴσως δὲ χαλεπὸν ὑπὲρ τῶν τοιούτων σφοδρῶς ἀποφαίνεσθαι μὴ πολλάκις ἐπεσκεμμένον. Τὸ μέντοι διηπορηκέναι περὶ ἑκάστου αὐτῶν οὐχ ἀχρηστόν ἐστιν.

Diese Klage über die besonderen Schwierigkeiten der Relations-probleme finden wir schon in den Kategorien, am Schluß des Relationskapitels, und die Schwierigkeiten sind bis heute gewiß nicht geringer, sondern größer geworden.

Diese Schwierigkeiten sind für eine Untersuchung, wie die vor-liegende, zunächst schon im Material begründet. Es ist ja bekannt, welchen Umfang das Relationsproblem in der Scholastik, besonders in der Spätscholastik, angenommen hat, und daß die Behandlung zuletzt aus der Frage nach dem realen Unterschied zwischen der Relation und ihrem Fundament nicht mehr herausgekommen ist. Diese Breite der scholastischen Relationstheorie nötigt uns zu einer besonderen Konzentration in der Behandlung. Wir schränken unsere Untersuchung daher im wesentlichen auf diejenigen Probleme ein, mit denen Ockham sich selbst auseinandergesetzt hat, und das ist die Relationstheorie von Duns Scotus, so wie sie Ockham seinen eignen Untersuchungen in einem ausführlichen Bericht voraus-schickt. Wir verzichten selbst auf eine Berücksichtigung des Heinrich von Gent, so notwendig die Darstellung seiner Lehre in einer allge-meinen Darstellung der Scholastik auch wäre, und geben lediglich wieder einen kurzen Überblick über Petrus Aureolus.

Nun sind diese aus der Überfülle des geschichtlichen Materials kommenden Schwierigkeiten freilich nur der Ausdruck der sach-lichen Schwierigkeiten des Relationsproblems.

Das Gebiet der Relationen ist so unübersehbar groß, daß jede systematische Behandlung die größten Schwierigkeiten findet.

So hat Duns Scotus schon gesehen, daß die Mathematik von Relationen handelt, eine Einsicht, die durch die heutige Entwicklung ihre volle Bestätigung gefunden hat[1].

Aber auch die Naturwissenschaften handeln, wie Kant herausgestellt hat, nur von Verhältnissen. Dies mag zwar befremdlich klingen, und Kant sagt selbst: »Freilich macht es stutzig zu hören, daß ein Ding ganz und gar aus Verhältnissen bestehen soll« (A 285, B 341). Damit aber kein Mißverständnis möglich sei, sagt Kant noch einmal ausdrücklich von der Substanz: »So ist die Substanz als Erscheinung ganz und gar ein Inbegriff von lauter Relationen« (A 265, B 321).

Nun sind aber auch Identität und Verschiedenheit Relationen, und damit übersteigen die Relationen allgemein betrachtet, jedes besondere Seinsgebiet, wie es etwa als Gegenstand der Mathematik oder der Naturwissenschaften bestimmt werden möchte. Die Schwierigkeiten dieser Relationen sind schon von Plato in seinen Untersuchungen über ταυτότης und ἑτερότης zu Genüge herausgestellt worden, und Prantl merkt mit Recht an, daß der Ursprung der Kategorienlehre in diesen Bemühungen Platos um das πρός τι gelegen sei[2].

Schließlich werden Denken, Erkennen, Wissen, Wahrnehmen, Sehen als Beziehungen zwischen dem Erkennenden und dem Erkannten aufgefaßt.

Erwägt man diese Weite des Relationsproblems, und bedenkt man weiter, daß in der Scholastik der Versuch gemacht wird, die Relationen mit einer sehr einfachen Substanz-Akzidens Vorstellung zu meistern, daß also so verschiedene Beziehungen wie Erkannt-sein, Verschieden-sein, Ähnlich-sein ausgelegt werden sollen von einem schlicht verstandenen Weiß-sein her, dann sieht man, daß es zu besonderen Verwicklungen kommen mußte.

Für eine erste Übersicht über die Ontologie der Beziehungen — und auf die ontologischen Fragen kommt es uns ja allein an — können wir von den Ergebnissen ausgehen, die wir bei der Quantität

---

[1] Duns Scotus (unter Berufung auf Met. XIII, 3; 1078b 1): omnes conclusiones mathematicae demonstrant relationes de subjectis op. ox. II d. 1, q. 4; 11, 107b, zitiert von Ockham I, d. 30, q. 1.

[2] C. Prantl, Gesch. der Logik I, S. 73.

gewonnen haben. Wir trafen bei Plotin die naive Entgegensetzung die Zahl ist entweder real und dann ein Akzidens für die Dinge, oder sie ist eine bloße Vorstellung Diese Entgegensetzung: Akzidens gegen bloße Vorstellung erwies sich jedoch nicht als ausreichend. Thomas griff das Problem der transzendentalen Zahl an, und Ockham kam schließlich zur Einsicht, daß man jede Quantität als ein transzendentales Sein bestimmen müsse.

In derselben Weise setzt nun auch Plotin das reale Sein der Relation als ὑπόστασις gegen das Sein als bloße Vorstellung. Diese Unterscheidung gewinnt durch Simplicius und Avicenna für die Scholastik zunächst eine große Bedeutung. Sie führt auf den Gegensatz relatio realis — relatio rationis. Mit diesem Gegensatz versuchte man im Beginn der Scholastik und versucht man in vielen Darstellungen heute noch, das Seinsproblem der Beziehungen zu meistern. Der Erfolg unserer Untersuchung wird von der Einsicht abhängen, daß in der Hochscholastik — im gewissen Sinne also schon bei Thomas — das Seinsproblem der Relation aus dieser naiven Entgegensetzung herausgedreht wird. Duns Scotus jedenfalls erfaßt das Problem der transzendentalen Relation, von dem hier alles abhängt, in seiner vollen Bedeutung. Ockham schließlich macht diesen Ansatz der transzendentalen Relation zum alleinigen Ansatz.

Es handelt sich also nicht um zwei, sondern um drei mögliche, Seinsweisen von Beziehungen: Relation als dingliches Akzidense. Relation als Transzendens und Relation als bloße Vorstellung. Diese drei Möglichkeiten werden von Suarez etwa auf das bestimmtest herausgestellt.

Um so erstaunlicher erscheint es mir, wenn etwa Doncoeur sagt: »Puisque la relation n'est pas une réalité distincte des éléments absolus, il reste qu'elle soit un mot ou un concept qui, sans enrichir l'être des choses par un surcroît positif et réel, le représente seulement d'une nouvelle façon: ... Du coup, la relation est transportée des choses dans l'esprit ou le langage«[1].

Mit einer solchen vereinfachenden Auffassung, einer Auffassung übrigens, die schon am Seinsproblem der Transzendentalien scheitern

---

[1] P. Doncoeur, Le nominalisme de G. Occam, Revue Néo-Scolastique 23 1921, S. 10/11.

dürfte, ist ein Verständnis der scholastischen Relationstheorie kaum zu erzielen.

Unsere Untersuchung wird zeigen müssen, daß dieser einfache Gegensatz, wie ihn Doncoeur mit vielen anderen annimmt, nicht ausreichend ist, und daß schon Duns Scotus das Seinsproblem der Relation aus diesem naiven Gegensatz herausgehoben hat.

§ 31. Aristoteles

Die Aristotelesarbeit der Scholastik bleibt bei allem Bemühen um das Werk des Stagiriten nur allzuhäufig eine bloße Verwertung von Zitaten. Dies wird besonders deutlich bei der Relationstheorie, wohl aus dem Grunde, weil bei Aristoteles keine geschlossene Abhandlung über die Probleme der Beziehungen vorliegt, die Behandlung der Beziehungen vielmehr an verschiedenen Stellen, in den Kategorien, in der Metaphysik und in der Physik, erfolgt.

Die Grundlage der scholastischen Behandlung der Relation bildet das entsprechende Kapitel I, 7 der Kategorien über das πρός τι, zusammen mit dem ebenfalls über das πρός τι handelnden Kapitel 15 des Buches V der Metaphysik. Von hier aus entwickelt sich eine Behandlung der Relation, die recht eigentlich das ist, was man — und nicht im besten Sinne — unter Kategorienlehre versteht, die Frage nach der Definition der Beziehung, die Frage nach der Gliederung in Arten und Unterarten, die Frage nach den charakteristischen Eigenschaften, also diejenigen Fragen, die die Scholastik unter den Titeln: definitio, species, proprietates relationis zusammenfaßt.

Ockham hält sich in diesen drei Fragen an das allgemeine Lehrgut: eine kurze Zusammenfassung bringt die Logik im ersten Buch, Kapitel 49—54.

Die Scholastik gliedert die Relationen im Anschluß an Metaphysik V, 15 in drei Klassen. Die erste Klasse umfaßt die arithmetischen Relationen, das Doppelte, die Hälfte, Identität, Gleichheit, Ähnlichkeit. Die zweite Klasse umfaßt im wesentlichen die kausalen Relationen: Erwärmen, Ursache-sein, Wirkung-sein, Vatersein, Sohn-sein. Die dritte Klasse könnte man als die intentionalen

102

Beziehungen bezeichnen; sie umfaßt Beziehungen wie Maß-sein. Gemessen-sein, Sehen, Gesehen-sein, Erkennen, Erkannt-sein.

Für das πρός τι bringt das Kategorienkapitel I, 7 zwei verschiedene Definitionen. Die erste wird als die platonische Definition bezeichnet: πρός τι δὲ τὰ τοιαῦτα λέγεται, ὅσα αὐτὰ ἅπερ ἔστιν, ἑτέρων εἶναι λέγεται[1]. Am Schluß des Kapitels findet sich dann die zweite Definition: ἔστιν τὰ πρός τι, οἷς τὸ εἶναι ταὐτόν ἐστιν τῷ πρός τι πῶς ἔχειν[2]. Über den Unterschied dieser beiden Definitionen ist in der Scholastik, auch von Ockham, viel verhandelt worden, ohne daß irgend welche bemerkenswerte Ergebnisse erzielt worden wären.

Das Gleiche kann man wohl von der an die Bestimmungen desselben Kapitels anschließenden Diskussion über die »proprietates relationis« sagen (man vgl. etwa s. t.l. I, 52).

Zu diesen beiden Kapiteln Kat. I, 7 und Met. V, 15 treten im wesentlichen in der Metaphysik Untersuchungen über sehr viel allgemeinere Relationen, wie etwa die Verschiedenheit, Untersuchungen, die vielfach im Zusammenhang mit den Problemen der Einheit geführt werden. Hierher sind zunächst zu rechnen aus dem Buch V die Kapitel 9 und 10 über die Bedeutungen von ταὐτά und ἀντικείμενα, dann aus dem Buch X die Untersuchungen über ταυτότης und ἑτερότης, insbesondere die Untersuchungen über die verschiedenen Weisen des Gegensatzes. Gerade die Untersuchungen des Buches X sind für Duns Scotus der Ausgangspunkt für die Bildung des Begriffs der transzendentalen Relation geworden.

Es sind dann weiter die Untersuchungen zu berücksichtigen, die Aristoteles in der Physik über den Zusammenhang zwischen Bewegung und Relation durchführt.

Versuchen wir von hier aus einen Überblick zu bekommen, so ist der Ausgangspunkt der scholastischen Relationstheorie zunächst Cat I, 7 und Met. V, 15. Es zeigte sich aber bald, daß nicht alle Beziehungen sich unter die Kategorie der Relation bringen lassen. Die Verschiedenheit nämlich kann doch wohl keiner bestimmten

---

[1] Cat. I, 7; 6a 36. Die Bezeichnung als platonische Definition bei Simplicius com. in cat. (Ak.) S. 159.
[2] Cat. I, 7; 8a 30.

Kategorie angehören, da auch Seiendes zweier verschiedenen Kategorien voneinander verschieden ist. So ist eine Linie von einer Farbe verschieden, und ein Stein ist von einer Relation verschieden. Zu dieser Beziehung der Verschiedenheit treten dann noch andere sehr allgemeine Beziehungen, wie die Beziehung eines Akzidens zu seiner Substanz oder die Beziehung einer Potenz zum Akt. Alle diese Beziehungen lassen sich offenbar keiner bestimmten Kategorie zuweisen.

Wir unterscheiden daher zunächst die kategorialen oder prädikamentalen Beziehungen (relationes praedicamentales) von den transzendentalen Beziehungen (relationes transcendentales). Dabei bleibt es vielleicht fraglich, ob sich eine solche Unterscheidung zwischen kategorialen und transzendentalen Beziehungen als eine klare Einteilung durchführen läßt. Über die Berechtigung einer solchen Einteilung ist viel gestritten worden. Überzeugende Kriterien für die Durchführung einer solchen Unterscheidung sind aber nicht gegeben worden. Zu diesem Ergebnis kommt auch Suarez, der aber an der geschichtlich überlieferten Einteilung festhalten will[1]. In einem solchen Sinn wären also kategoriale Beziehungen diejenigen Beziehungen, die Aristoteles in Cat. I, 7 und Met. V, 16 zusammengefaßt hat.

Als dritte Gruppe der Beziehungen erscheinen die bloß rationalen Beziehungen oder die Beziehungen der bloßen Vorstellung, Beziehungen, deren Sein nur darin besteht, daß sie vorgestellt werden, oder deren Bestand jedenfalls auf einen ausdrücklichen Akt des menschlichen Denkens oder, wie Duns Scotus hinzugefügt hat, des menschlichen Wollens zurückgeht. Eine solche Beziehung ist etwa die Beziehung zwischen einem Namen und dem durch diesen Namen Benannten.

Zu diesen drei Gruppen der kategorialen, der transzendentalen und der bloß rationalen Beziehungen treten für die Scholastik aus der Theologie her eine Reihe von wichtigen Beziehungen. Es handelt sich im wesentlichen um drei Gruppen, um die konstitutiven trinitarischen Relationen (relationes originis), um die allgemeinen inner-

---

[1] Suarez, Disp. Met. D. 47, S. III, X; 2, 507, 2, Cff., bes. 508, 1, A.B.

göttlichen Beziehungen wie Gleichheit und Ähnlichkeit (relationes communes in divinis) und um die Beziehungen zwischen Gott als dem Schöpfer und der Welt als dem Geschaffenen, also die Beziehungen von der Form creator — creatura.

Ich will das Problem der konstitutiven trinitarischen Relationen (relationes originis; paternitas, filiatio, spiratio activa, spiratio passiva) für unsere Untersuchung ausschalten. Ich kann mich für eine solche Ausschaltung auf die große Arbeit von Michael Schmaus[1] beziehen. In dem bisher allein erschienenen zweiten Teil sind die trinitarischen Lehrdifferenzen und damit die Probleme der konstitutiven trinitarischen Relationen ausführlich dargestellt. Dort ist insbesondere auf S. 516—551 über die Franziskanertheologen, und darunter auf S. 549 f. über Ockham ein ausführlicher und genauer Bericht gegeben. Aus dem großen Umfang der Arbeit von Schmaus läßt sich leicht sehen, daß eine Berücksichtigung dieser Relationen den Rahmen unserer Untersuchung völlig sprengen würde. Den Ausschlag gibt aber die Stellungnahme von Ockham selbst, der das Seinsproblem der Relationen »in divinis« vom Seinsproblem der Relationen »in creaturis« völlig getrennt halten will. Er beruft sich darauf, daß auf Grund der völlig verschiedenen Seinsweise Gottes und der Kreatur die Möglichkeit eingeräumt werden muß, daß die Relationen in der Trinität und die Relationen in der geschaffenen Welt ein völlig verschiedenes Sein haben könnten, und daß sie es auch wirklich haben.

Dagegen geben die beiden anderen Gruppen der theologischen Relationen wichtige Antriebe für die scholastische Relationstheorie. Die innergöttlichen Allgemeinbeziehungen (relationes communes in divinis) sind die Gleichheit und die Ähnlichkeit der göttlichen Personen.

Man sieht leicht, daß die Seinsbestimmung dieser Relationen besondere Probleme in sich bergen muß, wenn man nur mit dem einfachen Gegensatz relatio realis — relatio rationis arbeitet. Faßt man nämlich in dieser einfachen Entgegensetzung die relatio realis

---

[1] Michael Schmaus, Der liber propugnatorius des Thomas Anglicus und die Lehrunterschiede zwischen Thomas von Aquin und Duns Scotus ...

als ein Akzidens auf, so kann die Gleichheit der göttlichen Personen keine reale Beziehung sein, weil ein solches Akzidens der Einfachheit des göttlichen Seins widerstreiten würde.

Diese Beziehungen müßten dann also als relationes rationis Beziehungen der bloßen Vorstellung sein. Niemand aber wird doch sagen wollen, daß die göttlichen Personen nur dann gleich sind, wenn sie von einem Menschen als gleich vorgestellt werden.

Auch die Beziehungen zwischen Gott als dem Schöpfer und der Welt als dem Geschaffenen machen einen besonderen Seinsansatz notwendig. Es dreht sich neben der Beziehung creator — creatura um eine Reihe anderer Beziehungen, in denen Gott als conservans, puniens, . . . und die Welt bzw. die Menschen als das entsprechend Bezogene erscheinen. Diese Beziehungen sind als nomina Dei ex tempore schon in der Patristik ein viel behandeltes Thema gewesen.

Ihre besondere Schwierigkeit liegt darin, daß sie zeitlich sind — Gott als der strafende und der sich erbarmende — und daß sie doch der Unveränderlichkeit des göttlichen Seins nicht widerstreiten dürfen.

Die Beziehung creator — creatura macht wegen ihrer großen Allgemeinheit besondere Schwierigkeiten. Offenbar muß jedes in der Welt Seiende auch Kreatur sein, und der Charakter des creatum esse kann dann schwerlich eine absolute Eigenschaft sein.

Wir behalten also nach Ausschaltung der konstitutiven trinitarischen Beziehungen noch fünf Hauptgruppen: die kategorialen, die transzendentalen, die bloß rationalen, die allgemein-innergöttlichen und die Beziehungen von der Form creator — creatura. Hier haben transzendental und rational eine doppelte Bedeutung, indem sie sowohl eine Gruppe von Relationen, als auch eine bestimmte Seinsweise bezeichnen. Diese wohl ungefährliche Doppeldeutigkeit bringt zum Ausdruck, daß die Seinsauslegung als transzendentale und rationale Relationen von bestimmten konkreten Relationen herkommt.

§ 32. Plotin

Die Kategorienlehre entwickelt Plotin in den beiden ersten Büchern der 6. Enneade. Dort handelt er in den Kapiteln 6 bis 9 des Buches VI, 1 vom πρός τι.

106

Plotin beginnt die Erörterung mit der Frage nach dem Sein der Beziehung; er setzt sich dabei mit einer Meinung auseinander, die die Beziehung als bloße Vorstellung auffaßt.

Diese Meinung behauptet zunächst, daß solche Verhältnisbestimmungen wie rechts und links nicht in den Dingen liegen, sondern von den Menschen in die Dinge hineingelegt werden. Bei dieser Behauptung ist wohl weniger an die Verhältnisse etwa im menschlichen Körper — rechte und linke Hand — als an solche Bestimmungen wie rechte und linke Straßenseite gedacht. Eine solche Bestimmung hängt davon ab, ob ich die Straße hinauf oder hinunter gehe. Die Straßenseiten sind also nicht in sich rechts oder links, ich nenne sie nur so[1].

Ebenso liegt es nach dieser Auffassung bei allen anderen Beziehungen. Nehmen wir zwei Steine gleicher Farbe, so hat jeder Stein eine bestimmte Farbe. Keineswegs aber hat jeder Stein neben der Eigenschaft »diese konkrete Farbe« noch eine zweite Eigenschaft »Farbgleichheit mit dem anderen Stein«. Diese Gleichheit vielmehr als ein gegenseitiges Verhältnis ist nichts anderes als unser Vergleichen selbst, und nur durch unser Vergleichen bringen wir die Dinge, die in sich selbst in einer bestimmten Weise sind, in ein Verhältnis zueinander[2].

Zur Widerlegung dieser Auffassung entwickelt Plotin zwei Gedankengänge.

Der erste Gedankengang geht davon aus, daß eine solche Auffassung der Relation jedes Reden über Relationen, genauer über Relationen der Dinge, zu einem leeren Gerede machen würde. Wenn wir von zwei Steinen sagen, sie haben die gleiche Farbe, die Gleichheit aber nichts in den Steinen ist, so reden wir dann offenbar über etwas, das nicht ist, über ein Nichts, und unser Reden ist gänzlich leer[3].

---

[1] Plotin VI, 1; 1053, 15.
[2] 1053, 4: ἡ δὲ σχέσις τί ἄλλο, ἢ ἡμετέρα κρίσις, παραβαλλόντων τὰ ἐφ' ἑαυτῶν ὄντα, ᾇ ἔστιν, καὶ λεγόντων τοῦτο καὶ τοῦτο.
[3] 1053, 18: εἰ μὲν οὐδὲν λέγομεν, ἀλλὰ λέγοντες ψευδόμεθα οὐδὲν ἂν εἴη τούτων, ἀλλὰ κενὸν ἡ σχέσις.

Ist aber umgekehrt jedes echte Reden ein an den Tag bringen, ein Offenbarmachen eines Seins, dann muß auch das Reden über Verhältnisse Seiendes an den Tag bringen, das heißt aber, auch die Verhältnisse müssen von sich aus sein, und durch das Reden von ihnen werden sie lediglich an den Tag gebracht. Wenn wir zum Beispiel sagen, dies ist früher und dies ist später, dieser hier ist früher geboren und jener später, dann bestimmen wir ein zeitliches Verhältnis [1]. Wenn nun eine solche Bestimmung überhaupt etwas meinen soll und dies Gemeinte an den Tag bringen soll, dann muß in den Dingen selbst Etwas sein, das gemeint und an den Tag gebracht wird.

Im zweiten Gedankengang geht Plotin davon aus, daß die Verhältnisse der Dinge auch dann existieren, wenn wir nicht an sie denken. Ein Ding ist das Doppelte eines anderen, auch wenn wir es nicht als ein Doppeltes denken, und ein Ding enthält ein anderes auch dann, wenn wir nicht an dies Enthaltensein denken [2].

Die Verhältnisse existieren also wirklich, und unser Betrachten von Verhältnissen ist nur ein Aufnehmen, ein Hinnehmen dieser von sich aus seienden Verhältnisse [3].

Mit diesen beiden Erwägungen ist, so meint Plotin, die Diskussion über das Sein der Kategorien beendet, und man sollte daher, nicht nur für die vorliegende Untersuchung, sondern grundsätzlich mit der Frage nach der Wirklichkeit der Beziehungen aufhören. Die Untersuchungen müssen sich vielmehr damit beschäftigen, den gemeinsamen Begriff zu finden, der allen Verhältnissen zugrunde liegt. Ist dieser gemeinsame Begriff gefunden, dann kann weiterhin bestimmt werden, worin das selbständige Sein der Beziehungen besteht [4].

In den dann folgenden Untersuchungen bleibt Plotin recht zurückhaltend. Die bestimmten Formulierungen, die wir bei der Einheit und bei der Zahl fanden, suchen wir hier vergebens. Wir halten

---

[1] 1054, 1: εἰ δὲ ἀληθεύομεν λέγοντες πρότερος ὅδε τοῦδε ὁ δ᾽ ὕστερο·, χρόνους δύο παρα- βάλλοντες, ἑτέρου παρὰ τὰ ὑποκείμενα αὐτῶν λέγοντες τὸ πρότερον.

[2] 1054, 5: Εἰ δὲ καὶ μὴ λεγόντων μὴ δὲ νοούντων ἔστιν οὕτως ὥστε διπλάσιον τόδε τοῦδε, καὶ ἔχει, τὸ δ᾽ ἔχεται.

[3] 1054, 10.

[4] 1054, 12.

uns also an das in den einleitenden Erwägungen bereits Gegebene: Die Relation hat ein selbständiges Sein: ὑπόστασιν ἔχει [1].

Diese Aufstellungen Plotins zur Relationstheorie dürften auf verschiedenen Wegen zur Scholastik gelangt sein. Mir erscheint besonders wichtig der Kommentar des Simplicius zu den Kategorien des Aristoteles. Dieser Kommentar ist im 13. Jahrhundert bereits übersetzt gewesen, und von Duns Scotus [2] und Ockham [3] benutzt worden. Simplicius stellt zwei Standpunkte einander gegenüber: ἕτερον δὲ ἀποροῦσιν, πότερον ὑπόστασίς ἐστιν ἡ σχέσις αὕτη ἢ ὄνομα μόνον συνεκφερόμενον [4].

Simplicius hält sich, ohne eine eigne Entscheidung zu treffen, durch die Art seiner Argumentation zur Meinung Plotins, und damit zur ersten Möglichkeit, nach der die Beziehung, der Bezug auf ein anderes (σχέσις), ein eignes Sein (ὑπόστασις) hat. Die entgegengesetzte Meinung dagegen, die das Sein der Beziehungen nicht in den Dingen selbst, sondern nur in den Benennungen der Dinge suchen will, verdiene keinen Glauben, da sie nicht nur jedes Wissen, sondern auch jede Ordnung des Seins und damit das Sein selbst aufhebe. In diesen knappen Formulierungen liegt also die spätere Entgegensetzung: relatio realis — relatio rationis.

Von diesen Argumenten des Simplicius: Aufhebung der Kausalität, Aufhebung der Ordnung der Welt, Aufhebung jeder Wissenschaft [5] ist später häufig Gebrauch gemacht worden, wir finden sie wiederholt bei Thomas und in systematischer Zusammenfassung bei Duns Scotus [6].

Von hier aus wird nun beständig als eine mögliche oder wirkliche Meinung festgehalten, daß das Sein der Beziehungen nur in ihrem Vorgestelltsein bestehe. So sagt Avicenna: »Manche stellen die Lehre auf, das eigentliche Wesen der Relationen trete in der Seele

---

[1] 1054, 18.
[2] Duns Scotus, op. ox. II, d. 1, q. 4; 11, 102a: Simplicius super praedic.
[3] Ockham I, d. 30, q. 1; S. 143: secundum Simplicium super praedic.
[4] Simplicius com. in cat. (Ak.) S. 169, 1.
[5] Ebd. S. 169, 1—30.
[6] Duns Scotus, op. ox. II, d. 1, q. 4; 11, 106—117. Zitiert bei Ockham I, d. 30, q. 1; S. 69—71.

nur auf, wenn sie die Dinge denkt«[1]. Averroes bemerkt dazu: et dicit proprie relationem, quia est debilioris esse aliis praedicamentis, ita quod quidam reputaverunt ipsam esse ex secundis intellectis[2]. Im Anschluß hieran sagt Thomas wieder: hoc attendentes quidam philosophi dixerunt, quod relatio non est aliquid unum genus entium, nec est aliquid in rerum natura; sed est tantum quidam respectus respersus in omnibus entibus, et quod relationes sunt de intentionibus secundis, quae habent non esse nisi in anima[3], und noch kürzer gefaßt: quidam posuerunt relationem non esse rem naturae, sed rationis tantum[4].

In demselben Sinne sagt dann auch Duns Scotus: dicendo relationem tantum esse in actu intellectus comparantis[5].

Dieser doch wohl auf die Stoa zurückgehenden Auffassung, daß das Sein der Beziehungen nur in ihrem Vorgestelltsein bestehe, wird die Auffassung Plotins entgegengestellt, die ein selbständiges Sein der Beziehungen annimmt.

Damit ist für die Scholastik als Ausgangspunkt der Gegensatz relatio rationis — relatio realis gegeben.

§ 33. Thomas von Aquin

Die Relationstheorie des Aquinaten ist schon von seinen ersten Anhängern umstritten worden. Selbst unter den Thomisten im engeren Sinn gab und gibt es verschiedene Richtungen in der Frage, wie die Relationen seinsmäßig zu bestimmen seien. Es kann nicht die Aufgabe unserer Untersuchung sein, diesen Streit zu entscheiden, wenn er überhaupt zu entscheiden ist. Ich werde daher einen Überblick über die Lehre des Aquinaten geben, und über die verschiedenen Interpretationen kurz berichten.

Thomas geht aus von der einfachen Unterscheidung relatio realis — relatio rationis. Er sieht aber bald, daß mit diesem Gegen-

---

[1] Avicenna Metaphysik III, Kap. 10 ed. Horten, S. 233.

[2] Averroes in Met. 12, com. 19, Aristoteles opp. 1550; VIII, 327.

[3] Thomas in I. sent. d. 26, q. 2, 1; 9, 348b. Bezug auf Averroes de pot q. 8 a. 2; 14, 241a.

[4] Thomas sum. theol. I, 13, 7, c.

[5] Duns Scotus op. ox. II, d. 1, q. 4; 11, 106b.

satz nicht weit zu kommen ist und entwickelt daher eine Reihe von Aushilfen. In einem gewissen Sinne kann man daher sagen, daß schon Thomas die Frage nach dem Sein der Beziehungen in Bewegung gebracht hat.

Thomas beginnt mit der Bestimmung des Begriffs. Daß ein Ding in einer Beziehung steht, bedeutet, daß es selbst ein Verhalten auf ein anderes hin, eine Hinneigung auf ein zweites Ding hat. In dieser Bestimmung wird also in erster Linie nicht auf die Beziehung als Verbindung zwischen zwei Dingen, sondern auf den Bezug eines Dinges auf ein zweites abgehoben [1].

Ein solcher Bezug ist real, wenn er zu den Wesensbestimmungen eines Seienden gehört [2].

So gehört es zum Beispiel zum Wesen eines schweren Körpers, einen Antrieb, eine Hinneigung und damit einen Bezug auf den Mittelpunkt der Erde zu haben. In der aristotelischen Kosmologie sind ja die Erde und das Wasser, also die schweren Elemente, wesensmäßig durch ihr Streben nach dem Mittelpunkt des Kosmos bestimmt [3].

Diese Bestimmung der Realität eines Bezuges wird freilich im allgemeinen dahin abgeschwächt, daß nicht eine wesentliche, sondern daß nur eine sachhaltige Bestimmung als Träger des Bezugs verlangt wird [4].

Andere Dinge erhalten einen solchen Bezug nur dadurch, daß ein Verstand sie in seinem Denken mit einem zweiten Ding zusammenbringt. Dies ist, um das ständige Beispiel anzuführen, der Fall, wenn eine Gattung mit ihrer Art verglichen wird. Der

---

[1] sum. theol. I, 28, 1, c: quae dicuntur ad aliquid significant secundum propriam rationem solum respectum ad aliud.

[2] sum. theol. I, 28, 1, c: qui quidam respectus aliquando est in ipsa rerum natura, utpote, quando aliquae res secundum suam naturam ad invicem ordinatae sunt . . .

[3] sum. theol. I, 28, 1, c: sicut in corpore gravi est inclinatio et ordo ad locum medium; unde respectus quidam est in ipso gravi respectu loci medii.

[4] sum. theol. I, 13, 7, c: quaedam vero relationes sunt, quantum ad utrumque extremum, res naturae. In I. sent, d. 26, q. 2, a. 1; 9, 348 b: quaedam enim sunt, quae habent aliquid in re, super quod esse eorum fundatur.

dadurch entstehende Bezug ist also kein realer, sondern nur ein vorgestellter[1].

Auf Grund dieser Unterscheidung zwischen einem realen und einem bloß rationalen Bezug kann Thomas drei Weisen der Beziehung unterscheiden.

Hat jedes der Bezugsglieder einen realen Bezug auf das andere, so ist die Beziehung selbst eine reale (relatio realis). Der Streit der Interpreten dreht sich, wie wir noch sehen werden, um die Frage, ob bei diesen realen Beziehungen ein realer Unterschied zwischen der Beziehung und ihrem Fundament anzunehmen sei. Reale Beziehungen sind im wesentlichen die Beziehungen der beiden ersten Klassen, also die arithmetischen und die kausalen Beziehungen.

Ist dagegen der Bezug der beiden Beziehungsglieder erst durch ein beziehendes Denken erzeugt, so ist diese Beziehung eine Beziehung der bloßen Vorstellung (relatio rationis).

Es sind drittens aber auch Beziehungen möglich, die ein verschiedenes Sein enthalten, in denen etwa der Bezug des ersten Gliedes auf das zweite ein realer Bezug, und der Bezug des zweiten Gliedes auf das erste ein bloß rationaler Bezug ist. Hierher gehören insbesondere die Beziehungen der dritten Klasse, also des Wissens zum Gewußten und des Wissens zum Wißbaren[2].

Dieser Begriff der Relationen verschiedenen Seins[3] ist ein grundlegender Begriff für Thomas. Er zieht ihn zur Lösung fast aller Schwierigkeiten heran, insbesondere bei der Beziehung des Schöpfers zum Geschaffenen. Es ist aber auch der Punkt, gegen den Duns Scotus in erster Linie seine Angriffe richtet.

---

[1] sum. theol. I, 28, 1, c: aliquando vero respectus significatus per ea quae dicuntur ad aliquid, est tantum in ipsa apprehensione rationis conferentis unum alteri et tunc est relatio rationis tantum; sicut cum comparat ratio hominem animali, ut speciem ad genus.

[2] sum. theol. I, 13, 7, c: verumtamen sciendum est, quod cum relatio requirat duo extrema, tripliciter se habere potest ad hoc, quod sit res naturae vel rationis. Quandoque enim ex parte utraque est res rationis tantum . . . quaedam vero relationes sunt quantum ad utrumque extremum res naturae. Quandoque vero relatio in uno extremorum est res naturae et in altera est res rationis tantum.

[3] sum. theol. I, 13, 7, c: quandocumque duo extrema non sunt unius ordinis.

112

Im Metaphysikkommentar zum Buch V nimmt Thomas bei der Kommentierung des 15. Kapitels die Gelegenheit wahr, diesen Begriff zu erläutern.

Er geht davon aus, daß gewisse Tätigkeiten des Menschen nicht in die Gegenstände im eigentlichen Sinne eingreifen, so daß in diesen Tätigkeiten der Mensch in gewissem Sinne bei sich selbst bleibt. So wird zum Beispiel beim Schlagen oder Stoßen der getroffene Gegenstand geändert, unter Umständen zerschlagen. Das Sehen und das Denken dagegen ändert das Gesehene und das Gedachte nicht, das Gesehene und das Gedachte erfährt durch das Sehen und das Denken keine Einwirkung, es bleibt unberührt davon, ob es gesehen oder gedacht wird[1].

Im Sinne dieser Auffassung setzt dann die Beziehung des Sehenden zum Gesehenen nur im Sehenden einen realen Bezug, der Bezug im Gesehenen ist, da er kein realer sein kann, nur ein Bezug der bloßen Vorstellung.

Die bloß rationalen Relationen — relationes rationis — gliedert Thomas in vier Gruppen[2].

Zur ersten Gruppe gehören die Beziehungen, die Gott als Schöpfer mit der Welt als Kreatur verbinden. Bei diesen Beziehungen kann die umgekehrte Beziehung, also die Beziehung der Kreatur auf Gott eine reale Beziehung sein.

Die zweite Gruppe bilden diejenigen Beziehungen, deren Bezugsglieder nicht real verschieden sind. Hierher gehört zum Beispiel die Identität eines jeden Dinges mit sich selbst, weil hier nicht zwei real verschiedene Dinge aufeinander bezogen werden, sondern nur ein Ding auf sich selbst.

Die dritte Gruppe bilden die Beziehungen, die ein Seiendes auf ein Nichtseiendes beziehen, etwa ein Gegenwärtiges auf ein Zukünftiges, oder ein aktuelles Sein auf sein potentielles Sein.

---

[1] com. in met. V, 1. 17; 1027: sed videre et intelligere et hujusmodi actiones, ut in nono hujus dicatur manent in agentibus, et non transeunt in res passas, unde visibile et scibile non patitur aliquid ex hoc quod intelligitur vel videtur. Et propter hoc non ipsamet referuntur ad alia, sed alia ad ipsa.

[2] Die vier Klassen der relatio rationis nach: in I. sent. d. 26, q. 2 a. 1; 9, 348 f., vgl. auch de pot. 7, 11, c.

Die vierte Gruppe bilden schließlich diejenigen Beziehungen, die auf Beziehungen aufgebaut sind, etwa die Beziehung zwischen zwei Beziehungen, oder die Beziehung zwischen einer Beziehung und ihrem Fundament. Die Beziehungen tragen solche fundierte Beziehungen aus sich selbst heraus und nicht durch eine neue Beziehung. Wenn Thomas hier sagt: ipsa enim relatio per se ipsam refertur et non per aliam relationem [1], so greift er damit ein Problem auf, das für Duns Scotus wie für Ockham von großer Wichtigkeit ist, und in dem bereits der Zusammenhang mit dem Problem der Transzendentalien deutlich wird.

Wir wollen noch die Interpretation einiger konkreter Relationen bei Thomas betrachten.

Die innergöttlichen Allgemeinbeziehungen, also die Gleichheit und die Ähnlichkeit der göttlichen Personen werden von Thomas als relationes rationis cum fundamento in re (sachlich, aber noch nicht im festen Terminus) bestimmt. Von den beiden thematischen Stellen sum. theol. I, q. 42 und in I. sent. d. 31 halten wir uns an die letztere Stelle.

Die Gleichheit der göttlichen Personen ist durch das Glaubenbekenntnis des Athanasius festgelegt, in dem gesagt wird: »et totae tres personae coaeternae sibi sunt et coaequales«; diese Gleichheit kann nun nicht, so sagt Thomas, wie die Gleichheit in den geschaffenen Dingen, eine reale Beziehung sein. Wäre in der Trinität außer den konstitutiven trinitarischen Relationen eine weitere reale Relation, so wäre in Gott ein Akzidens. Eine solche Bestimmung widerstreitet aber der Einfachheit des göttlichen Seins. Solange also die Realität einer Beziehung ein Sein als absolutes Akzidens bedeutet, solange können diese Beziehungen nicht als reale Beziehungen bestimmt werden. Es bleibt also bei der Unterscheidung relatio realis — relatio rationis nur übrig, sie als relationes rationis anzusetzen [2].

---

[1] In I. sent. q. 26, q. 2 a. 1; 9, 349 a.

[2] In I. sent. d. 31, q. 1; 9, 398 a: si autem consideretur aequalitas quantum ad relationem, sic aequalitas in creaturis aliquid reale ponit in utroque extremo, sed in divinis personis nihil, nisi secundum rationem ... Et ideo dico cum magistro, quod aequalitas non ponit nisi relationem secundum nomen vel secundum rationem, cum de Deo dicitur.

114

Aber freilich kann und soll mit dieser Bestimmung der Gleichheit der göttlichen Personen als relatio rationis nicht gesagt werden, daß diese Gleichheit nur dann besteht, wenn sie von einem Verstand aktuell gedacht wird. Thomas fügt deshalb sofort hinzu, daß diese Gleichheit zwar nur eine bloß rationale Beziehung sei, daß ihr aber doch etwas im Sein Gottes entspreche. Damit entwickelt Thomas, wenn auch noch nicht terminologisch, so doch grundsätzlich den Gedanken der relatio rationis cum fundamento in re, einer Beziehung also, die zwar in gewisser Weise erst durch den Akt des Vorstellens entsteht, der aber trotzdem etwas in den Bezugsgliedern entspricht[1].

Die Beziehung Gottes zur Kreatur wird von Thomas als eine Beziehung verschiedenen Seins bestimmt. Da nämlich Gott und die Kreatur ein verschiedenes Sein haben, so muß auch die beide verbindende Beziehung ein jeweils verschiedenes Sein haben[2]. Von Gott her, als die Beziehung Gottes auf das geschaffene Sein ist sie eine bloß rationale Beziehung, von der Welt her, also als die Beziehung des geschaffenen Seins auf seinen Schöpfer, ist sie dagegen eine reale Beziehung.

Die Beziehung creator — creatura mit den anderen hierher gehörenden Beziehungen gehört also nicht zur zweiten, sondern zur dritten Klasse der kategorialen Relationen, zu den Relationen verschiedenen Seins, wie des Maßes zum Gemessenen und des Sehens zum Gesehenen.

In nur lockerer Verbindung mit dieser eigentlichen Relationstheorie des Aquinaten stehen seine Ausführungen zur Beziehung der Verschiedenheit im Metaphysikkommentar[3]. Dort hatte Aristoteles im 10. Buch dargelegt, daß jedes Etwas, das ein Seiendes,

---

[1] In I. sent. d. 31, q. 1 ad 2; 9, 398 b: ad secundum dicendum, quod quamvis aequalitas sit secundum rationem, relatio tamen habet aliquid in re respondens ratione cujus dicitur haereticus, qui aequalitatem negat, sicut et qui negat Deum esse dominum, quamvis illa relatio nihil secundum rem ponit in Deo.

[2] sum. theol. I, 13, 17, c: cum igitur Deus sit extra totum ordinem creaturae, et omnes creaturae ordinentur ad ipsum, et non econverso, manifestum est, quod creaturae realiter referuntur ad ipsum Deum; sed in Deo non est aliqua realis relatio ejus ad creaturam, sed secundum rationis tantum, inquantum creaturae referuntur ad ipsum. Vgl. auch sum. theol. I, 28, 1 ad 3.

[3] Aristoteles Metaphysik X, 3; 1054 b 15.

und damit auch ein Eines sei, gegen jedes andere Etwas entweder dasselbe oder ein anderes ist. Demzufolge kann nun auch diese Verschiedenheit, die jedem Seienden gegenüber jedem anderen Seienden eignet, nicht als absolutes Akzidens aufgefaßt werden. Diese Bestimmungen der Selbigkeit und der Verschiedenheit kommen vielmehr jedem Seienden von ihm selbst aus zu. Diese Bestimmungen nimmt Thomas ausdrücklich auf, und zwar nicht nur als allgemeine ontologische Bestimmungen im Metaphysikkommentar, sondern auch im besonderen Problem der Verschiedenheit Gottes von der Kreatur. Gott ist gewiß von jeder Kreatur verschieden, und doch kann diese Verschiedenheit kein Akzidens sein; nicht nur, weil die Verschiedenheit keine akzidentale, sondern eine transzendentale Bestimmung ist, sondern auch, weil jedes Akzidens dem göttlichen Sein widerstreitet[1].

Mit diesem Ansatz der Verschiedenheit als einer dem Sein folgenden Bestimmung — sicut unum et ens — ist Thomas an dem Punkt angelangt, aus dem heraus Duns Scotus den entscheidenden Begriff der transzendentalen Relation, gerade im Ausgang von der Verschiedenheit entwickelt.

Als letzte Beziehung betrachten wir die Ordnung des Universums. Eine ausdrückliche Seinsbestimmung dieser Ordnung des Universums findet sich meines Wissens bei Thomas nicht. Ich halte mich an sum. theol. I q. 15. Es ist dort die Frage, ob es Ideen gibt. Ideen haben für Thomas eine doppelte Bedeutung. Sie sind zugleich Urbilder der Schöpfung und Prinzipien der Erkenntnis[2]. Wenn es daher eine Idee eines Seienden geben soll, so muß dies Seiende für sich geschaffen und für sich erkannt werden können. Ein solches Seiendes aber ist die Ordnung des Universums: Sed si ipse ordo universi est per se creatus ab eo et intentus ab eo, necesse est, quod habeat ideam ordinis universi[3].

Die Ordnung des Universums kann also für sich erkannt und für

---

[1] de pot. I, 2 ad 7; 14, 6b: alio modo per se ipsum, et sic Deus est distinctus ab omnibus rebus, et hoc eo ipso, quia nihil addi ei est possibile.

[2] sum. theol. I, 15, 1, c.

[3] sum. theol. I, 15, 2, c.

116

sich geschaffen werden, so daß sie zu den Dingen des Universums als ein neues selbständiges Sein hinzukommt.

Die Ordnung des Universums bestimmt also Thomas als eine Beziehung, die ein selbständiges Sein hat, unabhängig von den geordneten Dingen, und die den Dingen hinzugefügt werden kann.

Diese beiden Relationen, die Ordnung des Universums auf der einen Seite, und die Verschiedenheit, insbesondere die Verschiedenheit Gottes von der Kreatur, bezeichnen für Thomas die beiden äußersten Möglichkeiten der realen Relation.

Die Ordnung des Universums ist ein Seiendes für sich, das für sich geschaffen und den Dingen des Universums hinzugebracht werden kann.

Die Verschiedenheit Gottes ist eine transzendentale Bestimmung im eigentlichen Sinne, die ohne im Sein Gottes ein Akzidens zu setzen, aus dem Sein Gottes ebenso fließt wie die Einheit Gottes.

Daß diese weitgespannte Relationstheorie des Aquinaten Schwierigkeiten bringen muß, wenn man sie in einen systematischen Aufbau hineinpressen will, ist leicht zu sehen. Sie ist auch seit langem ein Streitpunkt der Ausleger. Der Streit geht insbesondere darum, ob Thomas bei den realen Relationen einen realen Unterschied zwischen der Relation und ihrem Fundament angesetzt habe.

Eine solche reale Unterscheidung zwischen der Relation und ihrem Fundament wird von Cajetan auf das bestimmteste als die eigentliche Meinung des Aquinaten behauptet[1]. Suarez bemerkt, daß die älteren Thomisten, neben Cajetan Ferrarius und Capreolus, diese Auslegung vertreten haben[2], [3].

Andere Ausleger dagegen, darunter, wie schon Cajetan sagt, auch viele Thomisten im engeren Sinn, lehnen einen solchen realen Unterschied ab, und betrachten diesen Unterschied als einen modalen oder als einen bloß rationalen.

---

[1] Cajetan com. in sum. theol. I, 28, 2; Leonina IV, 322f.

[2] Suarez Disp. Met. d. 47, S. 11, II; 2, 500, 1, CD.

[3] Vgl. auch N. Balthasar, Javellus comme exégète de S. Thomas dans la question de la relation finie, Philosophia perennis, Bd. I, S. 149ff. und vom selben Verfasser: La réalit de la relation finie d'après S. Thomas, Revue Néoscolastique 26, 1929.

Beide Auffassungen können sich auf gewichtige Stellen bei Thomas selbst stützen.

Cajetan und die mit ihm gehenden Ausleger stützen sich auf sum. theol. I, 28, 2, ad 2: nam id, quod invenitur in creatura praeter id, quod continetur sub significatione nominis relativi, est alia res.

Die entgegengesetzte Meinung, zu der sich auch Suarez bekennt, stützt sich auf den Physikkommentar[1], weiter darauf, daß Thomas als Beispiel für eine reale Beziehung die Beziehung eines schweren Körpers auf den Mittelpunkt der Erde nennt. Bei dieser Beziehung kann aber von einer realen Unterscheidung zwischen der Relation und ihrem Fundament keine Rede sein[2].

Auch die Arbeit von Horvath, Metaphysik der Relationen, scheint mir eine Entscheidung dieses Streites nicht gebracht zu haben. Diese Arbeit will eine Darstellung der Relationstheorie vom streng thomistischen Standpunkt sein, und verbindet die geschichtliche mit der systematischen Darstellung an sich auf das Beste. Eine wirklich durchsichtige Aufklärung des Problems scheint mir aber durch zwei Momente verhindert worden zu sein.

Horvath bemerkt selbst, daß in dem Problem des Unterschiedes der Relation von ihrem Fundament auch von den eigentlichen Thomisten alle nur möglichen Standpunkte vertreten worden sind, von einem realen über einen modalen zu einem bloß rationalen Unterschied[3].

Horvath entscheidet sich für einen bloß modalen Unterschied:

---

[1] Thomas, com. in octo libros Physicorum Aristotelis Rom 1884 (Leonina) zu V, 1; s. 237b: unde dicendum est, quod si aliquis per suam mutationem efficiatur mihi aequalis, me non mutato, ista aequalitas primo erat in me quodammodo, sicut in sua radice, ex qua habet esse reale: ex hoc enim, quod habeo talem quantitatem, competit mihi, quod sim aequalis omnibus illis, qui eandem quantitatem habent. Cum ergo aliquis de novo accipit illam quantitatem, communis radix aequalitatis determinatur ad istum, et ideo nihil advenit mihi de novo per hoc, quod incipio esse alteri aequalis per ejus mutationem.

[2] Suarez Disp. Met. D 47, S. II; 2, 504, 2 E.

[3] A. Horvath, Metaphysik der Relationen, Graz 1914, S. 49: Alle Grade der realen Verschiedenheit bis zu der fingierten herab, haben ihre Vertreter gefunden. Selbst die Thomisten waren unter sich nicht einig. Ganz bedeutende Männer traten für die distinctio rationis ein, andere aber verteidigten eine extreme reale Unterscheidung.

118

„Die Relation trägt nun alle Zeichen einer solchen modalen Seinsart an sich; folglich ist zwischen ihr und ihrem Fundament eine modale Distinktion vorhanden. — Wenn wir uns daran erinnern, was über das entfernte und nächste Fundament der Relation gesagt wurde, wird uns die Wahrheit obiger Behauptung von selbst klar«[1].

Eine solche apodiktische Behauptung: »wird uns die Wahrheit von selbst klar« kann doch wohl schwerlich die Lösung darstellen in einem Problem, in dem so viele Meinungen gegeneinander streiten. Zum mindesten möchte man doch gern wissen, wieso es möglich war, daß Thomas in so verschiedener Weise verstanden wurde.

Darüber hinaus legt Horvath seiner Darstellung der thomistischen Relationstheorie die Unterscheidung zwischen transzendentalen und prädikamentalen Relationen zugrunde. Nun läßt sich zwar nicht leugnen, daß durch eine solche Unterscheidung vielen Schwierigkeiten abgeholfen wird. Eine andere Frage aber ist, ob schon Thomas selbst seine Relationstheorie auf dieser Unterscheidung aufgebaut habe.

Nun ist sich Thomas über die Bedeutung eines solchen Unterschiedes zwischen transzendentalem und prädikamentalem Sein durchaus im klaren, wie seine Ausführungen über den Unterschied der transzendentalen und der quantitativen Einheit mit aller Deutlichkeit zeigen. Man sollte also erwarten, daß Thomas sich in irgend einer Weise positiv äußern würde, daß dieser Unterschied auch für die Relationen gelten soll. Aber auch Horvath weiß dafür keinen Beweis zu bringen. Er kann seine These vielmehr nur dadurch durchführen, daß er die Unterscheidung relatio secundum esse und relatio secundum dici, die sich bei Thomas findet, mit der Unterscheidung relatio transcendentalis und relatio praedicamentalis gleichsetzt. Gegen eine solche Gleichsetzung hat aber schon Suarez Bedenken erhoben[2], und diese Bedenken hat Horvath m. E. nicht behoben.

Es kommt hinzu, daß Horvath die Probleme der transzendentalen Relationen fast ausschließlich von dem Problem des Verhältnisses

[1] Ebd. S. 185.
[2] Suarez Disp. met. d. 47, S. III; 2, 507, 1, E

der Seele zum Körper her sieht. Ich möchte doch glauben, daß Horvath in manchen Stücken zu anderen Ergebnissen gekommen wäre, wenn er die so wichtige transzendentale Relation der Verschiedenheit stärker in den Vordergrund gestellt hätte.

Unsere Untersuchung kann sich freilich in diese Probleme der Thomasinterpretation nicht einlassen. Wir haben sie nur kurz berichtet, um auch von dieser Seite her zu zeigen, daß in der Relationstheorie des Aquinaten die verschiedensten Möglichkeiten noch nebeneinander liegen.

In dieser kurzen Übersicht über die Relationstheorie des Aquinaten ist der Nachdruck nicht so sehr auf die Systematik der Relationen gelegt worden; es sollte im Gegenteil gezeigt werden, daß auch schon Thomas über das allzu enge Schema relatio realis — relatio rationis hinausstrebt.

Es kommen bei Thomas fünf Gruppen heraus:

1. Die realen Relationen, also die kategorialen Relationen der ersten und der zweiten Klasse.
2. Die bloß rationalen Relationen.
3. Die Relationen verschiedenen Seins, also die kategorialen Relationen der dritten Klasse und die Relationen von der Form creator—creatura.
4. Die rationalen Relationen mit realem Fundament (relationes reales cum fundamento in re), darunter besonders die Gleichheit und die Ähnlichkeit der göttlichen Personen.
5. Die Verschiedenheit.

Die beiden neuen Begriffe des Aquinaten sind der Begriff der Relation verschiedener Ordnung und der Begriff der rationalen Relation realen Fundamentes.

§ 34. Duns Scotus

Die Relationstheorie des Duns Scotus ist eine Auseinandersetzung mit Heinrich von Gent und mit Thomas von Aquin.

In der Auseinandersetzung mit Heinrich von Gent will Duns Scotus die Existenz von akzidentalen Relationen nachweisen, von Relationen also, die ein Akzidens im eigentlichen Sinne sind, und bei denen, wie bei allen Akzidenzen, ein realer Unterschied zwischen Akzidens und Substrat, also zwischen Relation und Fundament besteht.

In der Auseinandersetzung mit Thomas von Aquin unterzieht Duns Scotus die von dem Aquinaten ausgebildeten vermittelnden Begriffe einer Kritik. Die Kritik richtet sich gegen den Begriff der Relationen verschiedenen Seins und gegen den Begriff der relatio rationis cum fundamento in re. An die Stelle dieser Begriffe setzt Duns Scotus den Begriff der transzendentalen Relation. Diese thematische Herausarbeitung der transzendentalen Relation ist das eigentlich Neue, und auf ihre Bedeutung hat Martin Heidegger in seiner Duns Scotus-Untersuchung mit besonderem Nachdruck aufmerksam gemacht.

Duns Scotus unterscheidet damit zwei Arten von realen Relationen: die akzidentalen Relationen, mit realem Unterschied zwischen Relation und Fundament, und die transzendentalen Relationen, bei denen ein solcher Unterschied nicht besteht. Ockham kann also zusammenfassen: quarta est opinio, quod aliquae relationes distinguntur realiter, aliquae non, quae est Scoti[1].

Wir werden zunächst die Auseinandersetzung mit Heinrich von Gent betrachten, in der Duns Scotus den Begriff der akzidentalen Relation herausarbeitet.

Wir werden dann die Auseinandersetzung mit Thomas um den Begriff der Relation verschiedenen Seins verfolgen, eine Auseinandersetzung, der besonders die Relation creatura — creator zugrundeliegt.

Zum Schluß der Untersuchung über Duns Scotus werden wir sehen, wie alle Ansätze des Aquinaten — der Begriff der Relationen verschiedenen Seins, der Begriff der relatio rationis cum fundamento in re, die Behandlung der Verschiedenheit — im neuen einheitlichen Begriff der transzendentalen Relation zusammenlaufen.

Die erste Frage, also die Frage nach dem Sein der akzidentalen Relationen wird im Oxforder wie im Pariser Sentenzenkommentar in der ersten Distinktion des zweiten Buches erörtert. An dieser

---

[1] Ockham in II. sent. q. 2 E.

121

Stelle der Sentenzenkommentare ist die Frage zu erörtern, was für die Engel das Geschaffensein bedeutet. Duns Scotus stellt diese Frage allgemein, was für jedes Geschaffene, für jede Kreatur das Geschaffensein bedeutet. Ockham legt seinen Untersuchungen den Oxforder Sentenzenkommentar zugrunde. Er beginnt in I. sent. d. 30 q. 1 mit einem ausführlichen Zitat aus op. ox. II d. 1 q. 4[1]. Wir halten uns daher gleichfalls an das Oxforder Werk.

Op. ox. II d. 1 q. 4 zerfällt in zwei Teile. Der erste Teil beschäftigt sich mit den akzidentalen Relationen, der zweite Teil mit der Relation creatura — creator.

Im ersten Teil setzt sich Duns Scotus mit denjenigen Meinungen auseinander, die alle Relationen seinsmäßig in der gleichen Weise bestimmen wollen. Duns Scotus bekämpft drei Meinungen. Die erste lehrt, die Relation sei mit ihrem Fundament identisch[2]; die zweite faßt alle Relationen als bloße Vorstellungen auf, das Sein der Relationen besteht darin, daß ein Verstand vergleicht[3]; die dritte Meinung schließlich nimmt einen modalen Unterschied zwischen der Relation und dem Fundament an[4].

Für unsere Untersuchung kommt in erster Linie die Auseinandersetzung mit der ersten Meinung in Frage, mit der Meinung also, für die die Relation mit ihrem Fundament identisch ist. Es handelt sich um die Meinung des Heinrich von Gent, wie er sie in den Quodlibeta IX q. 3, V q. 6 und q. 7 und VII q. 1 entwickelt. Duns Scotus will in der Widerlegung des Heinrich von Gent zeigen, daß es Relationen gibt, bei denen zwischen der Relation und dem Fundament ein realer Unterschied besteht.

Heinrich von Gent unterscheidet zwischen den absoluten und den

---

[1] Ockham I, d. 30, q. 1. Das Zitat ist wie stets eine Verbindung von Zitat und Bericht.

[2] op. ox. II, d. 1, q. 4; 11, 97 b: hic dicitur, quod omnis relatio est eadem fundamento.

[3] op. ox. II, d. 1, q. 4; 11, 106 b: et quia posset proterviri, de relationibus, concedendo eas non esse easdem realiter fundamento, non tamen esse alias realitates, negando eas esse aliquas res, dicendo relationem tantum esse in actu intellectus comparantis.

[4] op. ox. II, d. 1, q. 4; 11, 109 b: . . . non tamen sunt alia re a fundamento, sed tantum sunt modi proprii rei.

122

relativen Kategorien. Die absoluten Kategorien sind Substanz, Qualität und Quantität, die relativen die Relation und die sechs letzten Kategorien. Dieser Unterschied ist für Heinrich von Gent nicht nur ein logischer, sondern auch ein seinsmäßiger. Nur die absoluten Kategorien haben einen selbständigen Seinsgehalt, eine eigne realitas, die relativen Kategorien dagegen bringen ihrem Fundament keinen neuen Seinsgehalt hinzu[1].

Von den fünf Argumenten, die Duns Scotus gegen Heinrich von Gent geltend macht, und mit denen er zugleich die Existenz akzidentaler Relationen nachweisen will, ist das erste für uns das wichtigste, weil auf ihm die grundlegende Unterscheidung der Relationen bei Duns Scotus ruht.

Duns Scotus geht davon aus, daß keine Bestimmung mit einem Seienden A identisch sein kann, wenn A ohne diese Bestimmung existieren kann. Nun gibt es aber viele Bezüge, deren Träger auch ohne diese Bezüge existieren kann. Zum mindesten bei diesen Bezügen kann daher das Fundament nicht mit der Beziehung real identisch sein[2].

Duns Scotus weist darauf hin, daß ein weißes Ding einem zweiten weißen Ding ähnlich ist. Nun kann aber das zweite weiße Ding entstehen und vergehen, oder seine Farbe wechseln, ohne daß das erste Ding davon in seinem Sein berührt wird. Mit diesen Veränderungen des zweiten Dinges entsteht und vergeht aber auch zugleich die Ähnlichkeit des ersten Dinges. Ähnlichkeit ist also wirklich eine

---

[1] Heinrich von Gent Quodlibeta Paris 1518, S. 255: rerum autem naturalium quaedam sunt aliquid secundum se et ad seipsam, quaedam non, sed ad aliud vel in respectu ad aliud solum. De primo modo verum sunt tantummodo res trium praedicamentorum, substantiae, quantitates et qualitates. De secundo vero modo sunt res aliorum septem praedicamentorum . . . quarum, quia non est aliqua realitas propria alia a realitate aliorum trium generum, super quae fundantur.

[2] Duns Scotus op. ox. II, d. 1, q. 4; 11, 98b: nihil est idem realiter A, sine quo A potest esse realiter sine contradictione. Sed multae sunt relationes, sine quibus fundamenta possunt esse sine contradictione; ergo multae sunt relationes quae non sunt realiter eaedem cum fundamento. Zitiert von Ockham I, d. 30, q. 1.

solche Bestimmung, die bei beständigem Subjekt wechseln kann; sie ist also ein eigentliches Akzidens[1].

Dieselbe Erscheinung findet man auch bei vielen Relationen der zweiten Klasse. So kann ein Mensch, der keine Sklaven hat, auch kein Herr sein. Erlangt er nun einen Sklaven, so wird er damit zugleich auch Herr. Die Bestimmung des Herrseins ist also ebenfalls eine Bestimmung, die dem beständig bleibenden Menschen, dem beharrenden Subjekt, als eine wechselnde Bestimmung zukommen und nicht zukommen kann; sie ist also ebenfalls ein Akzidens im eigentlichen Sinne[2].

Duns Scotus betrachtet also die Relationen im Verhältnis zum Subjekt. Er findet dabei Relationen, die ihrem Träger zukommen und nicht zukommen können, Relationen also, deren Träger auch ohne diese Relationen existieren kann. Hier ist die Relation gewissermaßen vom Subjekt trennbar. Andere Relationen sind so beschaffen, daß ihr Subjekt niemals ohne sie existieren kann. Eine solche untrennbare Relation ist zum Beispiel der Bezug der Kreatur auf den Schöpfer.

Die Relationen zerfallen also in trennbare und untrennbare Relationen. Nun ist aber die reale Trennbarkeit für Duns Scotus — wie für die ganze Scholastik — das Kriterium für den realen Unterschied.

Die Unterscheidung in trennbare und untrennbare Relationen begründet also zugleich einen seinsmäßigen Unterschied: Die trennbaren Relationen sind von ihrem Fundament real unterschieden, die untrennbaren Relationen sind, wie sich zeigen wird, real identisch und nur formal verschieden.

Ich will diese trennbaren Relationen von der seinsmäßigen Bestimmung her die akzidentalen Relationen nennen. Es handelt sich, wie aus der Begründung hervorgeht, im wesentlichen um die Rela-

---

[1] op. ox. II, d. 1, q. 4; 11, 99b: si enim hoc album sit, et aliud album non sit, hoc album est sine similitudine; et si aliud album fiat in hoc albo est similitudo. Potest igitur esse sine ista et cum ista (Ockham I, 30, 1).

[2] op. ox. II, d. 1, q. 4; 11, 99b: similiter est in relationibus disquiparantiae. Si enim iste sit homo, et nullus alius subsit potestati suae, est sine dominatione, et potest esse dominus servorum accessione, sicut dicit Boethius, et ita est de multis aliis. Zitiert bei Ockham I, 30, 1, S. 67.

tionen der ersten und der zweiten Klasse, also die arithmetischen und die kausalen Relationen.

Diese Relationen sind ein Akzidens im strengen Sinne. Sie sind ein anderes Ding als ihr Fundament[1], Duns Scotus spricht ausdrücklich von einer distinctio realis[2].

Sie stehen aber seinsmäßig in demselben Verhältnis zur Substanz wie das Vorbild der absoluten Akzidenzen, wie die Qualität. Es sind zwar in bestimmter Hinsicht Unterschiede vorhanden, im Verhältnis zur Substanz ist aber die Relation ebenso wie die Qualität eine selbständige Sache[3].

Wir wenden uns der Beziehung creator — creatura zu, bei deren Behandlung Duns Scotus den Begriff der Relation verschiedenen Seins einer kritischen Betrachtung unterzieht. Die Beziehung kann unter dem Gesichtspunkt der verschiedenen Ursachen betrachtet werden (causa efficiens, causa formalis, causa finalis). Gott ist das Urbild, die Ursache und das Ziel jedes Seienden. Wir können uns damit begnügen, die creatio unter dem Gesichtspunkt der Ursache (causa efficiens) zu betrachten.

Duns Scotus wendet sich gegen eine Meinung, für die die Beziehung der Kreatur aus Gott, also das Geschaffensein, ein von dieser Kreatur verschiedenes Akzidens ist[4]. Er dürfte dabei doch wohl nicht nur Heinrich von Gent, wie der Kommentator anmerkt, sondern auch Thomas von Aquin im Auge haben.

Thomas hatte die Beziehung creator — creatura als eine Beziehung verschiedenen Seins bestimmt. Der Bezug der Kreatur auf Gott war von Seiten der Kreatur betrachtet, eine reale Beziehung und von der Kreatur real unterschieden, wenigstens faßt Duns Scotus diese Meinung so auf. Die Beziehung Gottes auf die Kreatur

---

[1] l. c. 11, 101b: alia res realis a suo fundamento.

[2] l. c. 11, 110b: ... declarata ... ejus distinctione reali a fundam.

[3] l. c. 11, 110a: immo qualitas respectu substantiae, potest dici modus et tamen in se est vera res, ita relatio, licet sit modus ... sequitur ergo quod talis modus alius a re ex natura rei, sit res alia a fundamento, accipiendo rem generalissime ut dividitur in decem genera.

[4] rep. par. II, d. 1, q. 6; 22, 552b: quod relatio creaturae ad Deum est simpliciter aliud a creatura, et accidens sibi; siehe auch op. ox. II, d. 1, q. 4; 11, 120b.

ist dagegen eine bloß rationale Beziehung, der Charakter Gottes als Creator ist also ein ens rationis, mag er auch im realen Sein der Kreatur begründet sein.

Gegen beide Bestimmungen wendet sich Duns Scotus. Er bestreitet zunächst einen realen Unterschied zwischen creatura und creatio.

Der Bezug der Kreatur auf Gott als ihren Schöpfer ist nach Duns Scotus von der Kreatur selbst untrennbar, und damit fehlt die Voraussetzung eines realen Unterschiedes. Ein Ding der Welt kann zwar Bezüge der Gleichheit und Ähnlichkeit mit einem anderen Ding der Welt erlangen oder verlieren, sei es durch Veränderungen in ihm selbst, sei es durch Veränderungen im anderen. Dies war ja für Duns Scotus der entscheidende Grund gewesen, solche trennbaren Bezüge als Akzidenzen im eigentlichen Sinne zu bestimmen. Ein geschaffenes Ding kann aber niemals existieren, ohne als geschaffenes zu existieren. Ein Ding der Welt, das nicht ein geschaffenes wäre, ist in sich widerspruchsvoll und daher unmöglich[1].

Eine zweite Argumentatio macht den eigentlichen Sinn dieser Bestimmungen deutlich. Wäre nämlich der Bezug der Kreatur auf ihren Schöpfer selbst ein absolutes Seiendes, so müßte er als ens entweder ein ens creatum oder ein ens increatum sein. Er ist also offenbar ein ens creatum. Als ein solches ens creatum müßte der Bezug eines Geschaffenen auf Gott durch einen real von ihm verschiedenen neuen Bezug auf Gott bezogen sein, und von diesem neuen Bezug müßte dasselbe gelten[2]. Ein Ansatz des creatum esse als ein von der Kreatur verschiedenes Akzidens führt also auf einen Fortgang ins Endlose.

In dieser Argumentation zeigt sich, daß dies creatum esse keine

---

[1] op. ox. II, d. 1, q. 4; 11, 122a: quia illud, quod proprie dicitur inesse alicui, sine quo illud non potest esse sine contradictione, est idem sibi realiter. Relatio autem ad Deum proprie inest lapidi, et sine eo non potest esse lapis sine contradictione; ergo illa relatio est eadem realiter lapidi.

[2] op. ox. II, d. 1, q. 4; 11, 123a: Probatio majoris, quia si alicui accideret, pari ratione et alteri, ut puta si relatio effectus ad causam accideret lapidi, et per consequens esset res alia a lapide, pari ratione ipsa haberet relationem ad Deum, ut effectus ad causam, et tunc accideret sibi alia relatio effectus ... et sic in infinitum.

126

gattungsmäßige oder kategoriale Bestimmung sein kann. Jedes Seiende vielmehr, das nicht selbst Gott ist, welcher Gattung und Kategorie es auch angehöre, ist ein ens creatum; diese Beziehung übersteigt alle nur möglichen Gliederungen des Seins und ist daher ein transzendentaler Begriff[1]. Ihm fehlt allerdings die Konvertibilität, da diese Beziehung ja nicht am Ens als solchem, sondern nur am Ens creatum haftet.

Wenn nun auch ein realer Unterschied verneint werden muß, so bedeutet dies noch nicht, daß völlige Identität herrsche. Duns Scotus entscheidet sich dahin, daß zwischen der Kreatur und der creatio als der Beziehung auf Gott zwar eine reale Identität, aber doch ein formaler Unterschied bestehe. Duns Scotus bestimmt also diese Relation durch seinen neuen Seinsbegriff des formalen Seins.

Diese Bestimmung als formales Sein bedeutet bei der creatio, daß diese Beziehung zwar dem Träger keine neue Sachhaltigkeit hinzubringt, daß aber der Träger doch ohne diese Beziehung definiert werden kann[2]. So kann ein Stein definiert werden, ohne daß seine Abhängigkeit von Gott als dem Schöpfer in die Definition aufgenommen wird.

Duns Scotus kommt zu der abschließenden Bestimmung, daß die Beziehung des Geschaffenseins eines Geschaffenen auf Gott als den Schöpfer von diesem Geschaffenen selbst nicht real, sondern nur formal verschieden ist[3]. Eine solche Beziehung übersteigt alle Gliederungen des Seins, und bringt dem Geschaffenen keinen selbstän-

---

[1] rep. par. II, d. 1, q. 6; 22, 555b: Dico tamen aliter, quod quaecumque conveniunt enti antequam dividitur in genera, competit ei, non ut in uno genere, sed ut transcendens; hujusmodi autem omni sunt transcendentia, isti igitur respectus creaturae ad Deum, ex quo competunt omni creaturae, competunt enti antequam dividatur in decem, et per consequens sunt relationes transcendentes.

[2] rep. par. II, d. 1, q. 6; 22, 551a: definitio perfecta explicat essentiam definiti; sed definitio lapidis perfecta nullam relationem dicit, quia perfecta ejus definitio constat ex genere et differentia.

[3] op. ox. II, d. 1, q. 4; 11, 122a: ad quaestionem istam igitur dico, quod relatio ad Deum communis omni creaturae, est idem realiter fundamento, non tamen idem formaliter, nec praecise idem, sive non idem identitate adaequata, ita quod fundamentum sit tantum relatio formaliter (auch rep. par. 552b).

digen Seinsgehalt — keine realitas — hinzu. Diese Beziehungen sind also weder reale Akzidenzen, noch sind sie bloße Vorstellungen.

Mit der Seinsbestimmung dieser Beziehung als formales Sein wird der schlichte Gegensatz relatio realis — relatio rationis zum erstenmal ausdrücklich gesprengt. Wir werden sehen, daß diese Bestimmung der Beziehung der Kreatur auf Gott als eine transzendentale Beziehung für Ockham von großer Bedeutung gewesen ist.

Duns Scotus wendet sich nun auch gegen die Bestimmung, die Thomas — ebenso wie Heinrich von Gent — der Beziehung creator — creatura von der Seite Gottes her gegeben hatte.

Thomas hatte diese Beziehung als Beziehung verschiedenen Seins bestimmt. Sie war also von Seiten der Kreatur eine reale Beziehung, und von Seiten Gottes eine bloß rationale Beziehung. Der Charakter Gottes als Schöpfer ist also nur ein ens rationis.

Der Begriff des ens rationis bezeichnet ja ursprünglich das bloß Ausgedachte, wie etwa einen goldenen Berg. Dann bezeichnet er das rein Willkürliche, wie etwa das Wort in seiner Funktion als willkürlicher Namen eines Dinges. Schließlich werden immer neue Bedeutungen in diesen Begriff hineingepackt. Auf Grund des Gegensatzes ens reale — ens rationis bezeichnet er schließlich rein negativ alles, was nicht eine Substanz oder ein absolutes Akzidens ist.

Gerade wegen dieser Bedeutungserweiterung spielt der Begriff des ens rationis für Thomas eine so große Rolle. Man kann nun dieser Bedeutungserweiterung nachgehen und die Probleme deutlich machen, die in dieser Bedeutungserweiterung auftauchen.

Auf der anderen Seite besteht ja die Gefahr, daß eine solche Bedeutungserweiterung durch das ständige Hineinspielen der ursprünglichen Bedeutung zu Verwirrungen führt. Es werden sich daher in einer solchen Lage stets Bestrebungen geltend machen, die neuen Probleme nicht durch Bedeutungserweiterungen, sondern durch die Bildung neuer selbständiger Begriffe anzufassen.

Eine solche Haltung nimmt nun gegenüber dem Begriff des ens rationis in gewissem Sinn schon Duns Scotus und dann, in ausgesprochener Weise, Ockham ein. Es ist daher das Ziel, den Begriff des ens rationis auf die ursprüngliche Bedeutung zurückzudrängen, diesen Begriff wieder an ein aktuelles Denken, an ein aktuelles Vorstellen zu binden.

Wenn etwa die Beziehung Gottes auf die Kreatur als eine relatio rationis, also als ein ens rationis angesetzt wird, so müßte, wenn die ursprüngliche Bedeutung festgehalten werden soll, doch irgend eine Beziehung auf ein Denken noch vorhanden sein.

Dies ist aber in keiner Weise der Fall. Gott ist nicht deshalb Schöpfer, weil er als Schöpfer gedacht wird.

Von welchem Denken sollte der Charakter Gottes als Schöpfer abhängig sein?

Vom Denken der Menschen gewiß nicht. Gott ist der Schöpfer jedes Seienden, zum Beispiel dieses Steines, auch wenn kein Mensch sich diese Beziehung aktuell vorstellt. Es ist nicht einmal nötig, daß ein Mensch sich diese Beziehung einmal vorgestellt habe oder irgendwann einmal vorstellen werde.

Es ist aber ebenso unmöglich, als den Verstand, dessen Denken den Charakter Gottes als Schöpfer begründen soll, den Verstand Gottes selbst zu betrachten[1].

Diese Erwägung gilt nun nicht nur von der Beziehung creator — creatura, sondern ganz allgemein von allen Beziehungen der dritten Klasse. Der Term dieser Beziehungen ist kein ens rationis, denn diese Beziehungen hängen nicht davon ab, daß der Term von einem denkenden Wesen vorgestellt wird. Duns Scotus zieht hier die Beziehung des Wissens zum Wißbaren heran. Diese Beziehung des Wissens zum Wißbaren ist nicht davon abhängig, daß das Wißbare vorgestellt wird, ja nicht einmal sichert umgekehrt das konkrete Vorgestelltwerden den Charakter des Wißbaren. So kann zum Beispiel die Quadratur des Kreises erwogen und vorgestellt werden, und trotzdem wird sie durch ein solches Vorgestelltwerden nicht

---

[1] op. ox. I, d. 30, q. 2; 10, 455 b: quia essentia divina, licet possit comparari ad creaturam, et hoc tam per actum intellectus creati, quam increati, et sic in ea causare relationem rationis, tamen ista relatio non est ratio terminandi relationem creaturae ad ipsum. Non quidem illa, quae causatur per actum intellectus creati, probo, quia tunc nullo intellecto creato considerante, comparando Deum ad lapidem, si Deus produceret lapidem, non esset in lapide relatio realiter ad ipsum, quod est falsum. Nec etiam illa, quam causat intellectus divinus in essentia sua . . .

wißbar; es bleibt immer noch dahingestellt, ob sie wißbar, das heißt, ob sie lösbar ist[1].

Diese Einwendungen des Duns Scotus gegen Thomas beruhen also darauf, daß Duns Scotus auf die ursprüngliche Bedeutung des ens rationis zurückgeht. Wenn das ens rationis in einem Vorgestelltsein gründet, dann besteht es offenbar, so argumentiert Duns Scotus, nur, wenn es vorgestellt wird. Zieht man diese Konsequenz, dann sieht man, daß der Ansatz des Terms der Beziehungen der dritten Klasse als ens rationis die Schwierigkeiten nicht löst. Er ist zwar negativ geeignet, etwa von Gott die Bestimmung abzuhalten, Gott müsse als Term einer solchen Beziehung ein Akzidens haben. Der Begriff versagt aber, sobald man seinem ursprünglichen Gehalt nachgeht, ihn also an ein wirkliches Vorgestelltsein bindet.

Duns Scotus gibt seine eigne Bestimmung dahin, daß der Term dieser Beziehungen der dritten Klasse das Bezogene selbst in seinem absoluten Sein ist. Durch sein schlichtes Sein selbst bestimmt es eine solche Beziehung, ist es also für Beziehungen anderer Dinge auf es selbst offen.

Dies gilt zunächst für die Beziehung creator — creatura. Der Bezug des endlichen Seins als Kreatur geht auf Gott nicht in irgend einer relativen Bestimmung, sondern auf Gott selbst in seinem absoluten Sein[2].

Dies gilt dann weiterhin von allen Beziehungen der dritten Klasse. Das Gesehene wird also nicht als das Sichtbare gesehen, sondern es selbst wird gesehen. Das Gewußte wird nicht als Wißbares gewußt, sondern es selbst wird gewußt. Es kann dann freilich die Beziehung des Sehenden auf das Gesehene selbst wieder vorgestellt werden, und

---

[1] op. ox. I, d. 30, q. 1; 10, 455a: praeterea licet intellectus possit negotiari circa terminum alicujus relationis tertii modi et in illo causare relationem rationis, tamen illa non est ratio terminandi. Licet enim intellectus aliquis conferat quadraturam circuli ad scientiam . . .

[2] op. ox. I, d. 30, q. 1; 10, 457a: respondeo, sola relatione nova, quae est in creaturis ad ipsum, ipse denominatur dominus, non quidem quod in creaturis sint dua relationes oppositae, quarum altera ipse denominatur, sed una tantum, quae est ad ipsum, ut ad absolutum.

in dieser zweiten Vorstellung erscheint dann das schlicht Gesehene als das Sichtbare[1].

Wir wollen die beiden Bestimmungen noch einmal nebeneinanderstellen.

Thomas betrachtet die Beziehung creator — creatura als eine Beziehung verschiedenen Seins. Auf der Seite der Kreatur besteht eine reale Beziehung, die von ihrem Fundament verschieden ist. Auf der Seite Gottes dagegen besteht eine bloß rationale Beziehung. Gott als Schöpfer ist ein ens rationis.

Duns Scotus verwirft den Begriff der Beziehung verschiedenen Seins. Es gibt für ihn in dem Verhältnis creator — creatura nur eine reale Beziehung. Diese Beziehung geht aus von der Kreatur, und ist dort zwar real identisch, aber formal verschieden. Der Term dieser Beziehung ist Gott in seinem absoluten Sein.

Das Bedeutsame dieser Auffassung liegt nicht nur in der Ausbildung des Begriffs der transzendentalen Relation, sondern auch in der Lehre, daß ein Seiendes mit seinem absoluten Sein in eine Beziehung eintreten, eine Beziehung, wenn auch nur als Term begründen kann. Auch auf diese Bestimmung wird Ockham zurückgreifen.

Die thematische Ausbildung des Begriffs der transzendentalen Relation erfolgt beim Problem der Gleichheit und der Ähnlichkeit der göttlichen Personen. Die Bedeutung dieses Begriffs der transzendentalen Relation kann nicht hoch genug angeschlagen werden. Wir betrachten ihn lediglich unter dem Gesichtspunkt der späteren Entwicklung bei Ockham. Daß das Problem der transzendentalen Relation auch in ganz anderer Richtung — nämlich auf die Herausarbeitung eines idealen Seins — verfolgt werden kann, hat Martin Heidegger in seiner Duns Scotus-Untersuchung gezeigt.

Duns Scotus wendet sich in seiner Kritik der überlieferten Auslegung der innergöttlichen Allgemeinbeziehungen gegen einen älteren Lehrer. Dieser ältere Lehrer betrachtet die Beziehungen der

---

[1] op. ox. I, d. 50, q. 1; 10, 454 a: omnes autem relationes creaturae ad Deum pertinent ad tertium modum relativorum; igitur qualescumque sint illae, non oportet alterum extremum secundum aliquam relationem in eo terminare illas relationes, sed potest terminare praecise sub ratione absoluti.

Gleichheit und Ähnlichkeit zwar als bloß rationale Beziehungen, hält sie im Grunde aber doch für reale Beziehungen[1].

Die Kritik an dieser Lehre trifft zugleich die Lehre des Aquinaten. Thomas hatte die Relationen der Gleichheit und Ähnlichkeit der göttlichen Personen als bloß rationale Beziehungen bestimmt, aber dabei einschränkend hinzugefügt, daß diesen bloß rationalen Beziehungen doch eine Realität zugrunde liege (relatio rationis cum fundamento in re).

Duns Scotus bestimmt diese Beziehungen als reale Beziehungen.

Um zu diesem Ergebnis zu kommen, wirft Duns Scotus die Frage auf, was erforderlich ist, wenn eine Relation als eine reale bezeichnet werden soll. Er kommt zu drei Bedingungen. Es müsse erstens das Fundament und der Term der Beziehungen jeder für sich ein reales Sein haben. Es müssen zweitens die beiden Beziehungsglieder real verschieden sein, und es darf drittens die Beziehung nicht erst von einer Tätigkeit des Intellekts oder des Willens abhängen, die die beiden Glieder zusammenbringend in Beziehung setzt, sondern die Beziehung muß aus der Natur der Bezugsglieder, des Fundamentes und des Terms folgen. Bei diesen Bestimmungen ist zu beachten, daß für Duns Scotus auch das formale Sein eine reales Sein, wenn auch im weiteren Sinne ist. Insbesondere ist die distinctio formalis als reale Unterscheidung zu betrachten[2].

Zur positiven Bestimmung dieser Gleichheit und Ähnlichkeit der göttlichen Personen entwickelt nun Duns Scotus thematisch den Begriff der transzendentalen Relation, und zwar in den Distinktionen 19 und 31 des ersten Buches der beiden Sentenzenkommentare und in der Quaestio VI der Quodlibeta.

---

[1] rep. par. I, d. 31, q. 3; 22, 380 ff. (380 b): antiquior doctor (380 b) ergo sequitur, quod tantum sit relatio rationis (382 a) videtur, quod secundum intentionem ejus sint reales.

[2] op. ox. I, d. 31, q. u.; 10, 489 b: ad quaestionem videtur dicendum, quod ad relationem realem tria sufficiunt. primo, quod fundamentum sit reale et terminus realis, secundo, quod extremorum sit distinctio realis, tertio, quod ex natura extremorum, scilicet fundamenti et termini sequatur ipsa talis relatio absque opere alterius potentiae, comparantis unum extremum ad alterum. Vgl. auch rep. par. I, d. 31; 22, 382 aff.

Duns Scotus geht, wie auch schon Thomas, aus von der Bemerkung des Aristoteles: ἅπαν πρὸς ἅπαν ἢ ταὐτὸ ἢ ἄλλο[1].

Aristoteles spricht hier zwar von der Identität und der Verschiedenheit, man muß aber, so meint Duns Scotus, diese Erwägungen auch auf die Gleichheit und die Ungleichheit, auf die Ähnlichkeit und die Unähnlichkeit ausdehnen[2].

Man kann nämlich jedes Seiende — quaelibet res — betrachten[3] in seinem Was-sein, und so ist jedes andere Seiende entweder dasselbe oder ein anderes. Jedes Seiende als Seiendes aber hat eine bestimmte Vollkommenheit, ist ein bonum. In bezug auf diese Vollkommenheit kann es mit jedem anderen Seienden gleich oder ungleich sein. Schließlich wird jedes Ding in seinem Wassein durch bestimmte Eigenschaften konstituiert; es ist deshalb ein quale, und kann inbezug auf diese Qualitäten jedem anderen ähnlich oder unähnlich sein.

Da diese Beziehungen nicht an einen bestimmten Bereich gebunden sind, sondern jedes Seiende mit jedem anderen Seienden verbinden, also jede gattungsmäßige und kategoriale Gliederung des Seins übersteigen, sind sie transzendental.

Diese transzendentalen Beziehungen unterscheiden sich freilich in der Hinsicht von den ursprünglichen transzendentalen Begriffen dadurch, daß sie nicht mit dem Ens als solchem konvertibel sind[4]. Während jedes Seiende ein Unum, ein Verum, ein Bonum ist, fehlt

---

[1] Met. X, 3; 1054b 15 s.

[2] rep. par. I, d. 19, q. 3; 22, 236a: hoc autem patet per philosophum 10 met. textu com. 11, quia ait, quod quodlibet ens comparatum ad quodcumque, vel est idem sibi, vel diversum. Et sicut dicit de identitate et diversitate, ita possumus dicere de aequalitate et inaequalitate, similitudine et dissimilitudine, quod sunt transcendentia, sicut subjecta et fundamenta earum.

[3] rep. par. I, d. 19, q. 3; 22, 236a: unde sciendum est, quod quaelibet res potest considerari, ut quid est, et sic potest esse fundamentum relationis communis identitatis et diversitatis; vel potest considerari ut habet certum gradum perfectionis et sic quantitatem quasi virtualem, et sic fundatur relationes communes aequalitatis et inaequalitatis. vel potest considerari ut habet formam aliquam, seu aliquam perfectionem formae informantis, secundum quam dicitur qualis, et sic fundat relationes similitudinis et dissimilitudinis; et sicut fundamenta sunt transcendentia, sic et istae relationes sunt transcendentes, ideo communes. Vgl. auch op. ox. I, d. 19, q. 1; 10, 169b.

[4] op.ox. I, d. 19, q. 10,170a: sicut igitur fundamentum identitatis aequalitatis et similitudinis hoc modo communiter sumptum, est ens communi comparatum

hier offenbar diese Konvertibilität. Sie bleibt aber in gewisser Weise darin erhalten, daß jedem Seienden stets eine dieser gegensätzlichen transzendentalen Beziehungen zukommen muß. So muß zwar nicht jedes Seiende gegen jedes andere Seiende gleich beziehungsweise ungleich sein, es muß aber doch gleich oder ungleich sein. Solche Begriffe sind also disjunktiv, und Duns Scotus bezeichnet sie im Gegensatz zu passio convertibilis als passio disjuncta.

Dieser allgemeine Charakter der transzendentalen Beziehungen, daß jedes Seiende gegen jedes andere Seiende stets eine der beiden entgegengesetzten Beziehungen tragen muß, macht es nun auch nicht nur möglich, sondern sogar notwendig, daß je eine dieser Beziehungen auch zwischen den göttlichen Personen auftreten muß. Die Personen der Trinität sind also einander gleich und ähnlich auf Grund dieser transzendentalen Beziehungen. Darüber hinaus ist die Identität der göttlichen Personen jeweils mit sich selbst eine ausgezeichnete Eigenschaft des göttlichen Seins. Im kreatürlichen Sein ist die Identität eines Seienden mit sich selbst eine bloß rationale Beziehung, im göttlichen Sein ist sie eine reale Beziehung[1].

Auf Grund dieser Herleitung aus den allgemeinen transzendentalen Bestimmungen müssen die transzendentalen Beziehungen jedem Seienden, also auch jeder Kreatur zukommen. Nun gibt es aber im kreatürlichen Sein auch noch die kategorialen Relationen der Gleichheit und Ähnlichkeit. Bei diesen kategorialen Relationen

---

ad quodcumque ens in communi, ita et illae relationes sunt transcendentes, licet non convertibiles, cum disjunctione tamen dividentes ens, sicut dividitur in necessarium et possibile.

rep. par. I, d. 19, q. 3; 22, 236 b: dicendum est, . . . quod non tantum passio simplex convertibilis cum ente est transcendens, sed etiam passio disjuncta . . . et idea cum quodlibet ens comparatum alteri sit idem vel diversum, simile vel dissimile, aequale vel inaequale, ut declaratum est, omnia ista erunt transcendentia.

[1] op. ox. I, d. 19, q. 1; 10, 170a: de tertio dico, quod sicut nullum genus nec aliquid alicujus generis dicitur de Deo formaliter, ita nec passio alicujus generis, et per consequens nec aliqua relationum communium, secundum quod stricte sumuntur, ut scilicet sunt passiones generum determinatorum. Sed quia ens dicitur formaliter de Deo, et quaecumque passio convertibilis cum ente, et passionum non convertibilium, sed disjunctarum semper extremum nobilius; ideo hoc modo illud extremum dicetur de Deo, quod vel dicit nobilitatem, vel non repugnat nobilitati, sed reliquum repugnat.

der Gleichheit und Ähnlichkeit besteht nach der ausdrücklichen Erklärung des Duns Scotus ein realer Unterschied zwischen Relation und Fundament. Wir bekommen daher bei der Gleichheit und Ähnlichkeit zwei Relationen nebeneinander, eine akzidentale Gleichheit und Ähnlichkeit als Beziehung der ersten Klasse bei den materiellen Dingen, und eine transzendentale Gleichheit und Ähnlichkeit für jedes Seiende als solches [1].

Die transzendentalen Beziehungen sind reale Beziehungen, die von ihrem Fundament formal verschieden sind.

Dies gilt zunächst, soweit diese transzendentalen Beziehungen den göttlichen Personen zukommen. Identität, Gleichheit und Ähnlichkeit sind ja, allgemein betrachtet, göttliche Attribute und müssen daher an der allgemeinen Bestimmung des Duns Scotus teil haben, daß göttliche Attribute sich vom Wesen Gottes und voneinander nicht real, sondern nur formal unterscheiden.

Aber auch im kreatürlichen Sein können diese Beziehungen kein akzidentales Sein haben, wie sich aus ihrer Bestimmung als passiones entis ohne weiteres ergibt.

Der transzendentale Charakter der transzendentalen Relationen hat also ebenso, wie bei den ursprünglichen Transzendentalien, ein logisches und ein ontologisches Moment. Das logische Moment besteht darin, daß alle transzendentalen Begriffe jede Gliederung des Seins übersteigen, daß sie als passiones convertibiles oder als passiones disjunctae jedem Seienden zukommen. Das ontologische Moment besteht darin, daß sich transzendentale Bestimmungen von ihrem Träger — nach Duns Scotus — nicht real, sondern nur formal unterscheiden.

Wir haben bei der Darstellung der Relationstheorie des Duns Scotus keine systematische Darstellung versucht, wir haben nur die Punkte herausheben wollen, an denen die weitere Arbeit Ockhams ansetzt.

---

[1] op. ox. I, d. 19, q. 1; 10, 171b: et ita magnitudo vere est fundamentum aequalitatis transcendentis ... fundamentum aequalitatis, prout est passio quantitatis, quae est genus; op. ox. I, d. 31, q. u.; 10, 493a: consimiliter potest dici de similitudine, sicut in creaturis est duplex similitudo, scilicet essentialis secundum differentiam specificam, et accidentalis secundum aliquam qualitatem accidentalem.

Fassen wir noch einmal kurz zusammen, so unterscheidet Duns Scotus seinsmäßig akzidentale, transzendentale und rationale Relationen. Die rationalen Relationen werden erst durch einen Akt des Verstandes oder des Willens begründet. Die realen Relationen bestehen ex natura rei. Sie zerfallen in die akzidentalen Relationen, bei denen zwischen Relation und Fundament ein realer Unterschied besteht, und in die transzendentalen Relationen, bei denen das Fundament nur hinsichtlich einer formalen Bestimmung in die Beziehung eingeht.

Diese Relationstheorie zeigt gegen die Relationstheorie des Aquinaten drei bemerkenswerte Unterschiede.

Erstens ist der akzidentale Charakter der kategorialen Relationen der ersten und zweiten Klasse so klar und so bestimmt ausgesprochen, daß eine Auseinandersetzung mit diesem Standpunkt möglich wird.

Zweitens stellt diese Relationstheorie eine kritische Weiterbildung bestimmter Aushilfen des Aquinaten dar. An die Stelle der beiden vermittelnden Begriffe, des Begriffs der Relation verschiedenen Seins, und des Begriffs der rationalen Relation mit sachlichem Fundament tritt der einheitliche Begriff der transzendentalen Relation, einer realen Relation formalen Seins.

Drittens entscheidet sich Duns Scotus dahin, daß zum mindesten in der Beziehung creator — creatura, ein Glied dieser Beziehung, nämlich Gott, nicht mit einem relativem, sondern mit seinem absoluten Sein in diese Beziehung eintritt. Es ist also möglich, daß Seiendes auf Grund seines absoluten Seins in Beziehungen steht.

Wir sahen, daß schon Thomas aus dem einfachen Gegensatz relatio realis — relatio rationis durch die Ausbildung der beiden vermittelnden Begriffe herauszukommen versucht. Wir sehen nun, daß Duns Scotus diese Weiterbildungen noch als unzulänglich ablehnt, um den vollen Begriff der transzendendentalen Relation auszubilden. Mit dieser Lehre des Duns Scotus ist nun in Verfolg der Bestimmung des Aristoteles über Identität und Verschiedenheit das Seinsproblem der Relation endgültig aus dem naiven Gegensatz real — rational herausgedreht und mit dem Problem des transzendentalen Seins verbunden.

136

Diese Relationstheorie des Duns Scotus stellt Ockham vor zwei Probleme.

Das erste Problem ist das Nebeneinander zweier Relationen. Im kreatürlichen Sein liegen eine akzidentale und eine transzendentale Gleichheit nebeneinander. Es ist zu erwarten, daß Ockham, der das Nebeneinander von transzendentaler und akzidentaler Einheit, von transzendentaler und akzidentaler Zahl zum Ausgang seiner Untersuchungen gemacht hatte, sich auch bei dem Nebeneinander von akzidentalen und transzendentalen Relationen nicht beruhigen wird.

Das zweite Problem liegt in der Seinsbestimmung der transzendentalen Relationen als formalen Seins. Ockham läßt zwar die Möglichkeit eines formalen Seins für das göttliche Sein gelten, im Bereich der Kreatur aber lehnt er das formale Sein ab. Diese Ablehnung des formalen Seins in den Kreaturen wird also Ockham zwingen, für die transzendentalen Relationen eine neue Auslegung zu suchen.

§ 35. Petrus Aureolus

Die Meinung des Petrus Aureolus entnehmen wir wieder den entsprechenden Distinktionen des Sentenzenkommentars, also den Distinktionen 30 und 31 des ersten Buches.

Dort bestimmt Petrus Aureolus die Aufgabe dahin, daß die Relation in ihrem eigentlichen Sein bestimmt werden solle, nämlich als Verbindung zweier Relationsglieder, das also, was gewissermaßen mitten inne zwischen den beiden Relationsgliedern steht.

Diese eigentliche Relation hat kein Sein, wenn man von jedem Auffassen, es sei ein denkendes oder ein sinnliches Auffassen, absieht. Ihr Sein besteht vielmehr darin, daß sie in der Seele vorgestellt wird.

In den Dingen gibt es also nur die beiden Relationsglieder. Die Verbindung dagegen, und damit die eigentliche Relation stiftet die erkennende Seele[1].

---

[1] Petrus Aureolus in I. sent d. 30 a. 2, Rom 1596; I, 667, 2, E/F, circa secundum autem considerandum, quod sumendo relationem pro eo, quod dicit formaliter et in recto, videlicet pro habitudine, quae inexistit fundamento, et mediat inter fundamentum et terminum, et quae non est aliud, quam esse.

Daher bestehen die Relationen in diesem Auffassen, genauer bestimmt, in einem Urteil, sofern es als Urteil zwei Dinge zusammenbringt.

Die Ähnlichkeit zweier Farben zum Beispiel besteht in dem Urteil, das diese beiden Farben als gleich zusammenbringt, und die Unähnlichkeit besteht in einem Urteil, das zwei Farben als ungleich auseinander hält[1], [2].

Trotzdem aber sind solche Beziehungen, wenn sie auch in ihrem vollen Sein einen Akt des Intellekts voraussetzen, keine entia rationis im Sinne bloßer Einbildungen, wie etwa ein goldener Berg. Sie können vielmehr in einem gewissen Sinne doch real genannt werden, weil die Dinge selbst dem denkenden Verstand diese Verbindungen vorzeichnen, ihn gewissermaßen zu solchen Vorstellungen nötigen[3].

Die Relationen sind also, ebenso wie die Zahlen, für Aureolus davon abhängig, daß sie wirklich gedacht werden. Sie sind zwar in einem gewissen Sinne der Möglichkeit nach in den Dingen. Sieht man aber vom konkreten Vollzug jeden Auffassens ab (circumscripta omni apprehensione, vgl. die vorige Seite) so haben die Zahlen und die Relationen kein eigentliches Sein.

---

ad aliud et respectus; ipsa quidem, ut sic, non habet esse in rebus circumscripta omni apprehensione intellectiva et sensitiva, sed habet esse in anima objective, ita quod in rebus non sunt nisi fundamenta et termini; habitudo vero et connexio inter illa est ab anima cognitiva.

[1] l. c. I, 677, 4, D: unde non est aliud similitudo inter duas albedines, quam judicium inter eas, sicut per contrarium dissimilitudo est judicium discrepans et diversum.

[2] l. c. I, 714, 2, A/B: similiter etiam relationes istae, ad quas natura ultimate disponit dispositione necessitante intellectum ad reducendum eas in actum dici possunt reales et naturales, praesertim propter differentiam habitudinum aliarum, ad quas non disponit natura, cujusmodi est dextrum in columna, sed manifestum est quod similitudo et aequalitas sunt in natura secundum ultimatam dispositionem intellectum necessitante ad reducendum eas in actum. Non enim potest duas albedines intellectus concipere difformes nec duas lineas bipedales intelligere inaequales, propter hoc similitudo et dissimilitudo sunt proprietates naturales qualitatis, et aequalitas et inaequalitas quantitatis. Ergo nullus negare potest, quin sint relationes naturales.

[3] Vgl. auch I, 670, 1, D.

WILHELM VON OCKHAM

§ 36. Die rationalen Relationen

Versuchen wir zunächst einen ersten Überblick über das Seinsproblem der Relation bei Ockham, so werden wir denselben Ansatz
wie beim Seinsproblem der Einheit und der Zahl erwarten können.
Dort fand Ockham eine doppelte Seinsbestimmung vor. Transzendentale und akzidentale Einheit, transzendentale und akzidentale
Zahl standen nebeneinander. Eine klare Durchführung fand Ockham
bei Thomas vor, und Ockhams Lehre stellt sich demzufolge als eine
Auseinandersetzung mit dem Aquinaten dar.

Bei der Relation findet Ockham dasselbe Nebeneinander, aber
von Duns Scotus vorgetragen. Duns Scotus lehrt, wie wir gesehen
haben, die Unterscheidung der realen Relationen in akzidentale
Relationen, bei denen ein realer Unterschied zwischen Relation
und Fundament besteht, und in transzendentale Relationen, bei
denen nur ein formaler Unterschied besteht. Ockhams Relationstheorie wird sich uns darstellen als eine Auseinandersetzung mit
diesem doppelten Seinsansatz der Relation, er wird wie bei der Einheit und der Zahl nachweisen, daß ein solcher doppelter Seinsansatz
unmöglich und unnötig ist, daß es vielmehr möglich ist, alle Relationen seinsmäßig als transzendentale Relationen aufzufassen. Die
rationalen Relationen bleiben als solche bestehen, ihr Begriff wird
aber im Sinn der schon von Duns Scotus begonnenen Entwicklung
auf die ursprüngliche Bedeutung von ens rationis zurückgedrängt.

Demzufolge werden wir zunächst den Begriff der rationalen
Relationen betrachten (§ 36). Wir werden dann die Auseinandersetzung mit Duns Scotus über den doppelten Seinsansatz der Relation verfolgen (§ 37) und schließlich sehen, wie Ockham in den
transzendentalen Relationen die eigentliche Bewährung seiner
Relationslehre findet (§ 38). In den § 39—41 werden wir noch einige
Sonderprobleme behandeln.

Wir haben gesehen, daß schon Plotin zwischen realen und rationalen Relationen unterschied. Sind die Relationen real, so bestehen
sie in den Dingen selbst; sind sie rational, so sind sie von den Menschen in die Dinge hineingelegt.

Wir sahen, daß Thomas mit diesem so einleuchtend klingenden Gegensatz Schwierigkeiten bekam. Er mußte die Beziehungen Gottes zur Welt und die Beziehungen der Gleichheit und Ähnlichkeit der göttlichen Personen als rationale Relationen ansetzen, obwohl er doch gewiß nicht sagen wollte, diese Beziehungen seien erst von den Menschen in das göttliche Sein hineingetragen.

Duns Scotus erkennt die Schwäche dieser Aufstellungen, er bildet für diese Probleme den Begriff des formalen Seins aus, und faßt nun auf der anderen Seite unter den Begriff der rationalen Relationen nur noch solche Relationen, die ihre Existenz einer Tätigkeit des Denkens oder, wie er hinzufügt, des Wollens verdanken.

Ockham macht gegen diesen Begriff der relatio rationis von vorneherein Bedenken geltend[1]. Er hält ihn nicht für einen sehr glücklichen Begriff, und weist auch darauf hin, daß Aristoteles selbst nicht von solchen rationalen Relationen spricht. Soll dieser Begriff weiter benutzt werden, da er nun einmal eine so allgemeine Anerkennung gefunden hat, so muß er wenigstens scharf bestimmt werden.

Die Bestimmung Ockhams geht dahin, daß als rationale Beziehungen, als relationes rationis, nur solche Beziehungen zu betrachten seien, die den Vollzug einer Tätigkeit eines Verstandes notwendig voraussetzen.

Betrachten wir zunächst die konkreten Fälle, an denen Ockham seine Bestimmung erläutert.

Ockham zieht als erstes das Subjekt-Prädikat-Verhältnis heran. Sage ich zum Beispiel: Der Breisgau ist fruchtbar, so ist der Breisgau das Subjekt für das Prädikat fruchtbar und fruchtbar ist das Prädikat für Subjekt Breisgau. Diese gegenseitige Beziehung bezeichnet Ockham als eine rationale Relation[2]. Was Ockham hier meint, macht er dadurch deutlich, daß er auch die falschen Urteile heranzieht. Sage ich: Der Breisgau ist eine Wüste, so ist das Urteil

---

[1] I d. 30, q. 5 H; S. 189: quamvis relatio rationis non sit vocabulum multum philosophicum, nec memini me illud vocabulum legisse in philosophia Aristotelis, tamen propter communia dicta aliquo modo salvanda.

[2] I d. 30, q. 5 H; S. 190: nihil est subjectum nec praedicatum sine operatione intellectus. Ideo istae relationes dicuntur relationes rationis.

gewiß nicht wahr, und doch sind der Breisgau und die Wüste als Subjekt und Prädikat aufeinander bezogen. Was hier gemeint ist, ist also das Urteilen als ein an sich ganz willkürliches Handeln, das von zwei ganz beliebigen Begriffen sagen kann: A ist B. [1]

Als weitere Art der rationalen Relationen führt Ockham die Beziehung eines Namens zum Genannten an. Diese Beziehung ist erst durch den Verstand hergestellt, der etwa dieser Landschaft den Namen Breisgau gegeben hat. Hier handelt es sich also um eine Beziehung, die durch den Verstand völlig willkürlich hergestellt wird oder, wie wir heute etwas vorsichtiger sagen würden, hergestellt werden kann [2].

Als dritte Art erwähnt Ockham die Beziehung der Münze zur Ware. Dies wird am deutlichsten am Papiergeld. Daß ich mir für einen Zwanzigmarkschein ein Paar Schneeschuhe kaufen kann, setzt eine Reihe von Anordnungen voraus, zum Beispiel das Geldwesen des deutschen Reiches, Anordnungen also, die willkürlich sind und auch anders hätten getroffen werden können. Es ist schließlich auch nichts anderes, wenn ich mir das Paar Schneeschuhe für 4 Fünfmarkstücke kaufe. Zwar liegt hier noch ein echter Tausch von Silber gegen Schneeschuhe zugrunde, aber die eigentliche Münze ist, in einem festen Staatswesen, nicht das Silber, sondern die Prägung. Die Aufprägung »Deutsches Reich 5 Mark« ist es, die es macht, daß ich mir für 4 solcher Stücke ein Paar Schneeschuhe kaufen kann.

Die Beziehung der Münze zur Ware ist dann aber wieder der Ausfluß einer Reihe von Anordnungen, die auch anders hätten

---

[1] I d. 30, q. 5 F; S. 186 f.: Si dicatur quod una comparatio est vera et alia erit falsa, et ideo unam consequitur respectus rationis, qui aliam non consequitur. Hoc non sufficit, quia respectus rationis ita consequitur comparationem falsam sicut veram. Unde, quamvis comparatio, qua intellectus comparat asinum ad hominem, dicendo asinum esse hominem sit falsa, et comparatio, qua comparat Socratem ad hominem dicendo Socratem esse hominem sit vera, tamen secundum eos ita consequitur respectus rationis asinum propter talem comparationem, sicut consequitur Socratem.

[2] I d. 30, q. 5 H; S. 190: similiter, quia vox non significat rem nisi per institutionem, quae est operatio intellectus ita quod si numquam fuisset per intellectum instituta non significaret, ideo ista significatio potest dici relatio rationis.

getroffen werden können. Früher zum Beispiel waren die Fünfmarkstücke größer, sie enthielten also mehr Silber, und doch sichert derselbe Aufdruck dieselbe Geltung.

Die Beziehung der Münze zur Ware also beruht auf einer willkürlichen Festsetzung und kann deshalb eine rationale Relation genannt werden[1]. Das Verhältnis der Münze zur Ware ist in diesem Zusammenhang übrigens ein altes Beispiel.

Als das wesentliche Merkmal dieser rationalen Relationen ergibt sich also für Ockham, daß sie auf einer willkürlichen Einsetzung beruhen. Diese willkürliche Einsetzung ist entweder selbst eine Tätigkeit des Verstandes, oder sie setzt einen oder mehrere Akte des Verstandes voraus, ist also, wie beim Münzwesen, ein verständiges Handeln.

Demgemäß bestimmt Ockham: quando sine operatione intellectus res non est talis, qualis denotatur esse per relationem vel per concretum relationis, tunc est relatio rationis[2].

Ockham versteht also unter einer rationalen Relation nicht nur eine solche Relation, die nur besteht, wenn sie vorgestellt wird, sondern allgemeiner jede Relation, die erst durch eine Tätigkeit des Verstandes entstanden ist. Unsere Landschaft heißt nicht nur dann Breisgau, wenn sie unter diesem Namen von einem Menschen vorgestellt wird, sondern sie heißt, nachdem ihr dieser Name einmal gegeben ist, beständig so, mag sie nun unter diesem Namen vorgestellt sein oder nicht. Also bestehen für Ockham nicht einmal die rationalen Relationen in ihrem Vorgestelltsein, sie setzen nur für ihre Begründung eine Tätigkeit des Verstandes voraus.

Im Gegensatz zu diesen auf eine willkürliche Einsetzung zurückgehenden rationalen Beziehungen nennt Ockham alle diejenigen Beziehungen real, die in ihrem Bestand und in ihrer Begründung nicht auf eine Tätigkeit des Verstandes angewiesen sind[3].

---

[1] I d. 30, q. 5 H; S. 190: Similiter, quia nummus non est pretium nisi propter voluntarium institutionem, quam praecedit actus intellectus, ideo potest dici respectus rationis.

[2] I d. 30, q. 5 H; S. 190.

[3] I d. 30, q. 5 H; potest dici, quod relatio realis distinguitur a relatione rationis per hoc, quod quando sine operatione intellectus res non est talis, qualis denotatur esse per relationem vel per concretum relationis, tunc

Die realen Relationen werden also negativ bestimmt. Real ist eine Relation nicht dann, wenn sie ein Akzidens ist, sondern wenn sie von einer Tätigkeit des Verstandes unabhängig ist.

§ 37. Die kategorialen Relationen

Wir haben bereits gesehen, daß die Relationstheorie Ockhams auf eine Auseinandersetzung mit Duns Scotus hinauslaufen wird, weil Duns Scotus nicht nur den Unterschied zwischen akzidentaler und transzendentaler Relation völlig klar herausgestellt hat, sondern weil er auch den Begriff der akzidentalen Relation durch den realen Unterschied zwischen Relation und Fundament zum erstenmal so klar bestimmt, daß eine Auseinandersetzung mit dieser Meinung möglich ist. Demgemäß ist I d. 30 q. 1, wo Ockham thematisch die Frage nach dem Sein der Relation stellt, aufgebaut als eine Auseinandersetzung mit Duns Scotus.

Ockham gibt nach dem üblichen pro und contra ein 87 Zeilen umfassendes Referat über die thematische Stelle des Duns Scotus op. ox. II d. 1 q. 4. Ein solcher Bericht ist, wie wir im ersten Teil schon wiederholt sahen, so aufgebaut, daß Ockham einer längeren Untersuchung in der Weise folgt, daß er die wichtigsten Stellen teils wörtlich zitierend, teils frei zusammenfassend heraushebt. Dieser den Anfang von Ockhams Untersuchung bildende Bericht wird in der Quästion selbst durch eine ganze Reihe weiterer Zitate ergänzt.

Ockham bringt nach dieser Wiedergabe der Meinung des Duns Scotus die Gründe vor, die gegen diese Auffassung sprechen; es folgt dann die Darstellung der eignen Meinung. Den Schluß bildet die Auseinandersetzung mit den von Duns Scotus selbst angeführten Gründen, die Ockham Argument für Argument durchgeht.

Wir wollen uns von diesem Aufbau freimachen und aus der hin und her gehenden Erörterung nur diejenigen Gesichtspunkte dar-

est relatio rationis . . . Sed quando res est talis, qualis denotatur esse per relationem vel per concretum relationis sine omni operatione intellectus, ita, quod operatio intellectus nihil facit ad hoc, tunc potest dici relatio realis modo supra exposito.

stellen, die entweder noch heute erwägenswert sind, oder die für die Scholastik besonders charakteristisch sind.

Ockham diskutiert im wesentlichen vier Gruppen von Relationen: 1. die transzendentalen Relationen, etwa die Verschiedenheit, 2. die arithmetischen Verhältnisse, 3. die Gleichheit und die Ähnlichkeit (diese beiden Gruppen also die Beziehungen der ersten Klasse), 4. die dynamischen Relationen, also die Beziehungen der zweiten Klasse. Die Beziehungen der dritten Klasse dagegen treten bis auf eine kurze Erwähnung ganz zurück.

Auf die transzendentalen Beziehungen werden wir im nächsten Paragraphen eingehen. Auf die Behandlung der arithmetischen Verhältnisse können wir verzichten, da sie aufs engste mit den Zahlen zusammenhängen, und von Ockham auch unter diesem Gesichtspunkt behandelt werden. Wir können also unsere Untersuchung auf die Ähnlichkeit — die Gleichheit bietet grundsätzlich nichts anderes — und auf die dynamischen Beziehungen der zweiten Klasse zusammenfassen.

Beginnen wir mit der Ähnlichkeit, so wird also die Frage dahin gehen, ob wirklich, wie Duns Scotus gelehrt hatte, bei der Ähnlichkeit die Beziehung als solche von ihrem Fundament real unterschieden sei. Hier wird sich zunächst die Frage nach einem Kriterium erheben. Woran können wir erkennen, ob eine reale Verschiedenheit vorliegt?

Als Kriterium bietet sich die Trennbarkeit dar und zwar zunächst die Trennbarkeit im eigentlichen Sinne. Zwei Dinge, die unabhängig voneinander existieren, sind real voneinander verschieden. So sind zwei Tiere real unterschieden.

Diese Trennbarkeit im eigentlichen Sinne liegt bei der Ähnlichkeit nicht vor. Man kann die Ähnlichkeit von dem ähnlichen Ding nicht so trennen, daß hier die Ähnlichkeit ist und dort das Ding.

Wenn nun von Trennbarkeit in diesem eigentlichen Sinne keine Rede sein kann, so liegt doch vielleicht eine Trennbarkeit in dem Sinne vor, daß das Ding für sich selbst mit und ohne Ähnlichkeit existieren kann. In diesem Sinne wird der reale Unterschied zwischen der Substanz und den Qualitäten zunächst deshalb angesetzt, weil

144

eine Substanz als beständiger Träger die Qualitäten als wechselnde Bestimmungen erhalten und verlieren kann.

In diesem Sinne hatte Duns Scotus die Ähnlichkeit als eine trennbare Bestimmung aufgefaßt und daraus den realen Unterschied zwischen der Ähnlichkeit und dem Fundament abgeleitet. Ockham erkennt dies der Scholastik gemeinsame Argument — Trennbarkeit begründet reale Verschiedenheit — durchaus an. Er gibt es in der Formulierung des Duns Scotus wörtlich wieder und bemerkt ausdrücklich, daß er ihm zustimme[1].

Die Frage ist, so sagt Ockham, ob wirklich die Ähnlichkeit eine trennbare Bestimmung ist.

Der traditionelle Ansatz betrachtet die Ähnlichkeit als Bestimmung eines Dinges, die Ähnlichkeit des Sokrates mit Plato (sie sind beide weiße Menschen) als eine, wenn auch relative Eigenschaft des Sokrates. Man erhält so zwei Eigenschaften, die Ähnlichkeit in Sokrates und die Ähnlichkeit in Plato.

So betrachtet erscheint allerdings die Ähnlichkeit als eine wechselnde Bestimmung. Der Fehler liegt aber in der Betrachtungsweise. Von Ähnlichkeit zu reden, hat nur Sinn, wenn man Sokrates und Plato zusammen betrachtet. In allen Erörterungen, die Ockham über die Relation durchführt, ist es immer wieder sein Ziel, seine Hörer und Leser auf diesen Grundgedanken hinzuführen: Ähnlichkeit ist nicht eine Bestimmung eines Dinges, sondern Ähnlichkeit ist eine Bestimmung zweier Dinge.

Betrachtet man nämlich Sokrates und Plato zusammen, dann ist die Ähnlichkeit eine Bestimmung, die auf keine Weise aufgehoben oder abgetrennt werden kann. Ist Sokrates weiß und ist Plato weiß, so sind sie beide einander ähnlich. Nicht einmal Gottes Allmacht kann bewirken, daß zwei weiße Menschen nicht auch ähnlich seien[2].

---

[1] I d. 30, q. 1; nach op. ox. II d. 1, q. 4: nihil est idem realiter A sine quo A potest esse realiter sine contradictione. Sed multae relationes sunt, sine quibus fundamenta possunt esse sine contradictione; ergo etc. Major probatur multipliciter, quas probationes dimitto, quia reputo eas concludere.

[2] I d. 30, q. 1: secundum istos Deus potest facere omne absolutum sine omni posteriori; ergo eadem ratione poterit Deus facere duo alba sine omni posteriori; ergo sine omni tali relatione. Et tamen illa erunt similia; ergo similitudo non est talis alia res.

Damit entfällt nun auch das entscheidende Argument des Duns Scotus. Er hatte geschlossen: Weil die Ähnlichkeit von ihrem Fundament trennbar ist, ist sie von diesem Fundament real verschieden.

Ockham schließt nun umgekehrt: Weil die Relation nicht von ihrem Fundament, genauer von ihren Fundamenten trennbar ist, kann sie von diesem Fundament nicht real verschieden sein.

Es muß allerdings nicht nur die Antwort, es muß die ganze Fragestellung geändert werden. Wenn ich frage, ob die Relation von ihrem Fundament real verschieden oder ob sie mit ihrem Fundament real identisch sei und die Untersuchung nur auf diese beiden Antworten hinführe, mit der Erwartung, daß eine von ihnen richtig sein muß, dann ist schon alles verdorben. Aristoteles jedenfalls hat den Begriff des Fundamentes einer Relation, und damit die Frage nach der realen Verschiedenheit oder Identität zwischen Fundament und Relation gar nicht gekannt[1].

Die Fragestellung ist deshalb nicht richtig, weil die Relation nicht ein Fundament hat, sondern weil sie zwei Fundamente hat. Relationen sind Begriffe, die stets mehrere Dinge, und also stets mindestens zwei Dinge meinen[2].

Man muß also, darum dreht sich alles, vom Begriff der relativen Eigenschaft als Bestimmung eines Dinges zum Begriff der Relation als Bestimmung zweier Dinge übergehen.

Eine Ähnlichkeit ist, das Problem auf die knappste Form gebracht, nicht ein Ding, sondern zwei Dinge[3].

Ockham wehrt sich deshalb ausdrücklich dagegen, daß man ihm,

---

[1] I d. 30, q. 3: Dico tamen, quod non est modus loquendi philosophi vocare illud, quod refertur, fundamentum, quia relatio non fundatur in illo sicut reale in reali, sed tantum secundum se est quoddam denominabile et ut frequenter quasi denominatione quadam extrinseca.

[2] I d. 30, q. 1: sed dico, quod relatio non est fundamentum, sed tantum intentio et conceptus in anima importans plura absoluta, vel est plura absoluta, sicut populus est plures homines. I d. 31: (aequalitas) significat plures res, nec potest aliquo modo pro aliqua una re supponere.

[3] I d. 30, q. 5: alio modo, quod dicatur relatio realis, non quia est una res, sed quia est multae res. I d. 30, q. 3: duo similia sunt similitudo.

146

weil er die Lehre vom realen Unterschied bekämpft, die Lehre von der realen Identität zuschreibt[1].

Es ist nun freilich nicht so, daß dieser Unterschied zwischen einer relativen Eigenschaft als Bestimmung eines Dinges und der Relation selbst als Bestimmung zweier Dinge noch niemals bemerkt worden wäre. Schon Simplicius berichtet von Diskussionen um die Probleme[2], und Duns Scotus weist ausdrücklich auf den Unterschied hin[3].

Ockham aber ist derjenige, der diese Bestimmung — die Relation betrifft nicht ein Ding, sondern sie betrifft viele Dinge — zum Ausgangspunkt der ontologischen Erwägungen macht.

Alle seine Argumente sind immer neue Versuche, auf dasselbe Problem hinzuführen.

Wir haben eingangs schon das Argument berührt, daß nicht einmal Gott von zwei Dingen die Ähnlichkeit abheben kann. Es wird also sofort die Zweiheit in den Vordergrund gestellt.

In der dritten Quästion unserer Distinktion untersucht Ockham die Frage, welchen Standpunkt Aristoteles eingenommen habe. Er kommt zu dem Ergebnis, daß Aristoteles nur die Substanz und die Qualität als ein absolutes Sein aufgefaßt habe[4]. Die Untersuchung dreht sich im wesentlichen um Physik V, 2, die, wie Ockham sagt[5], gewöhnlich angerufene Stelle.

Aristoteles fragt hier nach den möglichen Arten der Bewegung. Er prüft dazu die Kategorien der Reihe nach durch und kommt zu dem Ergebnis, daß es nur inbezug auf drei Kategorien — quantum, quale und ubi — Bewegung geben könne. In den anderen Kategorien gibt es keine Bewegung, insbesondere also auch nicht bei der Relation[6].

---

[1] I d. 30, q. 1: et ideo non pono, quod relatio est idem realiter cum fundamento.

[2] Simplicius com. in cat. S. 159/161.

[3] Duns Scotus quaest. subt. in met. V, 11; 7, 268 b: relatio consideratur uno modo, ut est quoddam intervallum et quoddam medium; alio modo ut fundata in extremis.

[4] I d. 30, q. 3.

[5] I d. 30, q. 3: auctoritas communiter allegata.

[6] Aristoteles Physik V, 2; 225^b 10.

Aristoteles begründete dies, indem er darauf hinweist, daß ein Ding eine Ähnlichkeit dadurch erhalten kann, daß ein anderes sich ändert, ohne daß im ersten Ding irgend eine Veränderung vor sich gehe[1].

Es ist ohne weiteres klar, daß diese Stelle für die Seinsbestimmung der Relation eine große Bedeutung hat. Kann ein Ding die Ähnlichkeit erhalten, ohne daß in dem Ding selbst eine Änderung vorgeht, so kann die Ähnlichkeit gewiß kein in diesem Ding existierendes absolutes Akzidens sein[2].

Jede Auffassung also, die die Relation, insbesondere die Ähnlichkeit, als ein absolutes Akzidens auffassen will, muß diese an sich klaren Bestimmungen des Aristoteles weginterpretieren. Mit einer solchen Interpretation hat schon Simplicius den Anfang gemacht[3], und Duns Scotus hat dies in einer wenig glücklichen Weise fortgesetzt[4].

Umgekehrt werden alle Untersuchungen, die das akzidentale Sein der Relationen bestreiten wollen, in besonderem Maße auf diese Stelle zurückgreifen. Es ist daher verständlich, daß Suarez für seine Auslegung der Relationstheorie des Aquinaten gerade den Kommentar des Aquinaten zu dieser Stelle heranzieht. Petrus Aureolus stützt seine Relationstheorie im wesentlichen auf diese Stelle, und auch Ockham widmet dem Argument eine ausführliche Untersuchung (I d. 30 q. 3).

Auch dies Argument geht davon aus, und Ockham holt diesen Gesichtspunkt ganz besonders heraus, daß für eine Relation zwei Dinge notwendig sind.

Auch eine weitere Betrachtung führt auf dasselbe Ziel.

Sind nämlich die Beziehungen nicht real von den bezogenen Dingen zu trennen, so bestände doch vielleicht die Möglichkeit, daß sie wenigstens für sich gedacht werden könnten. Wenn dies auch kein Beweis für die selbständige Realität der Relationen wäre, so wäre es doch wenigstens eine notwendige Voraussetzung. Dinge,

---

[1] Aristoteles Physik V, 2; 225^b 11.
[2] Ockham I d. 30, q. 3.
[3] Simplicius com. in cat. S. 171—172.
[4] Duns Scotus op. ox. II d. 1, q. 4; 10, 11b—112a.

die voneinander real verschieden sein sollen, müssen, wenn sie schon nicht für sich allein existieren können, so doch zum mindesten für sich allein gedacht werden können.

Aber nicht einmal dies ist bei den Relationen der Fall. Wäre nämlich eine Relation von ihrem Fundament real verschieden, so müßten etwa bei einer Ähnlichkeit zwischen Sokrates und Plato, vier voneinander real verschiedene Dinge existieren, Sokrates, Plato, die Ähnlichkeit in Sokrates und die Ähnlichkeit in Plato.

Es müßte sich also diese Ähnlichkeit in Sokrates denken lassen, ohne daß irgend ein anderes absolutes Sein mitgedacht würde. Dies erweist sich aber als unmöglich. In dem Begriff »Ähnlichkeit des Sokrates« ist vielmehr wesensmäßig auch der Term dieser Beziehung eingeschlossen, ist also eingeschlossen die Bestimmung »ähnlich mit Plato«. Ohne einen solchen Term ist die Ähnlichkeit als konkrete Beziehung gar nicht denkbar.

Da eine solche relative Bestimmung nicht einmal für sich denkbar ist, so erfüllt sie nicht einmal die notwendige Voraussetzung für ein absolutes Sein.

Auch dies Argument hat wieder das Ziel, die Aufmerksamkeit darauf zu lenken, daß eine Relation sich immer auf zwei Dingen aufbaut. Eine Relation als Bestimmung eines Dinges kann nicht nur nicht sein, sie kann nicht einmal gedacht werden. Wenn Ähnlichkeit auch nur gedacht wird, so werden sofort zwei Dinge gedacht, die einander ähnlich sind[1].

Ein weiteres Argument geht aus von den Schwierigkeiten, die sich ergaben, wenn man den Akzidenscharakter einer Relation durchdenkt. Ohne Zweifel stiftet die Relation in irgend einer Weise eine Verbindung. Wie aber kann sie verbinden, wenn sie ein wirkliches Akzidens sein soll? Ein Akzidens muß immer an ein bestimmtes Substrat gebunden sein, in dem es existiert. Verbinden aber kann es doch wohl nur, wenn es gewissermaßen mit einem Fuß in einem

---

[1] I d. 30, q. 1 E: omnis res realiter distincta ab alia re potest intelligi illa alia non intellecta. Et maxime, si neutra illarum rerum sit pars alterius. Sed impossibile est aliquam rem quae sit relatio, intelligi sine omni alia re; ergo etc.

und mit dem anderen Fuß im anderen Substrat steht. Eine solche Vorstellung aber ist mit dem scholastischen Begriff eines Akzidens unverträglich[1].

Wir fanden dies Problem des Akzidenscharakters ja auch schon bei der Zahl. Dort fragte Ockham: Wo ist eigentlich die Zwei, wenn sie ein Akzidens ist? Hier fragt er: Wo ist die Relation, wenn sie ein Akzidens ist?

Ein weiteres Argument ergibt sich wie schon bei den Zahlen aus der entstehenden Seinsfülle.

Wenn jedes Ding für jede Gleichheit und jede Ähnlichkeit mit jedem anderen in der Welt existierenden Ding ein absolutes Akzidens erhalten soll, dann müssen sich diese Akzidenzen zu einer erstaunlichen Fülle in jedem einzelnen Ding häufen.

Die Häufung muß in jedem einzelnen Ding ins Unendliche gehen. Erwägt man nämlich, daß zwei Ähnlichkeiten wieder einander ähnlich sind, so müssen, wenn die Ähnlichkeit in einem absoluten Akzidens besteht, auch diese beiden Ähnlichkeiten ihre Ähnlichkeit als ein neues absolutes Akzidens tragen. Diese neue Ähnlichkeit ist aber wieder ähnlich und so fort ins Unendliche[2].

Fassen wir diese Betrachtungen über die Ähnlichkeit noch einmal zusammen, so wendet sich Ockham gegen die Meinung des Duns Scotus, daß zwischen der Ähnlichkeit und ihrem Fundament ein realer Unterschied besteht, daß also die Ähnlichkeit als ein selbständiges absolutes Sein vom absoluten Sein der Substanzen und der Qualitäten verschieden ist[3].

Eine solche Relation wird gewissermaßen als eine Zugabe aufgefaßt, die als selbständiges Sein zu den schon existierenden Substanzen und Qualitäten hinzutritt.

Man entgeht dieser unrichtigen Auffassung, sagt Ockham, nicht

---

[1] I d. 30, q. 1: Sed similitudo Socratis ad Platonem non est subjective in Platone, nec est in Socrate. manifestum est; ergo nullibi subjective.

[2] I d. 30, q. 1: si Socrates est similis Platoni; ergo illa similitudo est similis isti similitudini, et eadem ratione illa secunda similitudo est similis alteri similitudini et sic est processus in infinitum.

[3] I d. 30, q. 1: relatio est alia res ab omni re absoluta et ab omnibus absolutis ... sicut substantia et qualitas sunt res distinctae ... substantia et relatio sunt distinctae res realiter, et neutra est de essentia alterius.

150

dadurch, daß man den realen Unterschied zwischen Relation und Fundament bestreitet und dafür die reale Identität behauptet. Die Frage als solche ist schon falsch gestellt. Eine Relation ist niemals die Bestimmung eines Dinges, sondern stets die Bestimmung mindestens zweier Dinge. In der Relation steckt eine ursprüngliche Vielheit, und Ockham vergleicht daher die Relationen immer wieder mit solchen Begriffen wie Volk und Heer. Ebensowenig wie man sagen kann, ein Mensch ist ein Volk, ebensowenig kann man sagen: ein Ding ist eine Ähnlichkeit. Den eigentlichen ontologischen Sinn dieses Ansatzes werden wir im dritten Teil zu klären versuchen.

Von den Relationen der zweiten Klasse sind bei weitem die wichtigsten die kausalen Relationen, da alle anderen Beziehungen, — wie etwa die Beziehung Vater — Sohn — soweit sie zur zweiten Klasse gerechnet werden, auf Kausalrelationen zurückgehen. Für das Problem der Kausalität müssen wir uns freilich vor Augen halten, daß die aristotelische Kosmologie, um die es sich hier handelt, und die moderne Naturwissenschaft zwar beide von der Natur handeln, aber unter ganz verschiedenen Gesichtspunkten. Die Argumente Ockhams sind daher erst verständlich, wenn sie unter den Gesichtspunkten der aristotelischen Kosmologie anschaulich erfüllt werden.

Wenn wir heute von Kausalität sprechen, so denken wir zunächst an mechanische Vorgänge, etwa an den Stoß fester Körper gegeneinander oder an die Anziehung der Körper untereinander. Die Erde ist die Ursache dafür, daß der Apfel fällt, und diese Erde als die Ursache des fallenden Apfels ist für uns das Urbild für den Begriff der Ursache.

Für die Alten dagegen ist es die Sonne, die allem, was auf dieser Welt lebt, das Leben spendet. Diese erwärmende und lebenspendende Sonne ist für die Alten das Urbild der Ursache.

So wird die Erwärmung gesehen zunächst am Verhältnis der Sonne zu dem auf der Erde Lebenden, dann erst als das Verhältnis etwa des irdischen Feuers zu den anderen Dingen der Welt. Auch hier müssen wir uns von unseren heutigen Anschauungen frei halten. Für uns schickt die Sonne einen bestimmten Teil ihrer Energien auf die Erde hinunter. Jede Erwärmung bedeutet den

Übergang einer bestimmten Quantität Energie von einem Körper auf den andern. Die Sonne gibt und verliert, die Erde nimmt und gewinnt.

Eine solche Energieübertragung ist auf dem Boden der aristotelischen Kosmologie unvorstellbar. Das würde ja bedeuten, daß ein Akzidens von einer Substanz in eine andere Substanz wandert, und dies ist für Aristoteles, wie für die Scholastik, wie übrigens auch noch für Leibniz, eine durchaus unmögliche Vorstellung.

Erwärmung bedeutet vielmehr, daß die Sonne einen irdischen Körper aus der Potenz in den Akt führt. Die Sonne hebt den kalten Körper auf ihre eigne Stufe des Warmseins, sie zieht den kalten Körper gewissermaßen an sich heran.

Auf dem Boden dieser Vorstellung wird nun die Erwärmung als eine Beziehung aufgefaßt. Die Sonne wärmt, der Mensch, das Tier, der Stein wird erwärmt.

Die Frage geht nun dahin, wie dieser Bezug der Sonne auf die irdischen Dinge seinsmäßig zu bestimmen sei.

Wird im Sinn des Duns Scotus für die Relationen der zweiten Klasse ein realer Unterschied zwischen Relation und Fundament festgestellt, die Relation also als ein absolutes, von allem anderen absoluten Sein verschiedenes Sein aufgefaßt, so muß auch das Erwärmen, und dann auch das Erwärmenkönnen ein solches absolutes Akzidens der Sonne sein.

Eine solche Annahme nun widerstreitet, wie Ockham zeigt, grundlegenden Voraussetzungen der aristotelischen Kosmologie. Die wärmende Sonne als Ursache der qualitativen Veränderungen der Erde erweist sich nämlich als ein besonderer Fall des unbewegten Bewegers. Aristoteles kennt nur vier mögliche Formen der Veränderung: die eigentliche lokale Bewegung, die quantitative Veränderung, die qualitative Veränderung und das substantielle Werden und Vergehen.

Von diesen möglichen Veränderungen nun ist die Sonne nur der lokalen Bewegung unterworfen, und auch hier nur der »besten«, der ewigen und unwandelbaren Kreisbewegung. Dagegen kann die Sonne weder entstehen noch vergehen, noch größer oder kleiner

152

werden, noch irgend welche qualitative Veränderungen erleiden, etwa wärmer oder kälter werden. Unberührt vom quantitiven und qualitativen Fluß des sublunarischen Lebens zieht die Sonne ihre ewige und unveränderliche Bahn.

Würde man aber, so argumentiert Ockham, das Ursache-Sein der wärmenden Sonne als ein absolutes Akzidens ansetzen, dann würde man den sublunarischen Wechsel in die Sonne hineintragen. Jeden Morgen beginnt die Sonne von Neuem zu wärmen, und jeden Abend hört sie mit der Erwärmung auf. Es ist hier ja nicht allgemein etwa an die Erwärmung der ganzen Erde durch die Sonne gedacht, sondern an die Erwärmung eines konkreten Dinges, etwa dieses Steines, der am Tage erwärmt wird und in der Nacht der Erwärmung entbehren muß.

Wäre also jedes Verursachen als Beziehung ein solches Akzidens, dann müßten solche Akzidenzen beständig in der Sonne wechseln, und ein solcher qualitativer beständiger Wechsel in der Sonne ist eben in der aristotelischen Kosmologie unmöglich[1].

Aber auch die Existenz eines Aktual-Unendlichen würde aus einer solchen Auffassung der Relation als eines absoluten Akzidens folgen. Aristoteles setzt nicht nur das Wärmen, sondern auch das Wärmenkönnen als eine Beziehung an. Nun lehrt aber Aristoteles den ewigen Bestand der Welt und insbesondere der Sonne. Die Sonne wird also stets die Erde erwärmen, sie wird also an unendlich vielen Tagen Wärme spenden, und sie muß also in Beziehung auf jeden der unendlich vielen möglichen Tage wärmen können[2]. Ist nun jedes Wärmenkönnen ein absolutes Akzidens, dann trägt die Sonne

---

[1] I d. 30, q. 1: Praeterea sequeretur istud absurdum, quod quodlibet agens creatum, quandocumque aliquid causaret, quod necessario primo mutaretur et moveretur ad aliquam veram rem positivam, et ita quandocumque sol calefaceret ista inferiora, oporteret, quod reciperet de novo tot res novas, quot res calefacit.

[2] I d. 30, q. 3: secundum principia philosophi esset concedendum, quod in sole et in quolibet corpore coelesti sunt actualiter res infinitae, quia secundum principia philosophi mundus durabit in infinitum et sol causabit successive infinitos calores in istis inferioribus; ergo secundum principia ejus sol calefactivus infinitorum calefactibilium et causativus infinitorum calorum; ergo si respectu cujuslibet habet talem rem aliam, vere erunt in sole actualiter infinitae res.

unendlich viele Akzidenzen in sich, und es gäbe also ein Aktual-Unendliches.

Aber auch in einer anderen Weise würde sich ein Regreß ins Unendliche ergeben. Hier entwickelt Ockham im Anschluß an Duns Scotus einen Gedankengang, der von den speziellen Voraussetzungen der aristotelischen Kosmologie unabhängig ist.

Duns Scotus hatte geschlossen: Wenn das Geschaffensein ein absolutes Akzidens ist, so muß dies Geschaffensein selbst geschaffensein, also ein absolutes Akzidens haben, und so fort.

Ockham führt diesen Gedanken für das allgemeine Problem der Veränderung (mutatio) durch[1], wir können ihn auf den Begriff der Ursache konkretisieren.

Wenn nämlich das Ursache-sein ein absolutes Azidens ist, so hat es als absolutes Sein selbst entweder eine Ursache oder es hat keine Ursache. Jedes endliche Sein muß aber eine Ursache haben. Also muß das absolute Sein der Ursache selbst wieder verursacht sein, dies kann aber nur geschehen durch ein absolutes Akzidens, dies muß wieder eine Ursache haben, und so fort ins Unendliche.

Wir sahen bei der Quantität, daß es Ockhams Ziel war, jedes quantitative Sein als ein transzendentales Sein aufzufassen. Wir konnten deshalb dasselbe Bestreben auch bei der Relation erwarten. Hier beim Problem der Ursache, erhalten wir zum erstenmal einen deutlichen Einblick in den eigentlichen Sinn dieser Bemühungen.

Es lag in der Bestimmung der transzendentalen Einheit bei Aristoteles, daß ein Seiendes seine Einheit nicht als Zugabe zu einem sonstigen Bestand erhält, sondern daß ein Seiendes aus diesem seinem Sein selbst heraus auch zugleich seine Einheit ist.

Wir stehen vor der Frage: Was bedeutet es für die Sonne, daß sie die irdischen Dinge wärmt? Was bedeutet diese Wirksamkeit für die Sonne, und was bedeutet also allgemeiner für ein Seiendes seine Wirksamkeit?

Für Duns Scotus war die Bestimmung der Sonne als ein Wirkendes, also die Bestimmung der Sonne als Ursache real von der Sonne unterschieden, war eine res addita. Dies Wirken der Sonne wird also als

---

[1] I d. 30, q. 3: Sed si mutatio esset alia res, vere ad mutationem esset mutatio, quia vere subjectum recipiens illam rem aliter se haberet nunc quam prius.

eine Zugabe aufgefaßt, die der Sonne zu einem Grundbestand
hinzukommt.

Wenn umgekehrt diese Auffassung des Wirkens als einer Zugabe
bestritten wird, dann wird die Wirkung, der Auffassung der Einheit
entsprechend, offenbar so aufgefaßt, daß das Sein der Sonne schon
ihre Wirkung ist. Die Sonne als Seiendes wirkt zugleich in ihrem
Sein und durch ihr Sein.

In verstärktem Maße gilt dies dann von den sublunarischen Ursachen. Das Feuer, so sagt Ockham, ist nicht Etwas und hat dann
seine Wirksamkeit noch als Zugabe, es ist nicht warm und hat dann
das Wärmen noch als Zugabe, aus seinem Sein vielmehr und durch
sein Sein wirkt es auch [1].

§ 38. Die transzendentalen Relationen

Ockhams Lehre gewinnt ihre eigentliche Bestätigung in der
Lehre von denjenigen Relationen, die man als die transzendentalen
bezeichnet hat. Wir sahen schon, daß Ockham als seinen Ausgangspunkt die Unterscheidung des Duns Scotus angegeben hatte: quarta
est opinio, quod aliquae relationes distinguuntur realiter, aliquae
non, quae est Scoti [2].

Die Relationen mit realem Unterschied sind die akzidentalen
Relationen, die wir soeben besprochen haben; die Relationen ohne
einen solchen Unterschied sind die transzendentalen Relationen,
denen wir uns jetzt zuwenden wollen.

Ockham wird zunächst noch einmal die Gründe zusammenfassen
müssen, die für die Seinsbestimmung dieser Relationen sprechen;
er wird dann zeigen müssen, daß es möglich ist, mit dem Begriff
der transzendentalen Relation [transzendental jetzt nicht als Gat-

---

[1] Es mag hier darauf hingewiesen werden, daß sich in diesen Erörterungen
Ockhams zugleich der Übergang des Problems der Kausalität aus der Lehre
von den vier Ursachen in die Kategorienlehre vollzieht. Der Nachdruck der
Erörterung liegt nicht mehr auf der Suche nach einem Seienden, das die
causa efficiens ist, die Untersuchung geht vielmehr in erster Linie auf die
Kausalrelation als eine Beziehung zweier Dinge. Hier erscheint also der Gesichtspunkt der Kausalrelation, unter dem Kant allein das Kausalproblem behandelt.

[2] Ockham in 2. sent q. 2 E.

tungsbestimmung, sondern als Seinsbestimmung verstanden] alle Relationen in ihrem Sein zu bestimmen.

Wir können uns an die wichtigste der transzendentalen Relationen halten, an die Verschiedenheit. Wir sahen, daß die scholastische Diskussion ihren Ausgang nimmt von der Bestimmung des Aristoteles: Im Sinne dieser Bestimmung hatte Aristoteles Met. V, 10 ausdrücklich gesagt, daß Selbigkeit und Verschiedenheit die transzendentalen Bestimmungen des ὄν und des ἕν begleiten. Die Verschiedenheit muß also, wenn sie die transzendentalen Begriffe begleiten soll, ebenfalls alle Gliederungen des Seins übersteigen.

Wir sahen, daß Thomas diese Bestimmungen wiedergibt, und daß er sie zur Bestimmung des Unterschiedes zwischen Gott und der Kreatur anwendet.

Duns Scotus bildet dann den Begriff der disjunktiven Transzendentalien voll aus.

Es ist zunächst, so sagt auch Ockham, gewiß notwendig, die Verschiedenheit als eine transzendentale Relation im seinsmäßigen Sinne zu bestimmen. Die Verschiedenheit kann nicht von ihrem Fundament real verschieden sein[1]. So ist zwar Sokrates von Plato unterschieden. Wäre aber die Verschiedenheit in Sokrates von Sokrates als dem Fundament real unterschieden, so wäre sie ein absolutes Akzidens. Dann müßte aber auch die Verschiedenheit zwischen dem Sokrates als Fundament und der Verschiedenheit als absolutes Akzidens ein neues absolutes Akzidens sein und so fort ins Unendliche. Dann gäbe es also in Sokrates eine wirkliche Unendlichkeit von absoluten Verschiedenheiten, und das ist offenbar absurd.

Man kann diesem Argument noch eine andere Wendung geben. Wir sahen bereits, wie Ockham von der Grundanschauung der quantitativen und qualitativen Unveränderlichkeit der Sonne her argu-

---

[1] I d. 30, q. 1 H: si distinctio vel diversitas sit res alia ab absolutis, ergo illa diversitas distinguitur ab illo absoluto et per consequens realiter refertur ad illam rem absolutam; ergo alia relatione et per consequens illa relatio secunda est realiter diversa a prima; ergo per aliam relationem est diversa. Et de illa arguo, quod illa erit diversa per aliam relationem et erit processus in infinitum ita quod in qualibet re erunt res realiter distinctae infinitae, quod est absurdum.

156

mentierte. Von dieser Anschauung her entwickelt er hier folgenden Gedankengang.

Die Sonne ist von jedem irdischen Ding verschieden. Wäre nun Verschiedenheit ein absolutes Akzidens, so müßte, sobald auf der Erde ein Körper entsteht oder vergeht, die Sonne ein absolutes Akzidens, nämlich die Verschiedenheit gegen diesen Körper erhalten oder verlieren. Die Sonne wäre also keineswegs unveränderlich, sie nähme im Gegenteil an jedem Werden und Vergehen teil[1].

Dies Argument ist nicht nur auf die Sonne beschränkt, sondern bezieht sich auf alle Himmelskörper, es bezieht sich auch auf die Engel.

Es läßt sich auch auf eine Konkretisierung der Verschiedenheit, nämlich auf den räumlichen Abstand, anwenden. Die Sonne ist ja von jedem irdischen Ding nicht nur verschieden, sie hat von ihm auch einen räumlichen Abstand. Nun verändert jede Bewegung diesen Abstand, und jede Bewegung auf der Erde würde also den Abstand des bewegten Dinges gegen die Sonne ändern. Die Sonne wäre also nicht nur nicht unveränderlich, sondern sie wäre gewissermaßen ein Spiegel auch der kleinsten sublunarischen Bewegung[2].

In der Logik gibt Ockham das sichtlich auf eine studentische Zuhörerschaft berechnete Beispiel, daß die Sonne sich schon ändern müsse, wenn auch nur ein Esel getrieben wird[3].

Die Verschiedenheit ist also kein Akzidenz, das als Zugabe, als res addita, einem Ding zu seinem sonstigen Bestand als selbständige Eigenschaft hinzukäme. Jedes Seiende ist vielmehr, so wie es Eines

---

[1] I d. 30, q. 1 A: ad oppositum: per productionem alicujus rei in istis inferioribus nulla fit nova res in angelo vel in coelo. Sed producta aliqua re de novo angelus vel corpus coeleste vere realiter distinguitur ab illa re de novo producta; ergo ista distinctio non importat aliam rem ab absolutis, et per consequens eadem ratione nulla relatio importat talem rem distinctam, quia non est major ratio de una quam de alia.

[2] I d. 30, q. 2 C: quia si talis distantia sit alia res, sequeretur, quod quandocumque aliquod corpus moveretur inferius, in qualibet re corporali et spirituali esset aliqua vera res, quae prius non fuit.

[3] S. t. l. I, 50: quandocumque asinus moveretur localiter hic inferius quodlibet corpus coeleste mutaretur et reciperet aliquam rem de novo in se, quia aliter distaret nunc ab illo asinus quam prior.

ist, auch von jedem anderen Seienden verschieden. Diese Verschiedenheit ist keine Zugabe, sondern liegt im Sein selbst.

Diesen bei der Verschiedenheit so durchsichtigen und auch von Thomas und Duns Scotus anerkannten Sachverhalt wendet nun Ockham auch auf die Beziehungen der ersten und zweiten Klasse an. So wie zwei Dinge nicht durch eine Zugabe verschieden sind, so sind auch zwei Dinge nicht durch eine Zugabe, sondern durch ihr Sein selbst ähnlich, und so stehen auch zwei Dinge nicht durch eine Zugabe, sondern durch ihr Sein selbst in der Beziehung von Ursache und Wirkung.

Eine solche Betrachtung der Verschiedenheit ist nun zunächst geeignet, das Hauptargument für die akzidentale Auffassung der kategorialen Relationen zu erschüttern.

Diese Meinung, am klarsten vertreten durch Duns Scotus, ging ja davon aus, daß die Gleichheit oder die Ähnlichkeit wechselnde Bestimmungen sind. Fällt das zweite Relationsglied weg, so fällt auch die Ähnlichkeit weg. Die Bestimmung des Wechselns an einem beharrenden Subjekt war aber die Grundbestimmung des Akzidens. Es ist auch nicht einzusehen, so sagt diese Meinung, wie ein solcher Wechsel einer wirklichen Bestimmung möglich sein soll, wenn nicht das beharrende Subjekt ein Akzidens erhält oder verliert.

Es zeigt sich aber nun, daß auch die Verschiedenheit eine wechselnde Bestimmung darstellt. Ein Körper erhält die Verschiedenheit gegen einen zweiten Körper, wenn dieser zweite Körper entsteht, und der erste Körper verliert die Verschiedenheit wieder, sobald der zweite Körper vergeht. Auch die Verschiedenheit ist also eine wechselnde Bestimmung. Wenn es aber unmöglich ist, die Verschiedenheit als eine Relation aufzufassen, die von ihrem Fundament real verschieden ist, dann kann das Argument aus dem Wechsel bei den kategorialen Bestimmungen ebensowenig wie bei der Verschiedenheit einen realen Unterschied zwischen Relation und Fundament begründen.

Durch diesen bei der Verschiedenheit allgemein anerkannten Sachverhalt ist also das Hauptargument für die reale Unterscheidung bei den kategorialen Beziehungen entkräftet.

158

Wenn nun aber die Verschiedenheit eine reale Beziehung ist, und dies wird von niemand bezweifelt, so ist nicht einzusehen, weshalb die Realität dieser transzendentalen Beziehungen nicht auch für die kategorialen Beziehungen genügen soll. Es wäre ja immerhin möglich, daß den kategorialen Beziehungen ein besonderes Sein zukäme, aber ein solches Sein müßte in irgend einer Weise wirklich nachgewiesen werden. Es müßte dabei nachgewiesen werden in der Auseinandersetzung mit den Problemen der transzendentalen Relationen. Es müßte also gezeigt werden, daß die Argumente, die den Akzidenscharakter der kategorialen Relationen nachweisen sollen, auf die transzendentalen Beziehungen nicht anwendbar sind[1]. Einen solchen Nachweis hat aber Duns Scotus nicht gebracht. Alle seine Argumente lassen sich vielmehr auf die kategorialen wie auf die transzendentalen Relationen anwenden.

Denselben Gedanken hatte Ockham schon an den Anfang der Quästion gestellt: Wenn die Verschiedenheit kein Akzidens ist, so ist es auch keine andere Beziehung, denn die beigebrachten Begründungen sind für die Verschiedenheit ebenso triftig wie für alle anderen Beziehungen[2].

Es muß also ein Nachweis geführt werden, der ausdrücklich auf die Verschiedenheit der transzendentalen und der kategorialen Beziehungen aufgebaut ist. Bis dahin ist die Notwendigkeit der von Duns Scotus durchgeführten Unterscheidung nicht einzusehen, und die Unterscheidung selbst bleibt eine bloße Behauptung.

Mit diesem Grundgedanken, den Ockham immer wieder, bei der Einheit, bei der Zahl, wie bei der Relation vorträgt, hat Ockham sein Ziel auch bei der Relation erreicht. Auch die kategorialen Relationen müssen seinsmäßig als Transzendentalien bestimmt werden, und das Urbild für die Seinsbestimmung der Relation ist die Verschiedenheit.

---

[1] I d. 30, q. 1, 1 H; qua ratione una relatio esset alia res ab absolutis, et alia, et per consequens, qua ratione similitudo, aequalitas, paternitas, filiatio... essent tales res aliae, eadem ratione diversitas, distinctio et hujusmodi essent res aliae. Sed talia non sunt res aliae; ergo etc.

[2] I d. 30, q. 1 A; ergo ista distinctio non importat aliam rem ab absolutis, et per consequens eadem ratione nulla relatio importat talem rem distinctam, quia non est major ratio de una quam de alia.

Bei der Verschiedenheit läßt sich nun auch der Grundcharakter der Relationen herausholen. Das ἕτερον ist der Gegensatz zum ταυτόν und ist damit als Gegensatz einer Einheit ursprünglich eine Vielheit. Verschiedenheit ist etwas, was stets viele Dinge, im einfachsten Falle also zwei Dinge, meint. Zu sagen: ein Ding ist verschieden, ist sinnlos, verschieden sind immer mindestens zwei Dinge.

In demselben Sinn, wie die Verschiedenheit, bezeichnet nun auch die Gleichheit niemals nur ein Ding, sondern immer mindestens zwei Dinge. Es kommt immer wieder darauf an, sich von der Betrachtung etwa der Gleichheit als Bestimmung eines Dinges, wie sehr auch immer gesehen auf ein zweites Ding hin, zu lösen. Verschiedenheit wie Gleichheit meinen ursprünglich zwei Dinge, also eine Vielheit.

In diesem Charakter der Relationen als Vielheiten liegt nun auch ihr transzendentales Sein begründet. Die Vielheit als solche ist ja keine kategoriale, sondern eine transzendentale Bestimmung. Jedes Ding kann mit jedem anderen Ding eine Vielheit bilden, und solche Vielheiten übersteigen alle kategorialen Gliederungen des Seins.

Dieser Zusammenhang des Relationsproblems mit dem Problem des transzendentalen Seins, wie er bei Duns Scotus zum erstenmal thematisch wird, ist also kein zufälliger, sondern entspringt aus dem eigentlichen Sein der Relation als einer Vielheit. Die Behandlung der Relationen unter diesem Gesichtspunkt macht daher zugleich das eigentliche Sein der Relation auch in begrifflicher Hinsicht deutlich.

§ 39. Die Beziehungen der Kreatur zu Gott und die innergöttlichen Beziehungen der Gleichheit und der Ähnlichkeit

Über die Beziehung Gottes zur Kreatur im allgemeinen handelt die Distinktion 30 des ersten Buches, die wir zur Grundlage unserer Untersuchung gemacht haben. Die besonderen Probleme der Relation creator—creatura werden dann noch einmal in der Quästion 1 (creatio activa) und der Quästion 2 (creatio passiva) des zweiten Buches behandelt. Die Erörterungen des Duns Scotus an dieser Stelle, also zu II d. 1, hatte ja Ockham zum Ausgangspunkt seiner Erörterungen in I. d. 30 gemacht.

Duns Scotus hatte die Beziehung der Kreatur auf Gott dahin bestimmt, daß sie konstituiert wird durch die Kreatur in ihrem formalen Sein als creatum esse auf der einen Seite, und durch Gott in seinem absoluten Sein auf der anderen Seite. Damit hatte Duns Scotus für diese Beziehungen einen realen Unterschied auch auf der Seite der Kreatur beseitigt. Er war damit über Thomas hinausgegangen, der diese Beziehung zwar als eine untrennbare Beziehung, aber doch als eine Beziehung verschiedenen Seins bestimmt hatte.

Diese Bestimmung des Duns Scotus muß Ockham nun weiter entwickeln, da er die Möglichkeit einer formalen Unterscheidung im geschaffenen Sein leugnet. Ein formaler Unterschied kann nur im göttlichen Sein statthaben, im geschaffenen Sein ist jeder Unterschied entweder ein realer oder ein bloß rationaler.

Dies gilt nun auch für die Seinsbestimmung der Beziehung. Wenn also jede Beziehung für Ockham entweder eine rationale oder eine reale sein muß, so ist die Beziehung der Kreatur eine reale Beziehung. Die rationale Beziehung, — dies hatte Ockham ja gerade zu dieser Frage entwickelt, — setzt ein verständiges Handeln des Menschen voraus, wie an den Beispielen Subjekt-Prädikat-Relation, Münze-Ware-Relation, ohne weiteres deutlich wurde. Die Beziehung der Kreatur zu Gott aber besteht unabhängig von jedem menschlichen Denken. Sie beruht lediglich darauf, daß Gott jedes Seiende geschaffen hat. Es ist also nicht so, daß Gott dieses Seiende etwa vor einer bestimmten Zeit geschaffen hat, und daß dieses Seiende jetzt eine bestimmte Eigenschaft, nämlich das Geschaffensein als Akzidens besitzt, sondern dieses Seiende ist ein Geschaffenes, weil es von Gott geschaffen worden ist.

Das Warme ist zwar ein Warmes, weil die Wärme in ihm ist, aber das Geschaffene ist nicht ein Geschaffenes, weil die Geschaffenheit in ihm ist, sondern weil es von Gott geschaffen worden ist.

Über die Gleichheit und die Ähnlichkeit der göttlichen Personen handelt Ockham in den Distinktionen 19 und 31 des ersten Buches.

Halten wir uns zunächst an die Distinktion 31, so bestimmt

Ockham die Gleichheit und die Ähnlichkeit im göttlichen Sein als reale Beziehungen.

Auch Thomas, der diese Beziehungen als bloß rationale Relationen bestimmt hatte, hat damit gewiß nicht sagen wollen, die Gleichheit der göttlichen Personen bestände nur darin, daß ein Mensch sich die göttlichen Personen als gleich vorstellt.

Duns Scotus hatte bei diesem Problem den Begriff der transzendentalen Relation entwickelt. Ockham, der auch die Gleichheit und Ähnlichkeit in den geschaffenen Dingen nicht als akzidentale, sondern als transzendentale Relationen ansetzt, findet keine Schwierigkeiten, diesen seinen allgemeinen Begriff der transzendentalen Relation auch auf die innergöttlichen Beziehungen der Gleichheit und Ähnlichkeit anzuwenden. Daß transzendentale Begriffe auf das göttliche Sein angewendet werden können, hatte ja schon Thomas beim Begriff der transzendentalen Einheit herausgestellt.

Die Distinktion 19 des ersten Buches wollen wir nur nach ihrem formalen Aufbau erörtern, weil sie uns noch einmal einen Überblick darüber gibt, wie innig die ganze Erörterung der Relation bei Thomas, bei Duns Scotus und bei Ockham zusammenhängt, und wie genau Ockham selbst diesen Zusammenhang erkannt hat.

Ockham geht aus von einem Thomaszitat[1]. Er billigt grundsätzlich an dieser Lehre des Aquinaten, daß eine reale Unterscheidung zwischen der göttlichen Wesenheit und diesen Relationen abgelehnt wird.

Es folgt dann ein ausführliches Duns-Scotus-Zitat[2]. Ockham macht nun sofort gegen Duns Scotus geltend, daß die Unterscheidung zwischen realen und akzidentalen Relationen unbegründet sei.

Wenn diese Relationen als transzendentale Relationen bestimmt werden, so ist nicht einzusehen, warum nicht alle Relationen der Gleichheit und Ähnlichkeit transzendentale Relationen sein können: ergo non plus est ista relatio transcendens quam quaecumque alia[3].

---

[1] Ockham I d. 19, q. 1 B; ad quaestionem dicitur vgl. Thomas in 1. sent. d. 19, q. 1; 9, 256a.

[2] Ockham I d. 19, q. 1 F; aliter dicitur ad quaestionem . . . vgl. Duns Scotus op. ox. I d. 19, q. 1; 10, 169 ff.

[3] Ockham I d. 19, q. 1 J.

162

In dieser Distinktion ist der ganze Aufbau der Relationstheorie Ockhams nachgezeichnet oder, wenn man die Stellung der Distinktion im Sentenzenkommentar betrachtet, vorgezeichnet.

Thomas stellt das Problem, in dem er zeigt, daß für diese Relationen von einem realen Unterschied zwischen Fundament und Relation keine Rede sein kann. Es kann die Bestimmung dieser Relationen als relationes rationis (cum fundamento in re) noch ungenügend sein, so ist doch das Problem in Fluß gebracht.

Duns Scotus entwickelt von hier aus den Begriff der transzendentalen Beziehung, baut nun aber eine Unterscheidung zwischen akzidentalen, realen und transzendentalen Relationen auf, die Ockham für ebenso unbegründet hält, wie die Unterscheidung des Aquinaten zwischen transzendentaler und akzidentaler Vielheit.

Indem nun Ockham auch bei dieser Unterscheidung zwischen transzendentaler und akzidentaler Relation die Frage stellt, ob diese Unterscheidung notwendig, und ob sie hinreichend begründet sei, ist er schon in seiner Relationstheorie mitten inne. Seine Antwort ist einfach: Alle Einheiten sind transzendental, alle Zahlen sind transzendental, alle Relationen sind transzendental.

§ 40. Die sechs letzten Kategorien und die Qualitäten der vierten Klasse

In die Seinsbestimmung der Quantität und der Relation werden nun auch die sechs letzten Kategorien und eine Reihe zur Qualität rechnender Bestimmungen hineingezogen.

Bei den sechs letzten Kategorien dreht es sich um actio, passio, quando, ubi, positio (oder situs), habitus[1].

Diese Kategorien haben freilich immer Sonderprobleme aufgegeben. Sie sind schon im Organon nicht mehr im eigentlichen Sinne behandelt, sondern gewissermaßen kursorisch an den Schluß gehängt.

Ihre Abteilung und ihre Bestimmung im einzelnen bereitet manche Schwierigkeiten. So scheinen actio und passio zu den Rela-

---

[1] S. t. l. I, 61 positio: in hoc autem praedicamento sunt: sedere stare. I, 62: habitus: armatum esse calceatum esse.

tionen, und zwar zu den Relationen der zweiten Klasse zu gehören. Man sieht jedenfalls nicht leicht, warum solche Bestimmungen wie wärmen und erwärmt werden zu den Relationen der zweiten Klasse und nicht zu actio und passio gehören.

Weiter ist das ubi doch eine räumliche, und das quando eine zeitliche Bestimmung. Raum und Zeit aber (locus, spatium, tempus) rechnen zur Quantität.

Bei positio und habitus scheint es überhaupt zweifelhaft, ob diese Begriffe geeignet seien, eigne Kategorien zu bilden, besonders wenn sie rein äußerlich als sitzen, stehen, bewaffnet sein, beschuht sein bestimmt werden.

Aller dieser Schwierigkeiten ungeachtet hält sich Ockham an das überlieferte Kategorienschema und behandelt die sechs letzten Kategorien in der überlieferten Folge im Sentenzenkommentar I d. 30 q. 2 und in der Logik I, 57—62.

Es handelt sich, wie bei der Quantität und der Relation, so auch bei diesen sechs letzten Kategorien um die Frage, ob jeder dieser Kategorien ein absolutes Akzidens entspricht, das vom absoluten Sein des Trägers real verschieden ist, und das daher für den Träger eine Zugabe (res addita) bedeutet.

Ockham kommt konsequenterweise zur Bestreitung eines solchen absoluten Charakters dieser Kategorien. Wir können uns auf seine Erörterungen zum »quando« beschränken.

Da die Zeit zur Quantität rechnet, dreht es sich beim quando nur noch um Bestimmungen, die man als Terminsbestimmungen zusammenfassen könnte, also um Bestimmungen wie, gestern, heute morgen, ein Jahr alt, älter sein.

Die Frage ist also, was bedeutet es, wenn gesagt wird: ich war gestern in der Stadt, die Sonne wird morgen scheinen, A ist 70 Jahre alt, A ist älter als B.

Wenn die in solchen zutreffenden Behauptungen steckenden Bestimmungen, wie gestern oder morgen, als absolute Akzidenzen meiner selbst oder der Sonne aufgefaßt werden, dann ergeben sich nach Ockham dieselben Schwierigkeiten wie bei der Relation. So wird die Sonne nach Aristoteles nicht nur morgen und übermorgen, sie wird vielmehr, da sie immer scheinen wird, an unendlich vielen

164

Tagen scheinen. Ist nun die Bestimmung eines jeden zukünftigen Tages ein absolutes Akzidens, dann hat die Sonne eine aktuale Unendlichkeit von absoluten Akzidenzen in sich. Eine solche Überlegung gilt, wegen der unendlichen Teilbarkeit der Zeit, sogar für jedes Seiende[1].

Die Aussage, ein Tier sei ein Jahr alt, bedeutet nach Ockham nicht, daß dies Tier ein absolutes Akzidens besitzt, sondern sie besagt lediglich, daß dies Tier während eines ganzen Jahres gelebt hat.

Ebenso bedeutet die Aussage, A ist älter als B, nicht, daß A ein absolutes Akzidens besitzt, das B nicht besitzt; eine solche Aussage meint vielmehr, daß A während einer größeren Zahl von Jahren gelebt hat als B[2].

Ein akzidentaler Ansatz dieser Terminsbestimmungen des quando bedeutet eine Bestimmung von der Qualität her. Ein Körper wird warm genannt, weil eine bestimmte res in ihm ist, nämlich die Wärme. Sagt man nun, die Sonne schien gestern oder sie wird morgen scheinen, dann wollen die Vertreter der akzidentalen Auffassung dem Körper diese zeitliche Bestimmung als eine Zugabe (res addita) anheften. Aus einer Bestimmung des quando wird eine quandeitas, die dem Körper so zukommt, wie ihm die Wärme zukommt[3].

Ockham dagegen bestreitet, daß die Bestimmungen der sechs letzten Kategorien den Charakter eines absoluten, dem Substrat zukommenden Akzidens haben[4].

Unter eine solche Bestimmung fallen nun auch die Qualitäten der vierten Klasse.

---

[1] S. t. l. I, 59: quia ... in infinitis instantibus; ergo in eo sunt derelictae tales res infinitae.

[2] I d. 30, q. 2: unde habere plures annos non est habere aliquas res in se formaliter, sed tantum est coextitisse pluribus annis.

[3] S. t. l. I, 59: item, si quando esset talis res sicut illi opinantes contrarium imaginantur: tunc sicut calidum est calidum calore: ita temporale esset temporale per illam rem, et per consequens sicut est impossibile aliquid esse calidum sine calore, ita impossibile esset aliquid esse temporale sine illa re inhaerente sibi ... quando vel quandeitas est quaedam res ...

[4] I d. 30, q. 2: Ideo dico, quod per rationem probari non potest, quod aliquis talis respectus, qui sit alia res ab omnibus absolutis, sit ponenda.

Die Qualitäten werden in vier Klassen eingeteilt: habitus, potentia, passio, figura et forma.

Es handelt sich also um die Frage, ob die Bestimmungen der vierten Klasse, also figura et forma, in demselben Sinne absolute Akzidenzen sind, wie andere Qualitäten, etwa wie die Farben.

Ockham erwägt, daß die Form sowohl der hergestellten als auch der gewachsenen Dinge sich beständig und kontinuierlich ändert oder doch wenigstens ändern kann. Eine solche Änderung geschieht durch die Bewegung der Teile und kann durch eine solche Bewegung der Teile allein hinreichend erklärt werden[1].

Es ist also unnötig, diese Formen und Figuren als akzidentale Bestimmungen im Sinne des Weißseins oder des Warmseins aufzufassen, und eine solche akzidentale Auffassung würde auf alle Schwierigkeiten führen, die Ockham bei der Quantität und der Relation bereits herausgestellt hat.

Also auch diese Bestimmungen sind dahin aufzufassen, daß ein Körper etwa seine Form nicht als Zugabe zu einem absoluten Bestand hat, sondern daß ein Körper durch sein Sein selbst jeweils auch eine bestimmte Form hat. Bei den anderen Qualitäten dagegen behält Ockham das absolute Sein bei.

§ 41. Abstand, Lage, Ordnung

Wir wollen einige allgemeine Relationen kurz zusammenfassen, teils weil sie sich im kategorialen Schema der Scholastik schwer unterbringen lassen, teils weil sie bei Leibniz eine besondere Bedeutung erlangen.

Es handelt sich um sehr allgemeine räumliche Beziehungen, nämlich den Abstand, die Lage und die Ordnung. In den vorhergehenden Paragraphen haben wir gelegentlich auf diese Relationen schon hingewiesen.

Auch hier ist wieder die Frage, was zum Beispiel ein solcher Ab-

---

[1] S. t. l. I, 55: Sunt autem quaedam in genere qualitatis, quae important res distinctas a substantia, ita quod illa res non est substantia, sicut sunt albedo, nigredo, color, lux, scientia ... quaedam vero sunt, quae non important alias res a praedictis qualitatibus et substantia, cujus modi sunt figura, curvitas, rectitudo, densitas, raritas et hujusmodi.

stand sei. Er ist eine Beziehung zwischen zwei Körpern. Ist er nun eine reale Beziehung in dem Sinne, daß er jedem der beiden Körper ein absolutes Akzidens hinzubringt, und ist dies absolute Akzidens von den Körpern als den jeweiligen Fundamenten real unterschieden?

Ockham vereint auch hier wieder einen akzidentalen Charakter des Abstandes. Er macht alle die Argumente geltend, die wir bei der Quantität und der Relation betrachtet haben.

Wäre etwa der Abstand ein absolutes Akzidens[1], dann müßte auch die Sonne, die gegen jeden sublunarischen Körper einen bestimmten Abstand hat, für jeden solchen Abstand ein absolutes Akzidens haben, und diese Akzidenzen müßten sich ändern mit jeder sublunarischen Änderung.

Ebenso sei es mit der Lage. Dinge können allein schon durch ihre gegenseitige Lage, durch ihre gute Anordnung ein Gefühl der Freude erwecken. Dieselben Dinge dagegen, willkürlich durcheinandergewürfelt, wirken nicht mehr schön. So macht erst die gute Anordnung ein Bündel Blumen zu einem Strauß. Auch Anordnung in den einfachen Figuren, im Kreis, in der Geraden, wird als schön empfunden[2].

Diese Lage ist nach Ockham kein besonderes Akzidens, das die Dinge ebenso hätten, wie sie ihre Farbe oder ihre Wärme haben, die Lage ist vielmehr nichts als die Dinge selbst, die dadurch, daß sie in einer räumlichen Welt zusammen sind, von vorneherein schon immer in einer bestimmten Lage zueinander sind, und die dadurch, daß sie sich bewegen oder daß sie bewegt werden können,

---

[1] I d. 30, q. 2C: eadem ratione quaelibet propinquitas et quaelibet distantia unius rei respectu alterius esset talis alia res. Sed hoc est manifeste falsum, quia, si talis distantia sit alia res, sequeretur, quod quandocumque aliquod corpus inferius moveretur, in qualibet re corporali et spirituali esset aliqua vera res, quae prius non fuit. S. t. l. I, 50: Item, si esset aliqua res talis; tunc, quandocumque asinus moveretur localiter hic inferius, quodlibet corpus coeleste moveretur et reciperet aliquam rem de novo in se, quia aliter distaret ab illo asino quam prius, et per consequens, si distantia esset alia res vere perderet unam rem et aliam de novo reciperet.

[2] I d. 30, q. 1A: illud, quod habet operationem realem est aliquid reale. Sed omnibus absolutis manentibus propter diversam situationem possunt aliqua in aliquem effectum in quem non possunt sine tali situatione; ergo ibi est aliquid reale praeter illa absoluta.

verschiedene Lagen zueinander einnehmen. Die Lage ist also kein neues Akzidens, sondern nur der Ausfluß des Zusammenseins im Raum[1].

Einen besonderen Fall dieser Lage bildet die Ordnung als das geordnete Zusammensein von Dingen. Die Scholastik denkt beim Begriff der Ordnung in erster Linie an die Ordnung des Universums, so wie diese Ordnung in der aristotelischen Kosmologie vorgestellt wird.

Thomas beschäftigt sich mit dem Sein dieser Ordnung ausdrücklich in der theologischen Summa. Er will dort in der Quästion 15 des ersten Teiles nachweisen, daß es Ideen gibt. Ideen sind nach Thomas Vorbilder für das Denken wie für das Schaffen. Ideen gibt es daher nur von solchen Dingen, die für sich vorstellbar und die für sich herstellbar sind. Ein solches Seiendes aber ist die Ordnung des Universums. Die Ordnung des Universums ist daher von Gott als solche Ordnung für sich gedacht und als solche Ordnung für sich hergestellt worden[2]. Die Ordnung hat daher einen eignen Seinsbestand.

Diese Ordnung des Universums ist schon immer als Beweis für die Existenz realer Relationen angeführt worden.

Die Ordnung des Universums, so argumentiert Duns Scotus, und Ockham zitiert dies Argument, besteht darin, daß die Teile des Universums untereinander und gegen den vorzüglichsten Teil des Universums, nämlich gegen den alle anderen Teile einschließenden Fixsternhimmel, in bestimmter Weise angeordnet sind. Diese Ordnung des Universums muß nun etwas sein, das unabhängig ist von jedem Akt des Verstandes, der diese Ordnung vorstellt. Diese Ordnung des Universums besteht auch dann, wenn sie nicht vorgestellt wird[3].

---

[1] I d. 30, q. 1 Z: ad aliud dico, quod non est ibi aliqua situatio praeter illa, quae sunt situata, tamen illa situata possunt in aliquam operationem, in quam non possunt nisi situata sine omni re addita.

[2] Thomas sum. theol. I, 15, 2, c: sed, si ipse ordo universi est per se creatus ab eo, et intentus ab eo, necesse est, quod habeat ideam ordinis universi.

[3] Duns Scotus op. ox. II d. 1, q. 4; 11, 107 a; zitiert bei Ockham I d. 30, q. 1 D: . . . unitas universi est in ordine partium ad se invicem et ad primum sicut unitas exercitus est in ordine partium exercitus inter se et ad ducem, et ex hoc contra negantes relationem esse rem extra actum intellectus potest dici verbum Philosophi 12. Met., quod tales, qui sic dicunt inconnexam faciunt universi substantiam.

Ockham wendet ein, daß hier die Frage falsch gestellt sei. Es ist gar nicht die Frage, ob die Ordnung des Universums real ist in dem Sinne, daß sie auch dann besteht, wenn sie von niemandem vorgestellt wird. Dies will Ockham in keiner Weise bestreiten. Die Frage ist aber, was diese Ordnung ist, wenn sie real ist, wenn also ihre Existenz extra actum intellectus eingeräumt wird.

Bedeutet dann die Realität der Ordnung, daß diese Ordnung ein Ding ist, so wie die Substanzen und wie die Qualitäten Dinge sind?

Eine solche Auffassung würde auf einen Regreß ins Unendliche führen. Wäre die Ordnung ein Ding unter Dingen, so müßte es offenbar eine zweite Ordnung geben, die das Ordnungsding mit den zu ordnenden Dingen zusammenordnet und so weiter ins Unendliche[1].

Die Ordnung ist nach Ockham kein Ding neben den absoluten Dingen, neben den Substanzen also und den Qualitäten. Alle im Universum existierenden Dinge machen vielmehr durch ihr gemeinsames Existieren in diesem Universum auch zugleich ihre Ordnung aus.

Gabriel Biel hat für die Meinung Ockhams den kurzen Ausdruck gefunden: ordo est res ordinatae[2].

§ 42. Die Behandlung der Relation in der summa totius logicae

In der Logik stoßen wir bei der Lehre von der Relation auf dieselben Schwierigkeiten, wie bei der Quantität.

Was wir bei der Untersuchung des Sentenzenkommentars als das wesentliche herausgestellt haben, daß Ockham von der transzendentalen Relation des Duns Scotus ausgeht, daß es sich nicht mehr um den einfachen Gegensatz relatio realis — relatio rationis handelt,

---

[1] I d. 30, q. 1 S: unitas universi est ordo partium ad invicem, quia nihil aliud intelligit, quam quod universum esse unum est partes sic ordinari, non quod ordo vel unitas sit aliquod in re distinctum ab omni parte et ab omnibus partibus universi. Sic enim esset procedere in infinitum. Illa enim res esset ordinata ad alias res, et per consequens eadem ratione praeter illam rem et alias res erit una alia res, quae esset ordo earum, et esset processus in infinitum.

[2] Biel, Collectorium I d. 30, q. 1 D: Sic ordo universi est partes ordinatae.

daß vielmehr drei Seinsmöglichkeiten der Relation, akzidentales, transzendentales und rationales Sein, einander gegenüberstehen — von all dem finden wir in der Logik kaum eine Spur.

Die Schwierigkeit liegt nicht darin, daß Ockham im Sentenzenkommentar eine bestimmte Meinung vertritt, während er in der Logik an sich diskussionsweise vorgeht, also beide Meinungen nebeneinanderstellt. Ich kann mich, wie bei der Quantität, so auch bei der Relation nicht davon überzeugen, daß hier eine wirkliche Meinungsänderung Ockhams vorliegt.

Einerseits sind auch schon im Sentenzenkommentar eine ganze Reihe Reservationen eingebaut, andererseits zeigt schon die quantitative Behandlung in der Logik, die in den Kapiteln I 49—53 für die eine Meinung und in dem kurzen Kapitel 54 gewissermaßen anhangsweise für die andere Meinung eintritt, was bei dieser an sich diskussionsweisen Erörterung die eigentliche Meinung des Autors ist.

Sehr viel schwerer scheint mir eine Erklärung dafür zu sein, daß das ganze Problem der transzendentalen Relation hier ausgefallen ist.

Demgemäß werden nur zwei Meinungen einander gegenübergestellt. Die eine Meinung behauptet, die Relation habe kein Sein extra animam. Diese Meinung hat auch Aristoteles vertreten.

Die andere Meinung betrachtet die Relation als ein absolutes Sein. Die Relation ist von jedem anderen absoluten Sein, und insbesondere von ihrem Fundament, real unterschieden.[1]

Hier fällt zunächst das Problem der relatio rationis, so wie es im Sentenzenkommentar gefaßt war, heraus. Ockham begnügt sich mit einer kurzen Erwähnung.

Auch von transzendentalen Relationen ist keine Rede. Nur der räumliche Abstand wird kurz erwähnt.

---

[1] S. t. l. I, 49: et est primo sciendum, quod sicut sunt opiniones contrariae de quantitate, ita sunt contrariae opiniones de adaliquid sive de relatione. Quidam enim ponunt, quod relatio non est alia res extra animam distincta realiter et totaliter a re absoluta et a rebus absolutis. Et de illa opinione reputo fuisse Aristotelem et alios sequentes ipsum. Alii autem ponunt, quod relatio est quaedam res, quae non plus est res absoluta, quam homo sit asinus (ist der Text in Ordnung?) sed est distincta realiter et totaliter a re absoluta et a rebus absolutis.

170

Schließlich erscheint als Vertreter der akzidentalen Auffassung nicht mehr Duns Scotus, sondern Thomas[1].

In unserer Untersuchung haben wir nun aber gerade den Ausgang von Duns Scotus in der Lehre von der transzendentalen Relation als das Wesentliche herausgestellt. Müssen wir nun die Ergebnisse unserer Untersuchung aufgeben? Ich glaube, man kann diese Frage verneinen.

Eine wirkliche Antwort auf diese Frage wird sich allerdings erst dann geben lassen, wenn man auf Grund einer Gesamtausgabe das philosophische Werk Ockhams überschauen kann. Vorläufig kann man doch wohl folgendes in Erwägung ziehen.

Zunächst ist die Logik als Anfängerbuch gedacht, und Ockham muß daher auf eine Vereinfachung der Probleme bedacht sein.

Dann aber ist die Logik ihrem Aufbau nach ein Kommentar zum Organon. Das Problem des transzendentalen Seins aber gehört im scholastischen Aufbau der Philosophie nicht in die Kategorienlehre, sondern in die Metaphysik. Im besonderen Maße gilt dies von den transzendentalen Relationen, wie etwa der Verschiedenheit, die nicht im Relationskapitel der Kategorien, sondern in der Metaphysik und dort entweder im Buch V oder im Buch VII abgehandelt werden.

Sollten solche Erwägungen nicht ausreichend sein, und sollte man gezwungen sein, zwischen der Darstellung in der Logik und der Darstellung im Sentenzenkommentar zu wählen, dann verdient meiner Überzeugung nach die Darstellung im Sentenzenkommentar bei weitem den Vorzug.

§ 43. Gabriel Biel

Biel handelt von den Relationen in den Distinktionen 30 und 31 des ersten Buches; er verweist dort zu Eingang sofort auf die Dis-

---

[1] Wenn Ockham von der akzidentalen Auffassung sagt: aliquando vero relationi reali in uno non correspondet relatio realis in alio, sed relatio rationis tantum, sicut relationi reali, qua dependet creatura a Deo, sed rationis tantum (s. t. l. I, 54), so ist damit nicht Duns Scotus, der ja eine ganz andere Auffassung von der Relation Deus-creatura vertritt, sondern Thomas gemeint. Es wäre höchstens noch die Frage, ob sich Ockham auf Thomas selbst oder auf einen Thomasschüler bezieht.

kussion zur Relation creator — creatura, also auf II d. 1 q. 1. Seine Erörterungen zu dieser ersten Distinktion des zweiten Buches werden wir im dritten Teil heranziehen. Er weist gleichzeitig darauf hin, daß Ockham auch in den Quodlibeta ausführlich über die Relationen gehandelt habe.

Biel legt dar, daß es sich um eine Auseinandersetzung zwischen Duns Scotus und Ockham handelt.

Duns Scotus vertritt die Meinung, eine Beziehung sei eine selbständige Sache, real verschieden von jeder einzelnen absoluten Sache wie von Vielheiten absoluter Sachen. Sie muß seinsmäßig nach dem Vorbild der Qualitäten aufgefaßt werden und ist daher wie diese, real von der Substanz unterschieden. Diese Lehre kann nicht nur durch autoritative, sondern auch durch reine Vernunftgründe erwiesen werden[1].

Ockham dagegen lehrt, daß überwiegende Gründe dafür sprechen, einen solchen realen Unterschied zwischen der Relation und ihrem Träger zu verneinen[2].

Biel referiert kurz die Hauptargumente Ockhams und weist dann darauf hin, daß bei dieser Lehre Ockhams eine doppelte Auffassung möglich ist.

Nach der ersten Auffassung sind die Relationen Begriffe, durch die der Verstand die Dinge erkennt. Relationen haben also ihr eigentliches Sein im Verstande. Dennoch aber beziehen sich die Dinge selbst in irgend einer Weise aufeinander (res ad se aliquo modo habentes). Eine solche Auffassung würde also die Lehre Ockhams mit der Lehre des Petrus Aureolus zusammenbringen[3].

---

[1] Biel in I d. 50, q. 1 A: una doctoris subtilis in 2 d. 1, q. 5(?) quod relatio est alia res ab omni re absoluta et ab absolutis sicut qualitas accidentalis realiter distinguitur a substantia, quam tenet non tantum propter auctoritates, sed etiam propter rationes, quas ibi adducit.

[2] Biel in 1 d. 50, q. 1 B: alia est opinio contraria, quam tenet Ockham ... facilius negat omnem relationem esse distinctam ab omni absoluto et omnibus absolutis, quam teneat ejus oppositum.

[3] Biel I d. 50, q. 1 D: respondetur secundum doctorem, quod important intentionem vel conceptum mentis, quo intellectus formaliter refert unam rem ad aliam, id est, cognoscit res ad se aliquo modo habentes. et licet res realiter sint tales ... tamen non possunt cognosci vel exprimi tales nisi mediante conceptu.

172

Für die andere Auffassung dagegen bilden die Dinge selbst die Relationen, die Glieder sind also die Beziehung. In diesem Sinne ist die Ordnung des Universums die geordneten Dinge selbst[1]. Biel faßt die beiden möglichen Auffassungen zusammen: si quaeritur, ubi vel in quo est relatio, ut similitudo, unio, etc, quia vel est in mente secundum primum modum vel est res relatae et fundamentum, quae sunt absoluta secundum aliam modum[2].

§ 44. Suarez

In der Relationstheorie des Suarez ist für uns in erster Linie die präzise Unterscheidung zwischen den transzendentalen und den prädikamentalen Relationen bedeutungsvoll.

Diese Unterscheidung findet sich sowohl in den ersten grundlegenden Distinktionen, als auch in der von der prädikamentalen Relation handelnden Distinktion 47.

In der 3. Disputation handelt Suarez von den passiones entis im allgemeinen, in der 4. bis 7. Disputation von der Einheit. In der 3. Sektion der 7. Disputation wird die Frage erörtert: quomodo idem et diversum tum inter se tum ad ens comparentur. Dort schließt Suarez seine Darlegungen ausdrücklich an Met. V und Met. X an.

Wir wollen uns an die 47. Disputation halten, die von den prädikamentalen Relationen handelt.

Dort erörtert Suarez in der 3. Sektion die Frage nach den möglichen Arten der Relation. An dritter Stelle zählt er die Einteilung der Relationen in prädikamentale und transzendentale auf. In der 4. Sektion wird dann thematisch die Frage nach dem Unterschied zwischen transzendentalen und prädikamentalen Relationen aufgeworfen[3].

Die wesentliche Begründung für den Ansatz von transzendentalen Relationen zieht Suarez, wie Duns Scotus, aus der Beziehung

---

[1] Biel I d. 30, q. 1 D: Vel dicitur quod relatio est extrema relationis et fundamentum, si distinguitur a termino a quo . . . sic ordo universi est partes ordinatae . . . compositio sive unio partium est partes unitae, inter quas nullum est medium.

[2] Biel I d. 30, q. 1 D.

[3] D. 47, S. IV: quomodo differat praedicamentalis respectus a transcendentali.

creator — creatura[1]. Daneben stützt er sich auf die allgemeinen Relationen, die Verschiedenheit, die Beziehung des Akzidens zur Substanz und der Materie zur Form.

Diese Unterscheidung zwischen transzendentalen und prädikamentalen Relationen birgt nach Suarez eine große Schwierigkeit. Es zeigt sich nämlich, daß alle Begründungen, die für die Realität der prädikamentalen Relationen gegeben werden, auch für die transzendentalen Relationen geltend gemacht werden können. Wenn die transzendentalen Relationen auch selbst reale Relationen sein sollen, so ist dies ja auch notwendig.

Dann fragt es sich aber umgekehrt, ist es noch notwendig, neben diesen transzendentalen Relationen noch prädikamentale Relationen anzusetzen, und läßt sich die Notwendigkeit eines solchen Ansatzes auch wirklich aufzeigen. Dies ist also genau die Erwägung, die Ockham schon gegen Duns Scotus geltend gemacht hatte[2].

Suarez muß einräumen, daß für eine solche Unterscheidung nur die allgemeine Überzeugung der Philosophen spreche, die zwar glaubhaft gemacht werden könne, aber anscheinend einer wirklichen Begründung entbehre[3].

Man kann wohl nicht leugnen, daß ein solches Ergebnis nicht wenig für Ockham spricht.

In der Darstellung der prädikamentalen Relationen gibt Suarez wie stets einen überaus klaren Überblick über die gesamte Lehre der Scholastik.

---

[1] D. 47, S. I, V; 2, 498, 2, b: nam imprimis omne ens creatum quatenus tale est, etiam ipsa substantia, dicit habitudinem essentialis dependentiae ad ens increatum.

[2] Ockham in 1. sent. d. 30, q. 1 A: et per consequens eadem ratione nulla relatio importat talem rem distinctam, quia non est major ratio de una quam de alia.

[3] Disp. Met. D. 47, S. IV, XIX; 2, 512, 1 A: ... quid necesse sit huiusmodi respectus accidentales et praedicamentales adiungere et admittere praeter transcendentales. Si enim attente considerentur rationes, quibus a Doctoribus probari solet, dari relationes reales, illae certe maxime probant dari in rebus huiusmodi respectus reales secundum esse... Quod vero praeter relationes transcendentales dentur praedicamentales, ab illis distincte non videtur posse demonstrari. Nihilominus tamen sufficit communis Philosophorum consensus, ut ab ea sententia nullo modo recedendum sit. Ratio autem introducendi et admittendi huiusmodi relationes fuit, ...

Suarez unterscheidet fünf Meinungen.

Die erste Meinung setzt für jede reale Relation einen realen Unterschied zwischen der Relation und ihrem Fundament an. Diese Meinung vertreten die alten Thomisten, wie Capreolus, Ferrarius und Cajetan. Diese Thomisten vertreten weiter die Auffassung, wie wir bei Cajetan gesehen haben, daß dies auch die Meinung des Aquinaten selbst gewesen sei[1].

Die zweite Meinung ist die des Duns Scotus. Duns Scotus unterscheidet zwischen trennbaren und untrennbaren Relationen. Die trennbaren sind real von ihrem Fundament unterschieden, bei den untrennbaren findet ein solcher Unterschied nicht statt[2].

Auch die dritte Meinung, die des Durandus, unterscheidet zwei Arten der Relation.

Die vierte Meinung will zwischen der Relation und ihrem Fundament keinen realen, sondern nur einen modalen Unterschied gelten lassen. Sie wird vertreten von Javellus und Fonseca[3].

Die fünfte Meinung schließlich bestreitet einen aktualen Unterschied zwischen der Relation und ihrem Fundament. Dies ist die Meinung vieler Theologen, besonders aber der Nominalisten. Suarez nennt Ockham, Gregorius (von Rimini), Ägidius, Sylvester, Herväus, dann aber auch Thomas, Anselmus, Augustin und Johannes Damascenus.

Suarez selbst will sich dieser Meinung anschließen, und zwar der Form, die Herväus ihr gegeben hat[4].

Diese Ansicht läuft im wesentlichen, wie ja Suarez selbst angemerkt hat, auf die Ansicht von Ockham hinaus.

Suarez interpretiert daher die Ähnlichkeit etwa in folgender Weise: ita, ut similitudo v. g. aliqua forma realis sit existens in re, quae dominatur similis: illa tamen non sit in re distincta ab albe-

---

[1] D 47, S. II; 2, 500, 1 C: prima docet relationem realem semper esse rem distinctam realiter a suo subjecto et fundamento.

[2] Ebd. 2, 500, 1 E: distinguit enim ille quasdam relationes quae separari nullo modo possunt a suis fundamentis ... ab aliis, quae separari possunt ... et has posteriores ait distingui realiter a fundamentis.

[3] Ebd. 2, 501, 2 A: distingui actualiter ... non tamen omnino realiter ut rem a re, sed modaliter tamquam modum realem ab ipsa re.

[4] D. 47, S. II, XII; 2, 502, 2 B ff.: quinta opinio.

dine, quantum ad id, quod ponit in re, quae dicitur similis, sed solum quantum ad terminum, quem connotat: et ita similitudo in re non est aliud, quam ipsamet albedo ut respiciens aliam albedinem, tamquam ejusdem seu similis rationis [1].

Denselben Gedankengang führt Suarez noch einmal aus in der sectio 4. Er sagt dort, daß auch die prädikamentalen Relationen keine neuen Dinge bedeuten, sondern lediglich Benennungen, die aus der Koexistenz eines Dinges mit einem anderen entspringen [2].

Mit dieser Auffassung lehnt Suarez zwar Ockhams Bestimmung der Relation als einer Vielheit ab, trotzdem vertritt er im Ganzen den Standpunkt Ockhams, er geht wohl in gewissem Sinne noch über ihn hinaus.

§ 45. Leibniz

Leibniz ordnet die Quantität der Relation unter. Wir haben ja schon darauf hingewiesen, daß die Zahlen von Leibniz als Relationen erkannt worden sind [3]. Aber auch Zeit und Raum sind als Ordnungen Relationen. Die Relation wird daher für Leibniz zur wichtigsten Kategorie.

Auf Grund dieser Einordnung der Quantität in die Relation kann nun Leibniz sagen, daß jedes Seiende entweder eine Substanz oder ein Modus oder eine Relation ist [4].

In den nachgelassenen Untersuchungen, die Couturat herausgegeben hat, finden wir eine ausdrückliche Erörterung über das Verhältnis zwischen Quantität und Relation.

Leibniz setzt dort auseinander, daß er ursprünglich die Quantität und die Relation als zwei verschiedene Kategorien auseinander gehalten habe. Er habe der Quantität und der Lage deshalb ein selbständiges Sein zugeschrieben, weil er der Meinung gewesen sei, daß diese Bestimmungen durch die Bewegung in ihrem eigenen

---

[1] Ebd. 2, 504, 2 C.

[2] D. 47, S. IV, XX; 2, 512, 1 D: modum denominandi ... resultantem ex coexistentia unius rei cum alia.

[3] An des Bosses, Erdmann 435[b]. Numeri unitates fractiones naturam habent relationum.

[4] Nouveaux Essais, II, 12, § 3. Erdmann 238. Cette division des objets de nos pensées en Substances, Modes et Relations est assez à mon gré.

Sein als solchem hervorgebracht würden: videantur motu per se produci. Genauere Erwägungen haben Leibniz aber gezeigt, daß Quantität und Lage lediglich Folgen eines an sich bestimmten Seins sind. Quantität und Lage sind deshalb Relationen, die als Fundamente Qualitäten oder jedenfalls Akzidenzen im eigentlichen Sinne voraussetzen. Eine solche für ein Fundament der Relation geeignete Bestimmung ist bei Leibniz etwa die Kraft. Quantität und Lage sind daher bloße Relationen, die etwa aus den Kräften als ihren Fundamenten resultieren [1].

Wenden wir uns der ontologischen Bestimmung der Relation zu, so weist Leibniz immer wieder darauf hin, daß man die Relation nicht als Akzidens auffassen kann. Ein solches Akzidens hätte offenbar zwei Subjekte, es müßte mit einem Bein in einem Subjekt, und mit dem anderen Bein im anderen Subjekt stehen.

Diesen Gesichtspunkt hatte ja Duns Scotus schon herausgearbeitet, und Ockham hatte ihn zur Grundlage seiner Bestimmungen gemacht.

Er ist auch für Leibniz die Grundlage. Wir finden ihn zunächst in dem Brief an des Bosses vom 29. 5. 1716.

In demselben Sinne schreibt Leibniz zwei Jahre vorher an des Bosses, daß es kein Akzidens geben könne, das zugleich in zwei Subjekten sei. Während daher das Vatersein Davids von dem Sohnsein Salomons verschieden sei, ist die eigentliche Relation, die beide verbindet, also gewissermaßen die Verwandtschaft, kein gemeinsames Akzidens [2].

---

[1] Op. et frag. inédits de Leibniz, ed. Couturat, Paris 1903, S. 9: Itaque cum aliquando deliberarem de praedicamentis, distingueremque more recepto praedicamentum quantitatis a praedicamento relationis, quod quantitas et positio (quae duo de hoc praedicamento comprehenduntur) videantur motu per se produci, saltemque ita hominibus concipi soleant; re tamen accuratius considerata vidi non esse nisi meras resultationes, quae ipsae per se nullam denominationem intrinsecam constituant, adeoque esse relationes tantum quae indigeant fundamento sumpto ex praedicamento qualitatis seu denominatione intrinseca accidentali.

[2] An des Bosses, Erdmann 713a: neque enim admittes credo accidens, quod simul sit in duobus subjectis. Ita de relationibus censeo, aliud esse paternitatem in Davide, aliud filiationem in Salomone, sed relationem communem utrique esse rem mere mentalem, cujus fundamentum sint modificationes singulorum.

Einen besonders klaren Ausdruck für diese Probleme findet Leibniz im § 47 des fünften Briefes an Clarke. Wir haben diese Stelle bei der Erörterung der Ausdehnung schon herangezogen.

Leibniz geht auch hier wieder davon aus, daß dasselbe Akzidens niemals in zwei verschiedenen Subjekten existieren kann[1].

Zur Veranschaulichung geht Leibniz von dem Verhältnis zweier Linien aus[2]. Sie mögen L und M heißen, und L mag größer sein als M, und dementsprechend M kleiner als L. Hier kann nun, so sagt Leibniz, in einem gewissen Sinne das Größersein von L als Akzidens des Subjekts L aufgefaßt werden. In demselben Sinne kann das Kleinersein von M als Akzidens des Subjektes M aufgefaßt werden. Nun kann man aber doch auch sagen, zwischen L und M bestehe eine Beziehung, ohne diese Beziehungen auf das Größer- oder auf das Kleiner-sein zu spezialisieren. Von dieser gemeinsamen Beziehung nun kann man nicht mehr sagen, sie sei ein Akzidens. Denn dann hätte sie ja offenbar zwei Subjekte, wir hätten wieder ein Akzidens, das mit einem Bein in einem und mit dem anderen Bein im anderen Subjekt steht.

Da die Relation als solche betrachtet, wie Duns Scotus gesagt hatte, als das, was zwischen den beiden Subjekten ist, weder Substanz noch Akzidens sein kann, so entstammt sie offenbar dem Verstande. Leibniz formuliert: esse rem mere mentalem[3].

In den Nouveaux essais spricht Leibniz seine Meinung dahin aus, daß die Substanzen und daß die Qualitäten als Modifikationen der

---

[1] An Clarke V, § 47, Erdmann 768a: un même accident individuel ne se pouvant point trouver en deux sujets.

[2] Ebd. Erdmann 769a: La raison ou proportion entre deux lignes, L et M, peut être conçue de trois façons: comme raison du plus grand L au moindre M; comme raison du moindre M au plus grand L; et enfin comme quelque chose d'abstrait des deux, c'est-à-dire comme la raison entre L et M, sans considérer lequel est l'antérieur ou le postérieur, le sujet ou l'objet … Dans la première considération, L le plus grand est le sujet; dans la seconde, M le moindre est le sujet de cet accident, que les Philosophes appellent relation ou rapport. Mais quel en sera le sujet dans le troisième sens ? On ne saurait dire que tous les deux, L et M ensemble, soient le sujet d'un tel accident.

[3] An des Bosses, Erdmann 713a: sed relationem communem utrique esse rem mere mentalem, cujus fundamentum sint modificationes singulorum.

Substanzen an sich existieren, daß aber erst der Verstand dem an sich Seienden die Relationen hinzufügt[1].

Eine solche Bestimmung könnte leicht rein nominalistisch verstanden werden, also dahin, daß die Relationen nur dann existieren, wenn ein betrachtender Verstand sich Relationen vorstellt.

Es zeigt sich aber, daß der Verstand, der die Relationen zwischen den Monaden und zwischen den Modifikationen der Monaden sich vorstellt, der Verstand Gottes ist[2]. Zu demselben Ergebnis führt eine andere Erwägung.

Das Sein der ewigen Wahrheiten besteht für Leibniz darin, daß die ewigen Wahrheiten von Gott gedacht werden[3].

Nun ist es aber nicht so, daß Gott Relationen denkt, und dann noch ewige Wahrheiten über die Relationen, sondern die ewigen Wahrheiten, zum Beispiel die mathematischen Sätze, sind ja die Relationen.

So sagt, um bei dem Beispiel des Duns Scotus zu bleiben, der erste Satz des Euklid, daß die Seiten eines gleichwinkligen Dreiecks gleich sind. Dieser Satz sagt also eine Relation aus, in diesem Fall die Relation der Gleichheit zwischen den Seiten des gleichwinkligen Dreiecks, und darin, daß es gleiche Seiten gibt, besteht unter anderem die Existenz der Gleichheit. Gäbe es nichts, was gleich ist, so gäbe es auch keine Gleichheit.

Die Aussagen der Mathematik sind ja nicht Aussagen über ein schon vorher bestehendes Objekt, etwa über die Zahlen, oder über die Dreiecke, so daß man die Zahlen und die Figuren zu unterscheiden hätte von den ewigen Wahrheiten, die über dies Objekt handeln. Vielmehr kann in der Mathematik von einer solchen Unterscheidung gar keine Rede sein.

---

[1] Nouveaux Essais, II, 12, § 3, Erdmann 338b: Je crois que les qualités ne sont que des modifications des substances et l'entendement y ajoute les relations.

[2] Entwurf zu einem Brief an des Bosses, Gerhardt II, 438: Porro Deus non tantum singulos monades et cujuscumque Monadis modificationes spectat, sed etiam eorum relationes et in hoc consistit relationum ac veritatum realitas.

[3] An vielen Stellen, etwa Monadologie § 43, Erdmann 708.

Gottes Denken als das Denken der ewigen Wahrheiten trägt das Sein der Zahlen, das Sein der Formen, das Sein aller Relationen [1].

Mit einem solchen Rückgang auf den göttlichen Verstand bekommt freilich die Beziehung der Relationen auf einen Verstand einen ganz anderen Sinn. Gottes Denken ist ja kein bloßes Vorstellen, das manchmal geschieht und manchmal nicht geschieht, sondern Gottes Denken ist ein beständiges und umfassendes Denken, und Gottes Denken sichert dem Gedachten einen ewigen, einen unaufhörlichen und einen unabänderlichen Bestand.

Als solche ewige Gedanken Gottes sind die Relationen und insbesondere die Zahlen, der Raum und die Zeit, Bestimmungen nicht nur der wirklichen, sondern auch jeder möglichen Welt. In jeder nur möglichen Welt ist der Raum dreidimensional, und in jeder nur möglichen Welt müssen zwei Dinge, die einem Dritten gleich sind, auch untereinander gleich sein.

Wir finden also bei den Relationen ganz allgemein bestätigt, was wir schon beim Raum gesehen haben. Die Relationen sind zwar nur Gedanken, aber sie sind Gedanken Gottes.

§ 46. Die einheitliche Auffassung der Relation bei Ockham

Wir wollen das Ergebnis unserer Untersuchungen über die Relation zusammenfassen.

Bei Plotin trafen wir die Unterscheidung zweier Auslegungen der Relation. Eine Relation hat entweder einen eignen Bestand in den Dingen (ἔχει ὑπόστασιν) oder sie ist eine bloße Vorstellung.

Die frühe Scholastik nimmt diese beiden Möglichkeiten auf in der Unterscheidung relatio realis — relatio rationis. Diese Entgegensetzung erscheint dann später noch häufig, bei Thomas, wie bei Duns Scotus wie bei Ockham.

Die genauere Untersuchung führte aber schon Thomas zu der Einsicht, daß mit diesem Gegensatz nicht auszukommen ist. Als Schwierigkeiten ergaben sich für den Aquinaten Relationen wie die Beziehung des Wissens zum Gewußten, die Beziehung der Kreatur

---

[1] Theodicee § 184, § 335.

180

zu Gott, die Beziehungen der Gleichheit und der Ähnlichkeit der göttlichen Personen und die Beziehung der Verschiedenheit.

Es kommt bei Thomas nicht zu einer einheitlichen Lösung. Die Verschiedenheit wird überhaupt nicht thematisch untersucht, und für die anderen Relationen bildet Thomas Hilfsbegriffe aus, den Begriff der Relationen verschiedener Ordnung, und den Begriff der rationalen Relation realen Fundamentes.

Duns Scotus nimmt den Gesamtbereich dieser Schwierigkeiten thematisch auf und erstrebt eine Lösung durch die Einführung des Begriffs der transzendentalen Relation.

Er bestimmt demgemäß die Beziehung der Verschiedenheit, die Beziehung der Kreatur zu Gott und die Beziehungen der Gleichheit und Ähnlichkeit der göttlichen Personen als transzendentale Relationen. Die transzendentalen Relationen versteht Duns Scotus wie alle Transzendentalien als formales Sein. Diese transzendentalen Relationen sind von ihrem Fundament nicht real, sondern nur formal unterschieden, das heißt aber, sie bringen ihrem Fundament keinen neuen Seinsbestand hinzu.

In der Unterscheidung gegen diese transzendentalen Relationen bestimmt Duns Scotus die prädikamentalen Beziehungen der ersten und zweiten Klasse als akzidentale Relationen. Bei akzidentalen Relationen ist die Relation als solche real von dem Fundament unterschieden, sie bringt daher dem Fundament einen neuen Seinsbestand, eine neue Realität hinzu.

Dies Nebeneinander der transzendentalen und der akzidentalen Relation bei Duns Scotus ist der Angriffspunkt Ockhams. Ockham erklärt ein solches Nebeneinander für unnötig. Er macht geltend, daß auch die transzendentalen Beziehungen reale Beziehungen sind, und daß es deshalb für die Realität auch der prädikamentalen Beziehungen genügen müsse, wenn sie ebenfalls als transzendentale Relationen bestimmt werden. Der besondere Ansatz eines akzidentalen Seins bei gewissen Relationen dagegen ist völlig überflüssig und im übrigen auch unrichtig.

Ockham hebt also den Begriff der akzidentalen Relation des Duns Scotus auf und versteht alle Relationen als transzendentales Sein. Dasselbe haben wir bei der Quantität beobachtet. Auch dort wehrt sich Ockham gegen das Nebeneinander von transzendentaler und akzidentaler Einheit und transzendentaler und akzidentaler Zahl, und auch dort faßt Ockham jede Quantität als ein transzendentales Sein auf. Dies bedeute schon bei der Quantität, daß Ockham den Gedanken des transzendentalen Seins in die Kategorienlehre hineinträgt.

Durch die Interpretation aller Relationen als transzendentales Sein bekommt dies Hineintragen des transzendentalen Seins in die Kategorienlehre seine eigentliche Schärfe. Daß dann auch die sechs letzten Kategorien und die Qualitäten der vierten Klasse als transzendentales Sein verstanden werden, ist nur eine folgerichtige Durchführung des Grundgedankens.

Diese neue Auffassung der Relation im Ganzen als transzendentales Sein zwingt Ockham zugleich zu genaueren Untersuchungen über das eigentliche Sein der Relation.

Ockham erkennt dabei, daß das eigentliche Sein der Relationen darin besteht, daß sie Vielheiten sind. Eine Relation, das ist niemals eine Sache, eine Relation meint stets mehrere, sie meint meistens zwei Sachen.

Dieser Ansatz, den wir bei der Zahl, bei der Ausdehnung, bei der Relation erhalten haben, daß nämlich Zahlen, Relationen, Ausdehnungen Vielheiten sind, werden wir nun im dritten Teil auf seine ontologischen Folgen hin prüfen müssen.

182

Teil III

AKZIDENTALES
UND TRANSZENDENTALES SEIN

§ 47. Das akzidentale Sein als ein Sein möglicher Selbständigkeit

Wir wollen für die Frage der Seinsauslegung im ganzen, der wir uns jetzt zuwenden, von einem Einwand ausgehen, den Ockham bei der Erörterung der Relation behandelt: Praedicamenta sunt vel res vel res importantia; sed decem ponuntur praedicamenta, inter quae ponuntur illa septem; ergo etc. [1]

Kategorien, so sagt dieser Einwand, sind besondere Dinge oder Begriffe, die besondere Dinge meinen. Dies gilt von jeder Kategorie, und deshalb auch von den in Rede stehenden sieben Kategorien, der Relation nämlich und den sechs letzten Kategorien. Schon allein deshalb, weil die Relation eine Kategorie ist, muß sie eine selbständige Realität meinen.

Diese Frage, ob eine Bestimmung ein besonderes Ding (res) meine, war für unsere Untersuchung schon bei der Erörterung der Einheit aufgetreten. Thomas hatte sich dahin entschieden, daß bei der Einheit ein seinsmäßiger Unterschied vorliege. Die transzendentale Einheit bezeichnet keine selbständige Realität, die akzidentale Einheit dagegen bringt ihrem Träger einen selbständigen Seinsgehalt hinzu [2].

Dieselbe Unterscheidung begegnete uns zwischen der transzendentalen und der akzidentalen Zahl und, bei Duns Scotus, zwischen der transzendentalen und der akzidentalen Relation.

Ockham hatte diese Unterscheidungen verworfen und jede Einheit, jede Zahl und jede Relation als eine transzendentale bestimmt.

Von diesen konkreten Problemen der Einheit, der Zahl und der Relation entspringend, wird sich daher jetzt die allgemeine Frage

---

[1] Ockham, d. 30, q. 3 B.
[2] Thomas sum. theol. I, 11, 1, ad. 1: Sic igitur dicendum est, quod unum, quod convertitur cum ente, non addit aliquam rem supra ens, sed unum, quod est principium numeri, addit aliquid supra ens ad genus quantitatis pertinens.

nach dem Sein der Kategorien erheben. Wir werden dabei besonders zu klären haben, was die Seinsbestimmung der Kategorien als akzidentales oder als transzendentales Sein besagen will.

Schon von unseren konkreten Erörterungen her ist es deutlich, daß die Behauptung: praedicamenta sunt res vel res importantia, einen sehr extremen Standpunkt bedeutet. Es ist nicht leicht, eine so allgemeine Behauptung in der sonst so wechselvollen Geschichte der Ontologie wirklich ausfindig zu machen.

Bei Thomas dürfte man eine solche ohne jede Einschränkung vorgebrachte Behauptung schwerlich finden. Thomas müßte dann ja zwischen der Relation und ihrem Fundament einen realen Unterschied angesetzt haben. Allein aus dem Streit der Ausleger ergibt sich, daß hier eine eindeutige Erklärung des Aquinaten nicht vorliegt.

Auch bei Duns Scotus wird man eine so allgemeine Behauptung vergebens suchen. Duns Scotus fand, wie wir sahen, die Schwierigkeiten in erster Linie nicht bei der Relation, sondern bei der Zahl und der numeralen Einheit.

Ohne jede Einschränkung liest man die Behauptung bei Gredt. Er sagt: praeter substantiam novem sunt praedicamenta, accidentium, quae a substantia et inter se realiter distinguuntur[1].

Konsequenterweise sagt dann Gredt von der Relation: relationes praedicamentales dantur in rerum natura et a fundamentis suis distinguuntur realiter[2].

Es ist auch nicht leicht zu sagen, ob Ockham diese extreme Meinung nur diskussionsweise aufstellt, oder ob er sich mit einer wirklich vertretenen Meinung auseinandersetzen will. Wir werden im folgenden sehen, daß die Realität eines Akzidens die mögliche Selbständigkeit in sich schließt. Ein Vertreter dieser extremen Meinung würde also zugleich behaupten, daß in der Eucharistie nach der Vernichtung der Substanz nicht nur ein Akzidens, sondern daß alle Akzidenzen ohne Substrat existieren. Zum mindesten würde diese Behauptung von der selbständigen Existenz aller Akzidenzen in der Eucharistie die Behauptung der eignen Realität aller Akzidenzen in sich schließen.

---

[1] J. Gredt, El. Philos. Tom. II, Thesis XXI, p. 135.
[2] J. Gredt, El. Philos. Tom. II, Thesis XXII, p. 139.

Wie sich aus der Erörterung dieser Frage durch Duns Scotus ergibt, ist tatsächlich eine solche Meinung vertreten worden, die Meinung also, daß nach Vernichtung der Substanz alle Akzidenzen ohne Substrat existieren[1].

Nach der Angabe des Scholiums zu dieser Stelle handelt es sich um die Meinung des Gottfried von Fontaines. Dies würde auch mit dem Bericht zusammenstimmen, den de Wulf über Gottfried von Fontaines gibt[2].

Wenden wir uns der sachlichen Erörterung zu, so treffen wir in der Scholastik den Terminus Akzidens in zwei verschiedenen Bedeutungen. In der weiteren Bedeutung bezeichnet Akzidens eine Bestimmung, die nicht selbständig, sondern nur als Bestimmung eines anderen Seienden, also in oder an einem anderen Seienden existieren kann. Akzidens steht also hier im Gegensatz zur Substanz. In der engeren Bedeutung bezeichnet Akzidens eine Bestimmung, die an einem beharrenden Substrat wechseln kann. In dieser Bedeutung ist Akzidens der Gegensatz zu proprium.

Diese Bedeutungsverschiedenheit wird besonders fühlbar bei den Qualitäten. So kann man das esse rationale, also die spezifische Differenz des Menschen, als ein Akzidens in der weiteren Bedeutung bezeichnen. In der engeren Bedeutung dagegen ist diese Bestimmung kein Akzidens, sondern eine Wesensbestimmung (proprium), weil eben das Vernünftig-sein keinem Menschen fehlen kann. Dagegen sind Weiß-sein, Warm-sein, Zornig-sein, Gebildet-sein Akzidenzen im Sinne der engeren Bedeutung. Diese Bestimmungen kommen also entweder einem bestimmten Menschen manchmal zu und manchmal nicht zu, wie das Zornig-sein, oder sie kommen manchen Menschen zu und anderen Menschen nicht zu, wie das Weiß-sein.

---

[1] rep. par. IV D. 12, q. 2, 11; 24, 146a: alia est opinio, quae ponit, quodlibet accidens in Eucharistia esse sine subjecto, eo, quod nullum accidens potest esse subjectum alterius accidentis.

[2] de Wulf, Gesch. d. ml. Philos., S. 320: (Gottfried von Fontaines) scheut vor keiner Konsequenz des Prinzips zurück, und vervielfacht die Existenzakte des konkreten Wesens sogar in der Sphäre des Akzidentellen: tot sunt esse quot essentiae.

Wir handeln im folgenden vom Akzidens nur in der engeren Bedeutung des Begriffes; für uns ist also ein Akzidens die wechselnde Bestimmung eines beharrenden Substrates.

Für diesen Begriff geht die Scholastik aus von der Bestimmung des Aristoteles: Ein Akzidens kann einem Ding zukommen und kann demselben Ding auch nicht zukommen[1].

Die Scholastik benutzt diese Definition in der Formulierung des Porphyrius[2] und bestimmt daher: accidens est, quod adest vel abest praeter subjecti corruptionem[3], [4].

Für die Seinsbestimmung des Akzidens im Allgemeinen gehen wir von den Qualitäten aus. Mit Problemen der Qualität haben wir uns bereits im zweiten Teil beschäftigt. Dort wollten wir die Vorstellung der Alten uns deutlich machen, daß die Sonne erwärmen kann, ohne selbst eine qualitative Veränderung zu erleiden. Jetzt liegt uns an der anderen Seite dieses Vorgangs, und wir fragen, was die Erwärmung für denjenigen Körper bedeutet, der diese Erwärmung erleidet.

Wir haben bereits daran erinnert, daß man sich bei der griechischen wie bei der mittelalterlichen Betrachtung der Erwärmung ganz von unserer Vorstellung der Übertragung eines Wärmequantums lösen muß[5].

Die Griechen betrachten auch solche Vorgänge wie die Erwärmung von sehr ursprünglichen menschlichen Tätigkeiten her. Die Vorbilder für die Auslegung der Wärme sind daher etwa die Zeugung oder die Bildung. So ist auch das Gebildetsein das ständige Beispiel des Aristoteles für eine veränderliche Qualität.

Das Bilden ist für die Griechen ein Verhältnis zwischen Lehrer und Schüler. Der Lehrer bildet den Schüler, indem er ihm die Bildung »übermittelt«. Bei diesem Bilden des Schülers verliert aber

---

[1] Aristoteles, Topik I, 5; 112b 4: Συμβεβηκὸς δέ ἔστιν . . . καὶ ὃ ἐνδέχεται ὑπάρχειν ὁτῳοῦν ἑνὶ καὶ τῷ αὐτῷ καὶ μὴ ὑπάρχειν . . .

[2] Porphyrius Isagoge cap. 5: Συμβεβηκὸς δέ ἐστιν, ὃ γίνεται καὶ ἀπογίνεται χωρὶς τῆς τοῦ ὑποκειμένου φθορᾶς.

[3] Ockham, sum. tot. log. I, 25.

[4] Duns Scotus, super universalia Porphyrii q. 35, I, 393 ff.: Utrum haec definitio sit conveniens: accidens est, quod adest vel abest praeter subjecti corruptionem.

der Lehrer nichts von seiner eignen Bildung, das »Vermitteln« der Bildung ist keine Übertragung.

Das Bilden in bezug auf den Schüler, auf das es uns jetzt ankommt, bedeutet nach der Anschauung der Alten, daß der Schüler von der Möglichkeit, gebildet zu sein, in die Wirklichkeit des Gebildet-seins geführt wird. Was der Schüler der Möglichkeit nach besaß, erhält er jetzt der Wirklichkeit nach. Das Bilden bedeutet also, daß der Lehrer in dem Schüler eine neue Wirklichkeit weckt.

Von dieser Auffassung der Bildung her wird nun das Gebildet-sein als eine eigene Wirklichkeit aufgefaßt, die zu den bisherigen Bestimmungen des Schülers, etwa dem Weiß-sein, hinzugetreten ist. Die Bildung ist als eine neue Wirklichkeit hinzugebracht worden, sie ist, wie die Scholastik sagt, eine res addita.

Von dieser Auffassung der Bildung her wird nun auch die Wärme bestimmt. Erwärmung bedeutet, daß ein der Möglichkeit nach warmer Körper in die Wirklichkeit des Warmseins überführt wird. Während also für uns die Wärme des erwärmten Körpers schon vorher bestand, so daß die Erwärmung eines Körpers nur den Übergang der Wärme von einem anderen Körper auf diesen Körper bedeutet, ist für die scholastische Betrachtung die Wärme des erwärmten Körpers wirklich neu entstanden, ohne übrigens deshalb etwa aus dem Nichts entsprungen zu sein. Der Vorgang zeigt sich in seiner vollen Reinheit beim Erwärmen eines irdischen Körpers durch die unveränderliche Sonne, die Tatsache, daß bei den sublunarischen Körpern der wärmende Körper sich abkühlt, ist daher für die scholastische Betrachtung ein besonderes Problem.

Ein neues Akzidens ist also eine neue Wirklichkeit, die zu den schon vorhandenen Bestimmungen des Subjektes hinzutritt. Sie unterscheidet sich daher von den schon vorhandenen Qualitäten und von der Substanz wie ein wirkliches Ding von einem anderen wirklichen Ding, sie unterscheidet sich wie res und res. Die Realität der Qualität in diesem Sinne bedeutet also, daß eine Qualität als eine eigne Wirklichkeit zu einem schon vorhandenen in sich beständigen Sein hinzutreten kann.

Die Scholastik nimmt daher mit besonderem Nachdruck die Bestimmung des Aristoteles auf, nach der verschieden ist das Sein eines Akzidens und das Sein desjenigen, dem das Akzidens zukommt[1].

In diesem Sinne sind also für Thomas und Duns Scotus die Substanz, die Qualität und die Quantität Bestimmungen, die jeweils eine eigne Wirklichkeit haben[2].

Auch Ockham hält in Bezug auf die Qualität an dieser Bestimmung fest. Auch für ihn ist die Qualität ein absolutes Akzidens, eine »res absoluta realiter distincta ab omnibus absolutis addita«[3].

Diese eigene Wirklichkeit der Qualitäten beruht also darauf, daß die Qualitäten an einem beharrenden Substrat entstehen und vergehen können.

Diese aus der griechischen Philosophie geschöpfte Seinsbestimmung der Qualität, beziehungsweise der absoluten Akzidenzen als einer eignen Wirklichkeit (res absoluta) wird nun in der Scholastik weiter gebildet durch Bestimmungen, die von den Problemen der Transsubstantiation her notwendig werden. Wir müssen diese Bestimmungen bei Thomas, bei Duns Scotus und bei Ockham gesondert verfolgen.

Schon bei der Erörterung der quantitas continua haben wir gesehen, welch große Rolle die Probleme der Transsubstantiation für die scholastische Ontologie spielen. Wir haben jetzt den Einfluß dieser Probleme auf die allgemeine Bestimmung des akzidentalen Seins zu erwägen.

Die Probleme der Transsubstantiation fordern, daß entweder alle, oder zum mindesten gewisse Akzidenzen ohne Substanz müssen existieren können. Dies gilt wenigstens dann, wenn die Konsubstantiationstheorie oder die rein symbolische Auslegung des Altarsakramentes abgelehnt wird.

Für Thomas gilt daher, daß Gott ein Akzidens ohne Substanz erhalten und erschaffen kann[4]. Dies gilt im strengen Sinn freilich

---

[1] Aristoteles Physik I, 3; 186a 30: οὐ γὰρ ᾗ χωριστόν, ἀλλὰ τῷ εἶναι ἕτερον τὸ λευκὸν καὶ ᾧ ὑπάρχει.

[2] Bei Duns Scotus mit den bereits betrachteten Einschränkungen in Bezug auf die Zahl und die numerale Einheit.

[3] Ockham in I. sent. d. 24, q. 2 G; in I. sent. d. 24, q 1 E.

[4] In IV. sent. d. 12, q. 1: Deus potest facere accidens sine subjecto.

nur für die quantitas continua. Infolge der Seinsordnung zwischen den verschiedenen Akzidenzen[1] bleiben nämlich die anderen Akzidenzen, insbesondere die Qualitäten, in der Eucharistie an die quantitas continua gebunden[2].

Wenn nun Akzidenzen ohne Substanz existieren können, dann muß umgekehrt auch die Substanz ohne die Akzidenzen existieren können. Die Abhängigkeit der Akzidenzen von der Substanz ist ja gewiß sehr viel größer, als die Abhängigkeit der Substanz von den Akzidenzen[3].

Eine solche Erhaltung der Substanz ohne ihre Akzidenzen hat freilich Grenzen, und Thomas sagt deshalb auch: ad minus aliquibus. Eine Substanz kann offenbar nicht derjenigen Bestimmungen beraubt werden, die ihr Wesen begründen. So kann zum Beispiel dem Menschen weder die Bestimmung »ens rationale« noch die Bestimmung »ens creatum« genommen werden[4]. Beide Bestimmungen können aber im weiteren Sinne als Akzidenzen betrachtet werden.

Wir kommen also von der Transsubstantiation her zu folgendem Ergebnis: die Ausdehnung (quantitas continua) kann ohne die Substanz existieren, und umgekehrt kann infolgedessen die Substanz ohne die Quantität existieren.

Von der Qualität kann eine solche Trennbarkeit nicht in jedem Sinne behauptet werden. Zunächst besteht, wie wir schon gesehen haben, ein Seinsvorrang der Quantität vor der Qualität. Infolgedessen ist in einer materiellen Substanz die Qualität direkt in der Quantität, und erst durch die Vermittlung der Quantität in der Substanz fundiert[5]. Diese Fundierung der Qualität in der Quantität bleibt auch in der Eucharistie aufrechterhalten. Während also bei der Quantität

---

[1] sum. c. gent. IV, 63: inter accidentia vero quidam ordo considerandus est.

[2] sum. theol. III, 77, 1, c: quantitas dimensiva est subjectum accidentium, quae remanent in subjecto.

[3] In IV. sent. d. 10 a. 2, q. 3; 12, 226a: posset autem Deus facere, ut sine accidentibus propriis esset, ad minus aliquibus.

[4] de veritate q. 21 a. 6 ad 6; 17, 15b: sicut ab eo fieri non potuit, quod aliquid esset homo, qui non esset animal rationale.

[5] sum. theol. III, 77, 2, c: omnia accidentia referuntur ad subjectum mediante quantitate dimensiva.

vom Geschehen in der Transsubstantiation auf die ontologische Möglichkeit geschlossen werden kann, ist dies bei der Qualität nicht möglich.

Nun ist es allerdings nicht notwendig, daß in der Transsubstantiation die ontologischen Möglichkeiten der Qualität ausgeschöpft werden, und Thomas wirft daher in den Quodlibeta q. VII a. X thematisch die Frage auf, ob die Qualität auch ohne Quantität existieren könne.

Er entscheidet sich dahin, daß dies zwar an sich möglich sei. Eine solche ohne Quantität und ohne Substanz existierende, also gewissermaßen isolierte Qualität hat aber kein Sein im vollen Sinne, es fehlt ihr vielmehr die Individuation, die ihr nur aus der Quantität zukommen kann. Die Qualität kann also zwar ohne Substanz und ohne Quantität existieren, sie hat aber dann kein volles Sein [1].

Für alle anderen Kategorien ist eine Existenz ohne Subjekt unmöglich. Dies gilt nicht nur für die sechs letzten Kategorien, sondern auch schon für die Relation. Allerdings müssen wir hier unterscheiden zwischen den Relationen im göttlichen und zwischen den Relationen im geschaffenen Sein. Wir handeln nur von den Relationen im geschaffenen Sein, und von diesen gilt, daß keine Relation ohne fundierende Substanzen, Quantitäten oder Qualitäten bestehen kann. Diese fundierenden Kategorien sind ja die Fundamente der Relation, und eine Relation im geschaffenen Sein kann nicht ohne Fundamente existieren.

Thomas kommt zu dem Ergebnis, daß die Substanz ohne Quantität und Qualität, daß die Quantität ohne die Substanz, und daß die Qualität ohne die Quantität und ohne die Substanz existieren kann.

Nun bezeichnet die Realität (realitas) den eigentlichen Seinscharakter dieser drei Kategorien. Aus den eben dargelegten Möglichkeiten der selbständigen Existenz ergibt sich aber, daß das Sein der Quantität und der Qualität, auf das wir jetzt abzielen, nicht nur darin besteht, daß die Quantität und die Qualität als eigne Wirklichkeiten

---

[1] Thomas quodlibeta q. VII a. X; 17, 375a: posset ergo fieri miraculo, ut natura albedinis subsisteret absque omni quantitate, tamen illa albedo non esset sicut haec albedo sensibilis, sed esset quaedam forma intelligibilis ad modum formarum separatarum, quas Plato posuit.

zur Substanz hinzutreten. Die Quantität und die Qualität besitzen vielmehr ein solches Sein, daß sie je für sich selbständig existieren können.

Das Sein der Quantität wie der Qualität ist also für Thomas nicht nur ein Sein eigner Wirklichkeit, sondern ein Sein möglicher Selbständigkeit (bei der Qualität unter Berücksichtigung der angezeigten Einschränkungen).

Durch diese Bestimmung der Quantität und der Qualität als eines Seins möglicher Selbständigkeit bekommt nun auch die Unterscheidung zwischen diesen beiden Kategorien als den realen Bestimmungen und den allgemeinen Seinsbegriffen als den transzendentalen Bestimmungen die eigentliche Schärfe. Die Quantität wie die Qualität bringt ihrem Substrat eine neue Wirklichkeit hinzu[1]; sie kann dies deshalb, weil sie auch ohne Substrat existieren kann. Die transzendentalen Bestimmungen dagegen bringen keine Wirklichkeit hinzu, und dies kommt schon darin zum Ausdruck, daß diese Seinsbestimmungen, wie etwa die transzendentale Einheit, niemals für sich allein existieren können.

Wir haben also für Thomas ein erstes Ergebnis gewonnen. Das Sein der absoluten Kategorien bezeichnet Thomas als Realität (realitas). Dies Sein der absoluten Kategorien bedeutet, daß diese Kategorien selbständig existieren können. Das Sein der absoluten Kategorien, die Realität, bestimmt sich also im Unterschied gegen das Sein der transzendentalen Seinsbestimmungen nicht nur als ein Sein eigner Wirklichkeit, sondern darüber hinaus als ein Sein möglicher Selbständigkeit.

Auch Duns Scotus geht von den Problemen der Transsubstantiation aus. Zu den Konsequenzen dieser Lehre gehört auch für Duns Scotus die Anschauung, daß die materiellen Substanzen ihrer Akzidenzen beraubt und ohne diese Akzidenzen existieren können[2].

Bei den Akzidenzen unterscheidet Duns Scotus zwischen absoluten und relativen Akzidenzen[3].

---

[1] sum. theol. I, 11, 1, ad 1: (addit rem) sicut album supra hominem.
[2] rep. par. IV d. 12, q. 2; 24, 143. vgl. auch P. Minges, Duns Scoti doctrina . . . I, 76 f.
[3] rep. par. IV d. 12, q. 1; 24, 135a.

In der Frage, welche Kategorien als absolute Akzidenzen zu bezeichnen sind, nimmt Duns Scotus in den beiden Sentenzenkommentaren eine verschiedene Stellung ein.

Im Pariser Kommentar betrachtet Duns Scotus die Quantität und die Qualität als absolute Kategorien und setzt ihnen die Relation und die sechs letzten Kategorien als relative Kategorien entgegen.

Über die Existenz der Akzidenzen in der Eucharistie findet er zwei Meinungen vor. Thomas will nach dem Referat des Pariser Kommentars eine Selbständigkeit nur für die Quantität anerkennen, die anderen Akzidenzen, insbesondere die Qualität, bleiben an die Quantität gebunden. Gottfried von Fontaines dagegen vertritt die Meinung, in der Eucharistie existiere jedes einzelne Akzidens auch für sich allein, also ohne Subjekt. Duns Scotus entscheidet sich für eine mittlere Position. Nur die Quantität und die Qualität als die absoluten Akzidenzen können für sich allein existieren, die anderen Kategorien dagegen bleiben an die absoluten Kategorien gebunden[1]. Dies bedeutet, wie Duns Scotus in der Auseinandersetzung mit Thomas ausdrücklich hervorhebt, daß die Qualität ohne Substanz und ohne Quantität in voller Wirklichkeit, also auch in voller Individuation existieren kann[2].

Diese mögliche Selbständigkeit der Qualität ist übrigens in der Eucharistie nicht verwirklicht. In diesem Sakrament sind vielmehr die Qualitäten, für Duns Scotus wie für Thomas, in der Quantität fundiert[3].

Im Gegensatz zu diesen klaren Bestimmungen des Pariser Kommentars will sich Duns Scotus im Oxforder Kommentar, wie wir

---

[1] rep. par. IV d. 12, q. 2; 24, 147 a: respondeo ad quaestionem tenendo viam mediam inter istas opiniones, et dico, quod, si quaestio quaerat de possibili, dico, quod non solum quantitas potest esse sine subjecto, sed et qualitas contra primam opinionem, quae tantum hoc concedit de quantitate (Duns Scotus ist also der Ansicht, daß Thomas auch die Möglichkeit einer isolierten Qualität bestreitet).

[2] rep. par. IV d. 12, q. 2; 24, 143 a: esset igitur haec albedo, licet esset sine quantitate, quia modo existens in quantitate non est haec per quantitatem, sed per aliquid indivisibile sui generis, . . .

[3] rep. par. IV d. 12, q. 2; 24, 147 b: dici tamen potest, quod de facto qualitas est ibi in quantitate, sicut in proximo susceptivo.

schon im ersten Teil gesehen haben, zwischen den beiden einander widerstreitenden Anschauungen über das Sein der Quantität nicht entscheiden. Er hält hier beide Meinungen für möglich. Es bleibt also möglich, daß beide, die Qualität wie die Quantität ein absolutes Sein haben, es bleibt aber auch möglich, daß, wie die andere Meinung will, nur die Qualität ein absolutes Sein hat.

Die erste Auffassung deckt sich also mit der Bestimmung, die Duns Scotus selbst in den Pariser Reportationen vorträgt. Für die zweite Auffassung, für die nur die Qualitäten ein absolutes Sein haben, können offenbar auch nur die Qualitäten nach der Umwandlung ohne Subjekt existieren.

Für die erste Meinung bleibt zwar die Qualität ihrem tatsächlichen Verhalten nach in der Eucharistie an die Quantität gebunden; aber diese Bindung bezieht sich nur auf das tatsächliche Verhalten. Grundsätzlich kann nach dieser Meinung die Qualität für sich allein, das heißt also ohne Substanz und Quantität, existieren[1].

Während also die beiden Sentenzenkommentare in der Frage der Quantität auseinandergehen, wird die Qualität stets als ein absolutes Akzidens angesetzt. Die Qualität hat also stets die volle Möglichkeit der selbständigen Existenz.

In dieser Seinsbestimmung der Qualität geht Duns Scotus über Thomas hinaus. Nach Thomas erreicht die Qualität bei der an sich möglichen Selbständigkeit nicht mehr die volle Existenz, es fehlt ihr die Individuation; nach Duns Scotus dagegen hat die von der Substanz und der Quantität getrennte Qualität — etwa die albedo separata[2] — ein volles Sein.

Dies Hinausdrängen des Duns Scotus über den Aquinaten wird auch noch in einem anderen Punkte wirksam. Duns Scotus bekämpft nämlich ausdrücklich die Meinung, nach der Gott der subjektsberaubten Quantität in irgend einem Sinne ein neues Sein geben muß. Ein Akzidens hängt ja wesentlich — wie Thomas sagt — von seinem Subjekt ab, und Thomas hatte deshalb bestimmt, daß die Quan-

---

[1] Duns Scotus op. ox. IV d. 12, q. 2; 17, 565—567.
[2] Duns Scotus rep. par. IV d. 12, q. 2; 24, 144a.

tität nach der Vernichtung der Substanz aus göttlicher Kraft existiere[1].

Für Duns Scotus dagegen bedarf die Quantität nach Vernichtung der Substanz keiner neuen Stütze. Sie existiert kraft des Seins, das sie bereits vor der Umwandlung hatte; sie hat lediglich die Inhärenz, das heißt aber, sie hat lediglich eine Beziehung auf die Substanz verloren[2].

In diesen verschiedenen Bestimmungen kommt zum Ausdruck, daß für Thomas der Seinsbegriff nur ein analoger Begriff ist, während Duns Scotus an einem univoken Seinsbegriff festhält. Thomas kann, vom Analogiecharakter des Seins ausgehend, das Sein der Substanz, das Sein der Quantität, das Sein der Qualität, das Sein der Relation gegeneinander abstufen. Duns Scotus hält an der streng einheitlichen Bedeutung des Seinsbegriffes fest; für ihn ist daher das Sein der Qualität im Grunde dasselbe wie das Sein der Substanz. Der Unterschied zwischen dem Sein der Substanz und dem Sein der Qualität liegt nicht im Sein als solchem, sondern in einer Relation, also für die Qualität in der Relation der Inhärenz.

Die absoluten Akzidenzen besitzen also für Duns Scotus die volle Möglichkeit selbständigen Seins. Vielleicht müßte man bei einer thematischen Betrachtung der Bestimmungen des Doctor subtilis über diese Formulierung noch hinausgehen. In gewissem Sinne ist das Sein der Qualität in einer materiellen Substanz für Duns Scotus schon mehr als die bloße Möglichkeit einer selbständigen Existenz, ist schon fast eine selbständige Existenz selbst. Wir können diese Frage offen lassen, da eine solche Verschärfung der Bestimmung unsere Formulierung ohne weiteres in sich schließen würde.

Der eigentliche Seinscharakter des absoluten Akzidens besteht nun, wenn wir die Bestimmungen des Duns Scotus zusammenfassen, darin, daß ein absolutes Akzidens selbständig, ohne jede andere absolute oder relative Bestimmung existieren kann. Ein solches Seiendes bezeichnet nun auch Duns Scotus wieder als beson-

---

[1] Thomas sum. c. gent. IV c. 65: nec est impossibile, quod accidens, virtute divina, subsistere possit sine subjecto.

[2] Duns Scotus op. ox. IV d. 12, q. 1; 17, 520b; rep. par. IV d. 12, q. 1; 24, 157a.

deres Ding (res) und sein Sein als Realität (realitas). Wir kommen also auch für Duns Scotus zur abschließenden Bestimmung: Das akzidentale Sein, also das Sein der absoluten Akzidenzen wird bestimmt als Realität im strengen Sinn, und meint ein Sein möglicher Selbständigkeit. Realität in diesem strengen Sinne besitzen die absoluten Kategorien, also die Substanz, die Qualität und — mit den betrachteten Einschränkungen — die Quantität.

Diese Bestimmung des Seins der Qualität als eines Seins möglicher Selbständigkeit bleibt auch für Ockham gültig; sie wird darüberhinaus für Ockham der Ausgangspunkt, gegen den hin das Sein der anderen Kategorien als ein transzendentales Sein bestimmt wird.

Auch für Ockham bleiben ja die Probleme der Transsubstantiation leitend. Es muß also mindestens ein Akzidens ohne Substanz existieren können, und dies ist für Ockham die Qualität.

Ockham vertritt dann ebenfalls die Konsequenz, daß umgekehrt auch die Substanz ohne Akzidenzen existieren kann. Er behandelt diese Frage thematisch in Kapitel XIII des Traktates »de sacramento altaris«: quod omnipotentia Dei potest facere substantiam sine omni accidente absoluto formaliter inhaerente sibi[1].

Er geht wie Thomas und Duns Scotus davon aus, daß Gott die Akzidenzen ohne Substanz erhalten kann. Nun ist aber die Abhängigkeit des Akzidens von der Substanz größer als die umgekehrte Abhängigkeit der Substanz vom Akzidens. Also kann es keinen Widerspruch einschließen, daß eine Substanz ohne die (veränderlichen) Akzidenzen existiert[2]; ein solches Sein der Substanz ohne Akzidenzen ist daher widerspruchsfrei und kann infolgedessen von Gott verwirklicht werden.

Die Quantität dagegen hat kein absolutes Sein, sie ist, wie wir im ersten Teil gesehen haben, nur ein transzendentaler Modus zusammengesetzten absoluten Seins, der materiellen Substanzen und Qualitäten also. Sie kann infolgedessen nicht ohne Substanz

---

[1] de sacramento altaris ed. Birch.

[2] de sacramento altaris, S. 222: igitur contradictionem non includit, substantiam sine accidente posse per se subsistere. Vgl. auch in I. sent. d. 24, q. 1; quia talis substantia per divinam potentiam potest separari a tali qualitate ipsa substantia remanente.

oder Qualität existieren, hat also kein Sein möglicher Selbständigkeit. Umgekehrt kann dann auch den Trägern dieses transzendentalen Seins der Quantität diese Quantität nicht einmal durch göttlichen Eingriff genommen werden. Die quantitativen Bestimmungen sind daher von jedem Sein, dem sie überhaupt zukommen, unabtrennbar, und die Ausdehnung ist daher von der Farbe ebenso unabtrennbar, wie die transzendentale Einheit unabtrennbar ist von jedem Seienden überhaupt.

Entscheidend bleibt für uns zunächst die Kennzeichnung der Qualität. Die Qualität ist ebenso wie die Substanz ein Ding für sich (res absoluta). Sie ist daher sachhaltig verschieden (realiter distincta) von jedem anderen absoluten Sein, das heißt also von der Substanz und von jeder anderen Qualität. Von der Transsubstantiation her bedeutet dann weiter die seinsmäßige Bestimmung der Qualität als Realität nicht bloß Trennbarkeit in dem Sinne, daß die Qualitäten von einer beharrenden Substanz getrennt werden könnten, wobei die Qualitäten selbst vergehen, sondern die Trennbarkeit bedeutet mögliche Selbständigkeit. Eine einer Substanz inhärierende Qualität kann also in der Weise von der Substanz getrennt werden, daß beide, die Substanz und die Qualität, getrennt voneinander und getrennt von jedem anderen absoluten Sein selbständig existieren.

Die Qualitäten sind daher für Ockham die eigentlichen Akzidenzen, sie erfüllen den eigentlichen Begriff des Akzidens in seinem strengen Sinn: accidens multipliciter accipitur: uno modo stricte pro aliquo reali aliquid aliud formaliter informante, sicut albedo dicitur accidens parietis, quem formaliter informat, cum quo non facit unum per se[1].

Die Qualität hat also für Ockham ein absolutes Sein, sie hat eine eigne Realität, und diese Bestimmung der Qualität als absolutes Sein eigner Realität meint ein Sein möglicher Selbständigkeit.

Von dieser ontologischen Bestimmung her kann nun Ockham sagen, daß es nur drei oberste Seinsbereiche oder Kategorien gebe, die Substanz, die Qualität und die Beziehung[2].

---

[1] In I. sent. d. 24, q. 1 D.
[2] In I. sent. d. 8, q. 2 D: quaedam sunt genera, quae significant res simpliciter et absoluta sine omni connotatione; et si ita esset, posset dici, quod sunt tantum tria genera generalissima scilicet substantia, qualitas et respectus.

196

Prantl will in dieser Bestimmung einen Gegensatz gegen die Zehnzahl der Kategorien finden[1]. Nun wird man zwar Prantl dahin Recht geben müssen, daß die Zehnzahl der Kategorien eine höchst fragwürdige Bestimmung darstellt. In der vorliegenden Behauptung Ockhams muß man aber doch wohl nicht unbedingt einen Widerspruch gegen die Zehnzahl der Kategorien sehen. Wir haben im Gegenteil wiederholt beobachten können, daß Ockham an der traditionellen Gliederung der Kategorien, und daß er insbesondere an der Zehnzahl der Kategorien festhält[2]. Ich möchte glauben, daß mit einer logischen Gliederung in zehn Kategorien eine ontologische Gliederung in drei oberste Seinsbereiche durchaus verträglich ist. Ich fasse daher diese Bestimmung als eine rein ontologische auf.

Es gibt also für Ockham drei Grundmöglichkeiten des Seins: die Substanz als absolutes Ding für sich, die Qualität als absolutes Akzidens, den Zusammenhang (respectus) als transzendentale Bestimmung. Unter den Zusammenhang wären insbesondere einzureihen die Relation und die Quantität.

Diese Gliederung des Seins in Substanz, Akzidens, Relation hat in der Geschichte des Philosophie bis auf Kant keine geringe Bedeutung gehabt.

Diese Seinsbestimmung des absoluten Akzidens, bei der Thomas, Duns Scotus und Ockham in bezug auf die Qualität übereinstimmen[3], zieht eine Reihe von Bestimmungen nach sich, die ich wenigstens kurz anzeigen will.

Die Qualität inhäriert im natürlichen Zustand der Substanz. Sie verschmilzt aber dabei keineswegs mit der tragenden Substanz zu einer Einheit, sondern bleibt seinsmäßig getrennt. Sie geht daher mit der tragenden Substanz nur eine Zusammensetzung ein. Wir haben schon Ockhams Bestimmung angeführt: albedo dicitur

---

[1] Prantl, Gesch. der Logik III, 572, Anm. 870.
[2] Man vergleiche hierzu den ganzen Aufbau der summa totius logicae, und wenn man die Logik als »Schulbuch« nicht allein gelten lassen will, den Aufbau von in I. sent. d. 30 q. 2.
[3] Thomas immer nur mit den Einschränkungen, die aus dem Analogiecharakter des Seins fließen.

197

accidens parietis, quem formaliter informat, cum quo non facit unum per se[1]. In demselben Sinne sagt Thomas: quia esse accidentis est inesse et dependere et compositionem facere cum subjecto per consequens[2]. Dieselbe Bestimmung einer bloßen Zusammensetzung von Substanz und Qualität gilt erst recht für Duns Scotus[3].

Diese Selbständigkeit des akzidentalen Seins führt weiter auf die Bestimmung, daß ein absolutes Akzidens ein eignes Wesen, eine eigne Essenz besitzt. Diese Bestimmung geht aus von einer Stelle in der Metaphysik[4] und wird von allen Scholastikern gleichmäßig angesetzt. So sagt Thomas: sed similiter qualitas differt per essentiam a quantitate[5]. Duns Scotus sagt: Sed accidens habet essentiam et per se unam et est alterius generis a subjecto suo[6]. Ockham sagt schließlich in gleichem Sinne: sicut substantia et qualitas sunt res distinctae, quarum neutra est de essentia alterius[7].

Diese Seinsbestimmung der Qualität drückt sich nun auch terminologisch in einer Reihe von Ausdrücken aus, die wir bei den Scholastikern immer wieder treffen, den Ausdrücken nämlich von der Form: substantia habet albedinem, albedo est in substantia, substantia est alba albedine.

Man darf diese Ausdrücke keineswegs bildlich fassen, muß sie vielmehr ihrem vollen Wortlaut nach zur Anschauung bringen. Die weiße Farbe oder die Wärme, um nur zwei Qualitäten zu nennen, sind für die scholastische Ontologie etwas so Selbständiges, daß es tatsächlich nicht weiße oder warme Dinge sind, die in eigentlich geschlossenem Sein existieren, sondern Dinge, die die weiße Farbe oder die Wärme haben und tragen. Dieses Haben — eine Substanz hat Wärme — ist ein Haben im strengsten Sinne, in dem Sinne, in dem ein Ding ein anderes Ding hat und enthält.

---

[1] Ockham in I. sent. d. 24, q. 1 D.
[2] Thomas in I. sent. d. 8, q. 4 a. 3 c; 9, 122 b.
[3] Duns Scotus in IV, sent. d. 12, q. 1; 17, 555 b.
[4] Aristoteles Metaphysik VII, 4; 1030 b 12: διὸ καὶ λευκοῦ ἀνθρώπου ἔσται λόγος καὶ ὁρισμός, ἄλλον δὲ τρόπον καὶ τοῦ λευκοῦ καὶ οὐσίας.
[5] Thomas in I. sent. d. 8, q. 4 a. 3 c; 9, 122 b.
[6] Duns Scotus rep. par. IV d. 12, q. 1; 24, 135 b.
[7] Ockham in I. sent. d. 30, q. 1 C.

So müssen wir auch den Ausdruck: die Wärme ist im Stein, als ein wirkliches Darin-sein im strengsten Sinne des Wortes auffassen. Schließlich müssen wir auch den Ausdruck: etwas ist warm durch die Wärme, in voller Anschaulichkeit auffassen als: etwas ist warm durch die Anwesenheit der Wärme.

Die anschauliche Bedeutung dieser Ausdrücke wird besonders deutlich, wenn man die Probleme des transzendentalen Seins oder die Probleme der göttlichen Eigenschaften heranzieht. Von Gott kann man nicht sagen, daß er durch die Anwesenheit der Gerechtigkeit gerecht ist. Ebensowenig kann man von einem Seienden in bezug auf seine transzendentale Einheit sagen, es sei Eines durch die Anwesenheit der Einheit, oder die Einheit sei in ihm, oder es habe die Einheit. Sagt man einmal von einem Seienden, es habe die Einheit, (in transzendentalem Sinne) dann ist dies Haben der Einheit bildlich gemeint, während der Ausdruck: der Stein hat die Wärme, in voller Anschaulichkeit erfaßt werden muß.

Die Bestimmung des Seins der absoluten Akzidenzen als eines Seins möglicher Selbständigkeit geht nun über die aristotelischen Bestimmungen hinaus. Es ist zwar in neuerer Zeit versucht worden, diese Lehre von der möglichen Selbständigkeit der absoluten Akzidenzen aus der aristotelischen Ontologie zu begründen[1]. Ein solcher Versuch widerspricht aber der klaren Bestimmung des Aristoteles[2].

Die Scholastiker haben offen zum Ausdruck gebracht, daß die Lehre von der Trennbarkeit der Akzidenzen nur aus theologischen Problemen notwendig werde, und daß sie aus rein philosophischen Gründen nicht zu beweisen sei. So sagt Thomas ausdrücklich: Et ita, etiam licet sit secundum communem naturae ordinem, quod accidens sit in subjecto, ex speciali tamen ratione secundum ordinem gratiae accidentia sunt in hoc sacramento sine subjecto[3].

---

[1] P. Sedlmayer, Die Lehre des hl. Thomas von den accidentia sine subjecto remanentia, untersucht auf ihren Einklang mit den aristotelischen Philosophi, Divus Thomas 12, 1934, vertritt den Standpunkt, daß Aristoteles zwar »formell die Inseparabilität lehrt«, daß aber dennoch »der in seinem tieferen und richtigen Sinn erfaßte Begriff des Akzidens zur Rechtfertigung der thomistischen Separabilitätstheorie« führt.

[2] Met. VII, 1; 1028 a 33: τῶν μὲν γὰρ ἄλλων κατηγορημάτων οὐδὲν χωριστόν, αὕτη (die Substanz) δὲ μόνη.

[3] Thomas sum. theol. III, 77, 1, ad 1.

Denselben Standpunkt nehmen auch Duns Scotus und Ockham ein[1],[2].

Dieser Begriff der Qualität als eines Seins möglicher Selbständigkeit ist nun der eigentliche Ausgangspunkt für Ockham. Ockham wehrt sich dagegen, daß von diesem zugespitzten Seinsbegriff des absoluten Akzidens alle anderen Kategorien, insbesondere die Quantität und die Relation, ausgelegt werden.

Ockham macht geltend, und die Berechtigung eines solchen Einwandes kann wohl nicht gut von vorneherein abgestritten werden, daß nicht einzusehen sei, weshalb alle Akzidenzen von einem bestimmten Akzidens, nämlich von der Qualität her ausgelegt werden müssen. Ockham macht weiterhin mit Recht geltend, daß im Ansatz des transzendentalen Seins eine ganz andere Seinsmöglichkeit aufgetaucht ist, und daß zunächst jedenfalls die Möglichkeit erwogen werden muß, die Quantität und die Relation nicht von der Qualität, sondern vom transzendentalen Sein her zu verstehen.

Nun wird der Qualität im Unterschied von den transzendentalen Bestimmungen eine eigne Realität zugesprochen. Wenn also Ockham die Quantität und die Relation von den transzendentalen Bestimmungen her interpretieren will, dann muß er damit zugleich die Realität dieser Kategorien in dem herausgestellten Sinne eines Seins möglicher Selbständigkeit leugnen. Besitzen die Quantität und die Relation das Sein der Qualität, so besitzen sie eine eigne Realität; besitzen die Quantität und die Relation das Sein der transzendentalen Bestimmungen, so besitzen sie keine eigne Realität. Dies ist der eigentliche Sinn der Auseinandersetzung um die Realität dieser Kategorien. Auch die Fragen, die die zusammengesetzten Arten der Quantität betreffen, etwa wie die Frage, ob die Bewegung oder ob die Zeit Realität habe, müssen von hier her verstanden werden.

Mit dem Begriff der Realität im heutigen Sinne, also etwa mit dem Problem eines subjektiven Idealismus, haben alle diese Fragen gar nichts zu tun. Realität in diesem Sinne bedeutet ein Sein möglicher

---

[1] Duns Scotus op. ox. IV d. 12, q. 1; 17, 545a.

[2] Ockham d. 50, q. 1 N: cum sequendo rationem naturalem debet dici, quod accidens non potest esse sine subjecto nec subjectum sine accidente.

200

Selbständigkeit. Die Frage, ob die Quantität, ob die Relation, ob etwa die Zeit Realität habe, geht also dahin, ob diese Bestimmungen möglicherweise selbständig existieren können, ob es also eine separierte Quantität, ob es eine separierte Relation, ob es eine separierte Zeit geben könne. Diese Frage wiederum geht für die scholastische Ontologie dahin, ob Gott ein solches isoliertes Sein, etwa eine isolierte Quantität oder eine isolierte Relation oder eine isolierte Zeit, erschaffen oder erhalten kann. Von hier aus wird uns die außerordentliche Bedeutung der Argumentation aus göttlichem Eingriff verständlich. Wir trafen diese Argumentation bei Ockham Seite für Seite. Jetzt erkennen wir den eigentlichen Sinn. Kann Gott, sei es auch nur durch einen wunderbaren Eingriff in die einmal geordnete Natur, ein bestimmtes Seiendes, etwa die Zeit, in völliger Selbständigkeit erschaffen oder erhalten, dann hat dies Seiende ein Sein möglicher Selbständigkeit und damit Realität im strengen Sinne. Kann ein Seiendes nicht einmal durch Gottes Allmacht eine isolierte Existenz erhalten, dann besitzt dies Seiende kein Sein möglicher Selbständigkeit, also keine Realität.

Hierbei wird immer wieder deutlich, daß Ockhams Ausgangspunkt nicht Thomas, sondern Duns Scotus gewesen ist; denn nur bei Duns Scotus findet sich der volle Begriff einer möglichen Selbständigkeit der Qualität. Bei Thomas dagegen kann infolge des Analogiecharakters des Seins von einer solchen Seinsmächtigkeit der Qualität in strengem Sinne nicht die Rede sein.

Nachdem wir so den geschichtlichen und sachlichen Ausgangspunkt Ockhams gewonnen haben — es ist die Seinsbestimmung des absoluten Akzidens bei Duns Scotus als eines Seins möglicher Selbständigkeit — können wir uns nun den Schwierigkeiten zuwenden, die entstehen, wenn man versucht, den Begriff des transzendentalen Seins an sich oder im Gegensatz gegen das akzidentale Sein zu bestimmen.

§ 48. Entspricht jeder Kategorie ein besonderes Ding (res)?

Wir haben die Frage erörtert, was die Scholastik unter Realität verstehe und gefunden, daß die Realität der absoluten Kategorien mögliche Selbständigkeit meint. Von dieser Bestimmung her können wir die Frage wieder aufnehmen, ob jeder Kategorie eine eigne Realität entspricht, ob also die Formel zutrifft: tot praedicamenta, tot res. In dieser Formel ist das Problem später vielfach erörtert worden, und auch Ockham wählt einen Ausdruck, der dieser Formel schon recht nahe kommt[1].

Wenn in einer solchen Erörterung gesagt wird: tot praedicamenta, tot res, so soll offenbar gesagt werden, daß jeder Kategorie je eine bestimmte res entspreche, und daß jeweils zwei verschiedenen Kategorien stets zwei verschiedene Realitäten entsprechen.

In diesem Sinne soll also nicht nur den absoluten Kategorien, der Substanz , der Qualität und gegebenenfalls der Quantität, eine eigne Realität entsprechen, sondern auch den sieben anderen Kategorien: relatio, actio, passio, quando, ubi, situs und habitus.

Die in der Formel: tot praedicamenta, tot res aufgestellte Forderung kann man sich an den Transzendentalien verdeutlichen.

Wenn ein besonderes Ding, etwa eine Substanz, als ein Unum, Bonum, Verum angesprochen wird, dann entspricht zwar jeder dieser drei Bestimmungen ein Ding (res), eben die angesprochene Substanz; aber jeder dieser drei transzendentalen Bestimmungen entspricht dasselbe Ding, also dieselbe Realität. Es wird daher von Thomas, von Duns Scotus und von Ockham einmütig gelehrt, daß den transzendentalen Bestimmungen keine eigne Realität entsprechen solle. Bildet man also etwa die Formel, tot transcendentia, tot res, so würde diese Formel von den drei großen Lehrern der Scholastik einmütig abgelehnt werden.

In diesem Sinne wird also durch die Formel: tot praedicamenta tot res nicht verlangt, daß jeder Kategorie überhaupt eine Realität entsprechen solle, sondern daß jeder Kategorie jeweils eine besondere Realität entspreche.

Man könnte dieser Frage dadurch entgehen, daß man annimmt, der Begriff res sei nicht univok. Es würde dann also der Relation ebenso eine res entsprechen, wie der Qualität, aber res würde dann, wenn es

---

[1] d. 30, q. 5Y: non oportet, quod sit tanta distinctio inter res importatas, quanta est inter terminos importantes, et ideo, quamvis sint tot praedicamenta distincta, non tamen oportet, quod tot distinctae res correspondeant eis.

202

bei der Relation gebraucht wird, etwas anderes bedeuten, als wenn es bei der Qualität gebraucht wird.

Trotzdem vielleicht bei Thomas eine gewisse Bedeutungsentfaltung vorliegt, wenn res einmal auf die Quantität und das andere Mal auf die Qualität bezogen wird, so glaube ich doch nicht, daß die Scholastiker eine völlige Auflösung der einheitlichen Bedeutung von res im Ernst gewollt haben. Es muß jedenfalls einen Sinn von res geben, in dem etwa Thomas von der transzendentalen Einheit sagen kann: non addit rem[1].

Duns Scotus hat über die Frage der möglichen Bedeutungen von res in den Quodlibeta eine ausdrückliche Untersuchung vorgelegt.

Er setzt dort auseinander, daß man drei Bedeutungen von res unterscheiden muß. Die erste Bedeutung entfaltet sich wieder zu zwei Bedeutungen, so daß wir insgesamt vier Bedeutungen erhalten.

In der ersten Bedeutung ist res eine der sechs Transzendentalien. Res in dieser Bedeutung ist also infolge der Konvertibilität aller Transzendentalien auch mit ens konvertibel. Infolgedessen ist jedes Ens auch eine Res, und es ergibt sich die zunächst überraschende Konsequenz, daß auch ein Ens rationis eine Res ist. Es ist also ein viereckiger Kreis weder ein Ens noch eine res, der goldene Berg des Märchens dagegen ist ein Ens rationis und daher auch eine Res. Realität in diesem Sinn bedeutet also Möglichkeit im Sinne eines widerspruchsfreien Seins, und in diesem Sinne hat also auch der goldene Berg des Märchens Realität[2].

Die zweite Bedeutung von res ist nach Duns Scotus diejenige Bedeutung, in der wir heute häufig den Terminus Realität gebrauchen[3]. Hier bedeutet Realität nicht nur eine bloße Vorstellung, sondern eine Wirklichkeit, also esse extra mentem, esse extra actum intellectus. In diesem Sinne ist jedes kategoriale Sein ein reales Sein. Duns Scotus spricht es an dieser Stelle nicht ausdrücklich aus, er lehrt aber häufig, daß das formale Sein ein reales Sein ist. Die Realität

---

[1] Thomas sum. theol. I, 11, 1, ad 1.

[2] quodlibeta q. 3; 25115 ff.: ens ergo vel res isto primo modo accipitur omnino communissime et extendit se ad quodcumque, quod non includit contradictionem, sive sit ens rationis . . . sive sit ens reale.

[3] Ebd.: dicitur res, quod habere potest entitatem extra animam.

des formalen Seins ist offenbar die Realität in diesem zweiten Sinne. Auch das formale Sein, also etwa das Sein der Transzendentalien, das Sein der göttlichen Eigenschaften, das Sein der Universalien ist also real im Sinne extramentalen Seins.

In der dritten Bedeutung meint res die Realität der absoluten Kategorien. Wir haben im vorigen Paragraphen herausgestellt, daß Realität in diesem Sinne ein Sein möglicher Selbständigkeit meint[1].

In der vierten und strengsten Bedeutung schließlich bezeichnet res ausschließlich das Sein der Substanz; es meint also das Sein wirklicher Selbständigkeit[2].

Diese Bedeutungen von res hängen in der Weise zusammen, daß jeweils die folgende unter die vorhergehende fällt, aber die vorhergehende einengt. Stellt man die vier Bedeutungen mit ihren Gegensätzen zusammen, so erhält man folgendes Schema:

1. res = widerspruchsfrei sein   widerspruchsvoll sein
2. res = ens extra animam   ens in anima tantum
3. res = ens absolutum   modus (circumstantia)
4. res = ens per se   ens per aliud

Von dieser Bedeutungsmannigfaltigkeit des Terminus res her hat das Problem tot praedicamenta tot res offenbar nur dann einen Sinn, wenn res hier in der dritten Bedeutung genommen wird. Die erste und die vierte Bedeutung scheiden ja ohne weiteres aus, die vierte durch die Definition, die erste, weil niemand daran zweifelt, daß Bestimmungen wie relatio, ubi, quando widerspruchsfrei sind. Es dreht sich also nur um die zweite oder um die dritte Bedeutung.

Hier kann es sich wiederum nur um die dritte Bedeutung handeln. Würde man die zweite Bedeutung zugrunde legen, dann würden sich die Kategorien nicht anders unterscheiden, als die Transzendentalien. Es ist aber, wenn ich recht sehe, die gemeinsame Meinung von Thomas, Duns Scotus und Ockham, daß die absoluten Kategorien sich in einer stärkeren Weise voneinander unterscheiden sollen als die Transzendentalien. Wenn daher gesagt wird: tot

---

[1] quodl. 3; 25, 113F: dicit aliquod ens absolutum, distinctum contra circumstantiam sive modum.

[2] Ebd. accipit ibi philosophus pro ente, cui per se et primo convenit esse, quod est substantia sola.

praedicamenta, tot res, so kann nur damit gemeint sein, daß sich grundsätzlich alle Kategorien so voneinander unterscheiden sollen, wie die Substanz und die Qualität.

Dunc Scotus bestimmt in seiner Bedeutungsanalyse von »res« ausdrücklich, daß die Realität der absoluten Kategorien im Sinne der dritten Bedeutung von res, also im Sinne des Seins möglicher Selbständigkeit, gemeint sei.

Ockham — und seiner Meinung müssen wir ja hier folgen — vertritt den Standpunkt, daß, wenn über die Realität der Kategorien verhandelt wird, Realität im Sinne dieser dritten Bedeutung, also im Sinne des Seins der Qualität, genommen wird. Dies ist stets der Fall, wenn über die Realität der Quantität verhandelt wird, und die Auseinandersetzung über die Realität der anderen Kategorien muß daher in gleichem Sinne verstanden werden.

Drei Argumente macht Ockham gegen eine solche These: tot praedicamenta, tot res, geltend.

Zunächst bedeutet eine solche These, daß alle Kategorien von der Qualität her interpretiert werden. Nun ist aber keineswegs einzusehen, warum für das Sein aller Kategorien das Sein der Qualität das Maß sein soll. Es muß doch ohne weiteres die Möglichkeit eingeräumt werden, daß etwa zwischen der Qualität und der Relation seinsmäßige Unterschiede bestehen. Der thomistische Satz, daß die Relation das geringste Sein habe, will zwar grundsätzlich Qualität und Relation unter demselben Gesichtspunkt sehen, räumt aber doch tatsächlich die Möglichkeit eines verschiedenen Seins bereits ein.

Das Bedenken, ob man wirklich alle Kategorien von der Qualität her interpretieren darf, wird nun zweitens in seinem Gewicht dadurch verstärkt, daß für die Scholastik im Problem der Transzendentalien eine neue Seinsmöglichkeit sichtbar geworden ist.

Die Transzendentalien sind doch gewiß für die Scholastik im schlichten Sinne des Wortes extramental. Ein Seiendes ist auch dann ein Unum, Verum, Bonum, wenn es nicht ausdrücklich als ein solches vorgestellt wird. Die Einheit Gottes erlangt ihr Sein gewiß nicht erst dadurch, daß sie von einem denkenden Wesen vorgestellt wird. Auf der anderen Seite bezeichnen die Transzendentalien keine eigne Realität im Sinne der absoluten Kategorien, keine eigne Realität also im Sinne möglicher Selbständigkeit. Ist nun im Problem der Transzendentalien die Möglichkeit eines anderen Seins erst einmal anerkannt, dann muß gewiß auch die Möglichkeit anerkannt werden, daß gewisse kategoriale Bestimmungen nicht von der Qualität her, sondern von den transzendentalen Bestimmungen her seinsmäßig ausgelegt werden.

Durch den Hinweis auf die Transzendentalien wird aber drittens auch ein weiteres Bedenken ausgeräumt. Man könnte einwenden, daß nur dann die Verschiedenheit der Kategorien gesichert bleibt, wenn diese Verschiedenheit der Kategorien auf eine sachliche, reale Verschiedenheit in den Dingen selbst sich gründet.

Ockham kann diesem Einwand gegenüber darauf hinweisen, daß auch die Transzendentalien ihre Verschiedenheit wahren, obwohl diese Verschiedenheit der Transzendentalien nicht auf einer realen Verschiedenheit im Ding selbst gründet.

Durch die ständige, wenn auch nicht immer ausdrückliche Herausarbeitung dieser drei Grundgesichtspunkte hat Ockham eine Position erreicht, deren Möglichkeit auf dem Boden der Scholastik wohl nicht gut bestritten werden kann. Nachdem einmal die Möglichkeit des transzendentalen Seins anerkannt worden ist, muß die Frage als möglich zugelassen werden, ob nicht auch einige Kategorien besser von dieser neuen Seinsmöglichkeit her verstanden werden. Es mag dahingestellt bleiben, ob Ockham diese Interpretation der Quantität und der Relation vom transzendentalen Sein her wirklich gelungen ist, die Möglichkeit einer solchen Interpretation jedenfalls muß eingeräumt werden. Von diesen jetzt allmählich immer deutlicher werdenden Zusammenhängen mit dem Problem des transzendentalen Seins wird nun auch sichtbar, daß der Ausgangspunkt Ockhams von der transzendentalen Einheit des Aquinaten und der transzendentalen Relation des Duns Scotus nicht nur den rein historischen Zusammenhang kennzeichnet, sondern daß in diesem in mancher Hinsicht noch materialen Ausgangspunkt der ontologische Grundgedanke Ockhams bereits wirksam war.

206

Ockham versteht also die Behauptung von der Realität aller Kategorien — tot praedicamenta, tot res — dahin, daß allen Kategorien von der Qualität her ein absolutes Sein, das heißt ein Sein möglicher Selbständigkeit zugesprochen werden soll.

Wir haben im einzelnen dargelegt, daß Ockham diese Interpretation deshalb ablehnt, weil er das Sein der Quantität und der Relation, den Ansätzen des Thomas und des Duns Scotus folgend, nicht als ein absolutes, sondern als ein transzendentales Sein versteht.

§ 49. Entspricht jedem wahren Begriff ein besonderes Ding (res)?

Die Meinung: tot praedicamenta, tot res, kann noch weiter gesteigert werden zu der Meinung: tot notiones, tot res. Jedem Begriff, das heißt jedem »wahren« Begriff, entspricht nach dieser Meinung eine eigne Realität. Auch eine solche Meinung kann sich wiederum nicht darauf zurückziehen, mit Realität sei hier lediglich extramentales Sein gemeint; die These: tot notiones, tot res, sagt vielmehr, daß zwei verschiedenen Begriffen auch zwei verschiedene Dinge entsprechen sollen. Ockham formuliert diese Meinung, indem er sagt: immo volunt, quod tot sunt res distinctae, quot sunt voces significantes[1].

Es ist dann nur noch eine Veränderung im Ausdruck, wenn man sagt, daß jeder Verschiedenheit in den Begriffen eine Verschiedenheit in den Dingen entsprechen müsse.

Ockham hält diese Meinung schlechthin für eine Täuschung. Diese Täuschung rührt daher, daß gewissen sprachlichen Ausdrücken, in erster Linie den Substanzen, dann gewissen Adjektiven, besondere Dinge entsprechen. Mensch, Stein und ebenso warm, weiß, meinen für die Scholastik solche Dinge.

Dies gilt nun, so sagt Ockham, keineswegs von allen entsprechenden sprachlichen Ausdrücken; sage ich »ich war gestern in der Stadt« so meint der Ausdruck »ich« eine Substanz. In gewissem Sinne gilt dies auch von dem Ausdruck »Stadt«, der als ein Kollektivum eine Reihe von Substanzen zusammen meint. Anders liegt es bei den

---

[1] d. 51 L.

207

Ausdrücken »gestern« und »in«. Diese Ausdrücke meinen keine
Dinge wirklicher oder möglicher Selbständigkeit, sie drücken vielmehr einen zeitlichen und räumlichen Bezug zur Stadt, also eine
zeitliche und räumliche Einordnung aus[1].

Die Täuschung liegt darin, daß diese Verschiedenheit nicht gesehen wird. Freilich verleitet die Sprache von sich aus zu einer
solchen Täuschung, da sie die Möglichkeit hat, jeden Ausdruck zu
einem Substantiv zu erheben. Ist nun erst einmal ein Substantiv
gebildet, dann ist die Versuchung, diesem Substantiv nun auch ein
Ding (res) entsprechen zu lassen, nicht gering. Ockham wird nicht
müde, diese Zusammenhänge immer wieder herauszustellen. In
der Logik weist er darauf hin, daß dieser Hypostasierung jedes einzelnen Redeteiles eine unzulässige Verallgemeinerung zugrunde
liege. Ockham hebt hier in der Logik in erster Linie auf die räumlichen und zeitlichen Bestimmungen ab[2].

Einen besonders klaren Ausdruck findet Ockham für diese Probleme in dem Traktat »de sacramento altaris«; auch in diesem

---

[1] d. 31 L: unde hoc est, quod multos decipit, quod quandocumque aliquid
praedicatur de aliquo, volunt, quod sit aliquid abstractum importans illam
rem advenientem alteri, propter quam dicitur ipsum tale. Immo volunt, quod
tot sunt res distinctae, quot sunt voces significantes, sive illae voces sunt propositiones sive nomina sive verba sive aliae dictiones. Et ideo volunt, quod,
quando dicitur, quod effectus est ab agente, quod per ly ab sic importatur una
ab-ietas, sicut per album importatur albedo. Et eodem modo quando dicitur:
Socrates fuit heri, dicunt, quod per hoc adverbium heri importatur una res alia.
Et ita habent dicere, quod importat unam heri-tatem et similiter habent
dicere, quod non importat unam non-itatem, et si importat unam si-itatem
et »et« unam et-itatem et sic universaliter de omnibus conjunctionibus, propositionibus, adverbiis. Et similiter syncathegorematica signa importabunt
alias res, sicut omnis unam omni-tatem et aliquis unam aliquid-tatem.

[2] S. t. l. I, 41: unde, ut talem praedicationem habeant de adverbiis, fingunt
tale abstractum quandeitas, de ubi ubeitas, et sic de aliis . . . unde ipsi docentes
semper superius praedicari de inferiori et quodlibet praedicamentum habere
sub se species, extendebant praedicari ad verbum quod modo dicimus . . .
extendebant etiam praedicationem ad praedicationem adverbiorum et propositionum cum suis casualibus, ut patet in talibus propositionibus: ille est hodie,
ille fuit heri, ille est in domo, ille est in civitate. Et ita in quolibet praedicamento invenietur aliqua talium praedicationum, non tamen oportet, quod ibi
sit semper praedicatio propria recti de recto.

Traktat wendet er sich wieder gegen die ontologische Fehlinter-
pretation sprachlicher Möglichkeiten.

Man kann zwar, von der Bestimmung: relativum est ens ad aliud,
ausgehend, das Substantiv aditas bilden. Man kann dann weiter
sagen: ad-itas est aliquid. Man muß sich aber dann darüber klar
sein, daß dieser Ausdruck, die ad-itas ist etwas, nur in einem sehr
uneigentlichen Sinne verstanden werden darf.

Wenn weiter gesagt wird, ein Seiendes habe eine ad-itas, so kann
dies nicht bedeuten, daß das Seiende die ad-itas als eine selbständige
Realität besitze, so wie es nach der Auffassung der Scholastik die
Wärme besitzt. Zum mindesten kann eine solche ontologische Bestimmung der ad-itas nicht allein aus der sprachlichen Form gezogen werden.

In diesem Sinne kann Ockham dann allgemein sagen: consequenter
ad praedicta debet dici, quod tales propositiones sunt impropriae.
»aditas est aliquid«, »abietas est relatio«, »aquietas est respectus«,
»haectitas est distincta a natura«, et sic de multis talibus, quae
recipiuntur a modernis, nec plus sunt recipiendae secundum proprietatem sermonis, quam si ab istis verbis 'dum' 'cum' 'tunc' 'iam' e¹
ab aliis adverbiis et a talibus coniunctionibus 'si' 'et' 'vel' 'at' 'quia'
et ab aliis fingantur talia abstracta: 'dum-mitas' 'cum-mitas' 'tunc-
titas' 'iam-mitas' 'si-itas' 'at-titas' 'et-itas' 'qui-itas' et propter hoc
formentur tales propositiones 'dum-mitas est aliquid' 'si-itas est
aliquid' 'vel-itas est Deus' et sic de aliis[1].

Im Fortgang des Traktates findet Ockham weiterhin recht glück-
liche Beispiele. So kann man zwar sagen: generatio est in instante,
und dementsprechend: generatio est subita, aber diese Ausdrücke
instans, subita, meinen hier seinsmäßig etwas anderes wie die
Ausdrücke: homo, angelus, album, calidum[2].

---

[1] De sacramento altaris ed. Birch, S. 62f. Es läßt sich übrigens nicht ohne
weiteres sagen, gegen wen Ockham sich hier richtet. Substantive dieser Form —
wie etwa et-itas — finden sich meines Wissens weder bei Thomas noch bei
Duns Scotus. Wer sind die moderni? Vielleicht handelt es sich um Duns
Scotus-Schüler, denen am ersten ein solcher Mißbrauch der Sprache zuzutrauen
wäre. Ich habe lediglich den Ausdruck ab-ietas gesehen, und zwar bei Heinrich
von Harclay (Fr. Pelster, Heinrich von Harclay, Miscellanea Ehrle, S. 339).

[2] De sacramento altaris ed. Birch, S. 54: unde dico, quod illa propositio 'ge-

Es ist zwar richtig zu sagen: generatio est in instante, und doch darf man diesen Satz nicht so auslegen, als sei ein Ding in einem anderen, wie das Wasser im Krug, oder wie die Wärme im Stein ist. Diese Sätze meinen wirklich, daß ein Ding in einem anderen sei. Das Wasser und der Krug, die Wärme und der Stein sind jeweils zwei verschiedene Dinge. Dagegen ist der Ausdruck 'generatio est in instante' nach der Auslegung Ockhams nur eine Abkürzung für die genauere Bestimmung: quando aliquid generatur, non generatur pars ante partem, sed totum simul generatur. In diesem Ausdruck ist auch der Anschein zweier ineinandersteckenden Dinge aufgehoben. Man muß sich daher hüten, rein sprachliche Möglichkeiten der Substantivierung allzuschnell seinsmäßig zu interpretieren.

Nicht anders steht es mit dem Satz: motus est in tempore[1]. Die Bewegung ist gewiß in der Zeit. Dem Wortlaut nach scheint dieser Satz zu sagen, daß ein Ding in einem anderen sei, und doch zweifelt wohl niemand daran, daß dieser Satz einen ganz anderen Sinn hat.

Diese Beispiele machen es hinreichend deutlich, daß gar keine Rede davon sein kann, jedem Wort oder auch nur jedem Substantiv ein Ding für sich, eine res, entsprechen zu lassen. Ockham braucht nur auf die offenbaren Ungereimtheiten hinzuweisen, in die eine solche These unweigerlich führt.

Er hat es bei solchen Konsequenzen gar nicht einmal nötig, an die Transzendentalien zu erinnern, die doch auch gewiß wahre Begriffe sind, ohne daß jedem transzendentalen Begriff eine selbständige Realität entspricht.

Zugleich machen diese Erörterungen deutlich, unter welchen Gesichtspunkten die Sprache für Ockham Bedeutung gewonnen

---

neratio est in instante' non est recipienda sub intellectu, quem sonat, quasi una res sit in alia; sicut per illam propositionem 'aqua est in vase' denotatur, quod una res est in alia re distincta . . . sed illa propositio 'generatio est in instante' sub illo intellectu debet recipi: quando aliquid generatur, non generatur pars ante partem sed totum simul generatur.

[1] De sacramento altaris ed. Birch, S. 56: consimiliter illa propositio 'motus est in tempore' non debet recipi sub illo intellectu quem sonat secundum formam propositionis, scilicet, quod una res est in alia re distincta realiter ab ea, sed debet recipi sub illo intellectu: quando aliquid movetur, requirit unam partem ante aliam, vel acquirit unum ante aliud continue! vel sub tali . . .

210

hat. Nicht weil Ockham sich in das rein Sprachliche zurückziehen will, greift er auf die Sprache zurück. Er will vielmehr umgekehrt die aus den sprachlichen Möglichkeiten fließenden ontologischen Fehldeutungen, im wesentlichen also die Hypostasierungen abwehren. Gerade die der Vielfältigkeit des Seins folgende vielfältige Formung der Sprache gibt nach Ockham einen Hinweis auf eine Fülle von Seinsmöglichkeiten. Gerade diese vielfältige Formung der Sprache mahnt daran, die Fülle der Seinsmöglichkeiten nicht durch eine naive Dingauffassung hinwegzuinterpretieren.

§ 50. Die Auslegung des transzendentalen Seins bei Thomas als ens rationis cum fundamento in re, bei Duns Scotus als ens formale

Wir sind in den bisherigen Untersuchungen immer wieder auf das transzendentale Sein gestoßen und wollen nun die Frage aufnehmen, welche grundsätzlichen Seinsprobleme hier entspringen. Wir fassen zunächst die Bestimmungen von Thomas und Duns Scotus zusammen, um dann die Bestimmungen Ockhams ausführlich darzulegen. Im letzten Paragraphen wollen wir dann den Zusammenhang herstellen mit dem Ausgangspunkt unserer ganzen Untersuchung, mit der Transzendentalphilosophie Kants.

Wir werden nach den bisherigen Untersuchungen erwarten müssen, daß das Seinsproblem der Transzendentalien die schlichte Unterscheidung ens reale, ens rationis auflöst, und daß Thomas und Duns Scotus genötigt worden sind, vom Sein der Transzendentalien aus eine neue Seinsmöglichkeit auszubilden.

Das Ens rationis im schlichten Sinne ist ein Sein, dessen Bestand von einem konkreten Vollzug des im allgemeinen menschlichen Denkens abhängt. Diese Bestimmung liegt bei Thomas zugrunde und wird von Duns Scotus und Ockham ausdrücklich herausgestellt.

In diesem Sinne ist jede Phantasievorstellung ein ens rationis, der goldene Berg des Märchens, wie der Kentaur der Sage.

Wenden wir uns zunächst den Bestimmungen bei Thomas zu, so ist unbestritten, daß nach der Auffassung des Aquinaten die Transzendentalien keine besondere Realität meinen.

Die seinsmäßige Bestimmung der Transzendentalien erfolgt bei Thomas stets in Abhebung gegen die Qualitäten. Das transzendentale Sein steht also gegen das Sein der absoluten Akzidenzen, also gegen das akzidentale Sein im strengen Sinne.

Wir haben nun gesehen, daß das Sein der absoluten Akzidenzen von der Transsubstantiation her bestimmt wird als ein Sein möglicher Selbständigkeit.

Transzendentale Bestimmungen dagegen können niemals selbständig existieren. Sie sind nicht in dem Sinn trennbar, daß sie ihrem Träger zu gewissen Zeiten hinweggenommen werden könnten, so daß der Träger ohne die transzendentalen Bestimmungen existieren müßte. Sie sind noch weniger in dem Sinn trennbar, daß sie von den Trägern getrennt allein für sich bestehen könnten, wie die Quantität ohne die Substanz. Nicht einmal Gottes Allmacht kann es bewirken, daß eine transzendentale Einheit für sich allein existiere.

Die transzendentalen Bestimmungen haben daher kein Sein möglicher Selbständigkeit, sie haben daher keine eigne Realität, und eine transzendentale Bestimmung ist also niemals eine res absoluta.

Da den transzendentalen Bestimmungen die Realität in diesem Sinne ermangelt, sie also keine besonderen Dinge (res) sind, so können sie auch nicht als ens reale, sondern nur als ens rationis bezeichnet werden. In diesem Sinne verstehe ich die grundsätzliche Bestimmung des Aquinaten: bonum et ens sunt idem secundum rem, et differunt secundum rationem tantum[1].

Diese Bestimmung der Transzendentalien als entia rationis erscheint auf den ersten Anblick hart. Man muß aber zweierlei beachten. Zunächst gilt diese Bestimmung nur für den ausdrücklich herausgestellten Sinn von Realität im Sinne des Seins möglicher Selbständigkeit. Daß eine transzendentale Bestimmung kein ens reale in dieser Bedeutung des Wortes sein kann, hindert nicht, daß sie ein ens reale im Sinne der anderen Bedeutungen von res, also im Sinne von extramentalem oder im Sinne von widerspruchsfreiem Sein ist. Dann aber führt eine solche Bestimmung der Transzenden-

---

[1] Thomas sum. theol. I, 5, 1, c.

212

talien als ens rationis notwendig zu einer Ausbildung dieses Begriffes, und auf diese Ausbildung kommt es uns gerade an.

Wir wollen unsere Bestimmung noch an der Einheit prüfen.

Daß für Thomas die transzendentale Einheit kein besonderes Ding ist, und daß sie keine besondere Sachhaltigkeit hinzubringt, haben wir bereits in § 4 gesehen.

Dort sahen wir auch, daß Thomas die Einheit als ens indivisum, daß heißt aber, als negatio bestimmt. Nun bestimmt Thomas aber weiter die Negationen und die Privationen ausdrücklich als entia rationis[1], also muß auch die transzendentale Einheit als negatio ein ens rationis sein.

Erst diese Bestimmung der transzendentalen Einheit bringt es mit sich, daß eine Schwierigkeit aus der Frage entsteht, ob die Einheit Gott zukommen könne. Thomas sagt dazu ausdrücklich, daß die Einheit Gott nur zugesprochen werden kann nach der Weise unserer Erfassung: secundum modum apprehensionis nostrae.

Schließlich muß doch wohl einem ens rationis auch Einheit zukommen. Auch ein goldener Berg ist doch ein goldener Berg und auch ein Kentaur ist doch ein Kentaur. Daher kann die transzendentale Einheit, die jedem Seienden, es sei ein ens reale oder ein ens rationis, zukommen soll, ganz allgemein genommen doch auch nur ein ens rationis sein.

Eine solche Bestimmung der Einheit und damit auch der Einheit Gottes als privatio und damit als ens rationis ist ja auch nicht die einzige Bestimmung, die Thomas im göttlichen Sein als ein ens rationis ansetzt. Wir haben ja gesehen, daß Thomas auch gewisse Beziehungen in derselben Weise bestimmt. So sind die Beziehungen der Gleichheit und Ähnlichkeit zwischen den göttlichen Personen für Thomas Relationen bloßer Vorstellung (relationes rationis), und das Gleiche gilt von den Beziehungen Gottes zur Kreatur, soweit diese Beziehungen von der Seite Gottes betrachtet werden.

Durch solche Bestimmungen wird nun Thomas andererseits genötigt, einen neuen Begriff des ens rationis auszubilden. Daß alle

---

[1] sum. theol. I.II, 8, 1, ad 3: dicendum, quod non est ens in rerum natura, accipitur ut ens in ratione; unde negationes et privationes entia dicuntur rationis.

213

diese Bestimmungen Gottes, die Einheit Gottes, die Gleichheit und Ähnlichkeit zwischen den göttlichen Personen und die Beziehungen Gottes zur Kreatur auch dann existieren, wenn sie von keinem Menschen vorgestellt werden, braucht ja in keiner Weise gesagt zu werden.

Wir sahen bei dem Problem der Gleichheit und der Ähnlichkeit zwischen den göttlichen Personen, daß bei Thomas die Lösung in dem Begriff des ens rationis cum fundamento in re zu suchen ist.

Wenn ich recht sehe, hat Thomas diesen neuen Begriff auch auf die Transzendentalien nicht ausdrücklich angewandt, man wird aber ohne diesen Begriff die Bestimmung der Transzendentalien nicht gut verstehen können.

Nun bergen sich in diesem Begriff des ens rationis cum fundamento in re freilich viele und wichtige Probleme. Das wichtigste ist wohl die in diesem Begriff sich ausdrückende Erkenntnis des Aquinaten, daß solche Bestimmungen wie Einheit — mit Kant zu reden — einen Bezug auf ein transzendentales Bewußtsein enthalten [1].

Für unsere Betrachtung genügt es zu sehen, daß schon für Thomas die einfache Einteilung ens reale—ens rationis nicht aufgeht, daß vielmehr in den Transzendentalien ein neues Sein in Erscheinung getreten ist, das zwar einen Bezug auf die ratio enthält, aber dennoch nicht etwa eine bloße Vorstellung ist.

Diese bei Thomas noch vielfach dunklen Ansätze kommen bei Duns Scotus zur völligen Klarheit in der thematischen Ausbildung des Begriffes des formalen Seins.

In diesem Begriff des formalen Seins faßt Duns Scotus alle Probleme zusammen, deren Lösung von der einfachen Unterscheidung ens reale—ens rationis her Schwierigkeiten bereitete. Als ein formales Sein werden daher unter anderem bestimmt: die Transzendentalien im engeren Sinne, die Attribute Gottes, die Beziehungen der Gleichheit und Ähnlichkeit zwischen den göttlichen Personen, die Be-

---

[1] sum, theol. I, 11, 3, ad 2: Et licet in Deo non sit aliqua privatio, tamen secundum modum apprehensionis nostrae non cognoscitur a nobis, nisi per modum privationis, et remotionis. Et nihil prohibet aliqua privative dicta de Deo praedicari, sicut quod est incorporeus, infinitus, et similiter de Deo dicitur, quod sit unus.

ziehungen Gottes auf die Kreatur und schließlich die transzendentalen Relationen im engeren Sinne, wie etwa die Verschiedenheit[1].

Dies formale Sein ist kein reales Sein im eigentlichen Sinne des Seins der Substanz und der Qualität, das formale Sein ist also kein Sein möglicher Selbständigkeit.

Das formale Sein ist nun auch keine bloße Vorstellung. In einem solchen Gegensatz gegen eine bloße Vorstellung rechnet das formale Sein vielmehr zum realen Sein im weiteren Sinne.

Martin Heidegger hat in seiner Untersuchung über Duns Scotus gezeigt, daß das formale Sein ein ideales Sein meint[2]. Man wird daher grundsätzlich in dem Ansatz eines formalen Seins bei Duns Scotus ebenfalls einen Bezug auf ein transzendentales Bewußtsein erblicken müssen.

Uns kommt es hier nicht auf diese inhaltliche Bestimmung an, uns genügt wiederum die Feststellung, daß Duns Scotus gegen das ens reale im engeren Sinn und gegen das ens rationis eine neue Seinsmöglichkeit mit aller Deutlichkeit und mit thematischer Klarheit herausstellt.

Im Problem der transzendentalen Relation, das für Duns Scotus so wichtig war und das dann für Ockham den geschichtlichen Ausgangspunkt bildete, zeigte sich dann sofort, welche großen Möglichkeiten in diesem neuen Seinsansatz liegen.

Der schon bei Thomas vorgebildete Ansatz zu einer neuen Seinsmöglichkeit kommt also bei Duns Scotus zur vollen Ausbildung. Der Begriff des formalen Seins übernimmt alle Funktionen, die der Begriff des ens rationis cum fundamento in re hatte. In dieser Form des Duns Scotus übernimmt Ockham die Probleme.

Die eigentliche Aufgabe wird dadurch gegeben, daß Ockham den Begriff des formalen Seins auf das göttliche Sein einschränkt, daß

---

[1] Eine gute Übersicht bietet P. Minges, sowohl in der Spezialuntersuchung: Die distinctio formalis des Duns Scotus. Theol. Quartalschr. 90 (1908), als auch in der Gesamtdarstellung: J. Duns Scoti doctrina philos. et theol. Quaracchi 1908.

[2] M. Heidegger, Die Kat. und Bed.lehre des Duns Scotus, 1916.

er es aber ablehnt, ein formales Sein im Bereich der Kreatur an-
zuerkennen[1].

Ockham muß also, wenn er den neuen Grundansatz nicht völlig
verwerfen will, nach einer neuen Auslegung suchen.

Die zu suchende Auslegung wird weiter dadurch bestimmt, daß
Ockham in der Fortsetzung des Begriffs der transzendentalen Vielheit des Thomas und des Begriffs der transzendentalen Relation bei
Duns Scotus den Begriff des transzendentalen Seins so weit in die
Kategorienlehre hineingetragen hat, daß alle Kategorien außer
der Substanz und der Qualität als transzendentales Sein verstanden
werden.

Die Frage lautet dann also: Wie legt Ockham das in dieser Weise
umfangsmäßig bedeutend erweiterte transzendentale Sein aus,
wenn er die Auslegung des Duns Scotus — transzendentales Sein ist
formales Sein — verwirft.

§ 51. Das transzendentale Sein als intentio secunda

Für unsere Frage nach der eigentlichen Seinsbestimmung des
transzendentalen Seins bei Ockham können wir uns auf die Erörterung der beiden Kategorien der Quantität und der Relation
beschränken.

Daß Ockham diese beiden Kategorien als transzendentales Sein
versteht, haben wir im ersten und zweiten Teil gezeigt. Die sechs
letzten Kategorien bringen nichts Neues, so daß wir sie außer Betracht lassen können. Raum und Zeit rechnen nach der scholastischen
Einteilung ja ohnehin zur quantitas continua. Aber auch die eigentlichen Transzendentalien brauchen wir nicht besonders zu berücksichtigen. Nachdem Ockham den Unterschied zwischen transzendentaler und akzidentaler Einheit aufgehoben hat, rechnet das Unum
völlig zur Quantität. Die Probleme der Einheit werden also bei der
Seinsbestimmung der Quantität mit erfaßt. Die beiden anderen
Transzendentalien, das Bonum und das Verum, die bei Thomas

---

[1] In I. sent. d. 2, q. 1 F: ideo simpliciter nego talem distinctionem ibi possi-
bilem et eam universaliter nego in creaturis, vgl. auch d. 2, q. 6 D und d. 30,
q. 4 K; S. 176.

216

schon stark im Hintergrund standen, treten bei Ockham vollends zurück.

In der Erörterung der beiden Kategorien der Quantität und der Relation sind also unter anderem die Probleme der Einheit, der Zahl, des Raumes, der Zeit, der Ausdehnung, der Bewegung und der Beziehung enthalten.

Die Auslegung der Quantität und der Relation als transzendentales Sein bedeutet zunächst, daß Ockham die Bestimmung dieser beiden Kategorieen als absolutes Sein ablehnt. Keine unter diese beiden Kategorien fallende Bestimmung hat also ein Sein möglicher Selbständigkeit, keine ist eine res absoluta.

Auf der anderen Seite haben wir gesehen, daß Ockham[1] eine Interpretation dieser Kategorien als bloße Vorstellungen im Gegensatz zu Petrus Aureolus ausdrücklich ablehnt. Alle quantitativen und relativen Bestimmungen sind unabhängig von jeder Tätigkeit des Verstandes, sicherlich also unabhängig davon, daß sie vorgestellt werden. Alle diese Bestimmungen bestehen auch dann, wenn man ausdrücklich von jeder Tätigkeit des Verstandes absieht: circumscripta omni operatione intellectus[2].

In dieser Ablehnung der beiden extremen Deutungen der Transzendentalien einerseits als res absoluta und andererseits als ens rationis im strengen Sinne des Seins als bloßer Vorstellungen, waren ja Thomas und Duns Scotus vorausgegangen.

Aber auch die Auslegung des Duns Scotus, also die Bestimmung als formales Sein, lehnt Ockham ab.

Was sind nun die transzendentalen Bestimmungen für Ockham, wenn sie weder besondere Dinge, noch bloße Vorstellungen sind?

Für die Interpretation des transzendentalen Seins bei Ockham stehen, wie schon Gabriel Biel bemerkt hat, drei Möglichkeiten zur Verfügung[3]. Man kann das transzendentale Sein auffassen als intentio secunda, als connotatio und als »multae res«. Wir wenden uns zunächst der ersten Möglichkeit zu.

---

[1] Siehe auch den Anhang § 56.
[2] Ockham an vielen Stellen, etwa d. 30, q. 5 J.
[3] Gabriel Biel, collectorium II d. 1, q. 1.

Der Begriff der intentio secunda spielt in der Scholastik eine große Rolle. Er findet sich als wichtiger Grundbegriff schon bei Avicenna und Averroes.

Die Ausbildung dieses Begriffes der intentio secunda geht von der Auffassung aus, daß die Logik eine Kunstlehre sei, die von einem bestimmten menschlichen Tun, und zwar vom Denken handele. Das Denken des Menschen, also das diskursive Denken, gliedert sich nach der traditionellen Auffassung in Begriffe, Urteile und Schlüsse. Nun ist die Logik selbst eine menschliche Wissenschaft, sie arbeitet also mit Begriffen, Urteilen und Schlüssen. Die Begriffe, Urteile und Schlüsse der Logik sind daher Begriffe, Urteile und Schlüsse über Begriffe, Urteile und Schlüsse, sie sind also allgemein gesprochen, Vorstellungen über Vorstellungen.

Eine solche Vorstellung über Vorstellungen nun nennt die Scholastik eine intentio secunda. Auf Grund dieser Auffassung ist der Begriff Mensch oder der Begriff Tier eine intentio prima. Es ist eine Eigenschaft der Dinge, ein Mensch oder eine Pflanze zu sein. Ein Begriff wie genus oder species dagegen ist eine intentio secunda; es ist eine Eigenschaft nicht von Dingen, sondern von Begriffen, Gattung oder Art zu sein. So ist das Urteil »Lebewesen und Mensch verhalten sich wie genus und species« ein Urteil über Begriffe und die darin enthaltenen Begriffe genus und species sind Begriffe über Begriffe, und als solche je eine intentio secunda.

Diese Unterscheidung zwischen intentio prima und intentio secunda ist in der Scholastik allgemein anerkannt[1]. Sie wird auch von Ockham in derselben Weise durchgeführt[2].

Ein Auffassung der transzendentalen Kategorien als intentio

---

[1] Avicenna logica, siehe Prantl, Gesch. d. Logik 2, 231; Albertus Magnus, metaphysica I, 1, 1 (Prantl 3, 91); Thomas, de pot. VII, 9 (Prantl 3, 113); Duns Scotus ox. II, 3, 1 (Prantl 3, 204).

[2] Ockham sum. tot. log. I, 12: (intentio) tale autem duplex est: unum quod est signum alicujus rei, quae non est tale signum sive significet tale signum cum hoc, sive non, et illud vocatur intentio prima . . . intentio autem secunda est illa, quae est signum talium intentionum primarum, cujus modi sunt tales intentiones: genus, species et hujusmodi. Sicut enim de omnibus hominibus praedicatur una intentio communis omnibus hominibus . . . ita de illis intentionibus quae significant et supponunt pro rebus, quae non sunt signa, praedicatur una intentio communis . . .

secunda würde also diese Kategorien als Vorstellungen über Vorstellungen bestimmen. Gleichheit etwa bestände dann nicht zwischen Dingen, sondern zwischen Vorstellungen, im allgemeinen dann also zwischen denjenigen Vorstellungen, die die fundierenden Qualitäten oder Quantitäten meinen.

Sage ich dann etwa: diese beiden Münzen sind gleich schwer, so liegen diesem Urteil nach der Auffassung als intentio secunda folgende zwei Urteile zugrunde: dies (eine) Markstück wiegt x gr; dies (andere) Markstück wiegt x gr. Die Gleichheit der beiden Markstücke bestände dann darin, daß diese beiden Urteile dasselbe Gewicht aussagen.

Eine solche Auffassung der Gleichheit ist offenbar sehr extrem, und es ist nicht leicht, solche Meinungen wirklich ausfindig zu machen. Vielleicht haben Locke oder Meinong einer solchen Auffassung nahe gestanden.

Hat nun Ockham die transzendentalen Kategorien, die Quantität und die Relation also, als intentio secunda, als Vorstellungen über Vorstellungen bestimmt?

Da der Begriff der intentio secunda ein Grundbegriff der Scholastik ist und Ockham sich mit diesem Grundbegriff völlig vertraut zeigt, so müßte man in einem solchen Fall erwarten, daß eine solche Auslegung als intentio secunda ausdrücklich ausgesprochen wird. Davon kann aber keine Rede sein.

In den gewiß ausführlichen Erörterungen des Sentenzenkommentars kommt der Begriff der intentio secunda bei der Erörterung der Quantität wie bei der Erörterung der Relation nicht ein einziges Mal vor.

Im gesamten Werk Ockhams kommt, wenn ich recht sehe, der Begriff der intentio secunda bei der Erörterung der transzendentalen Kategorien nur zweimal vor.

An der ersten Stelle, in der Logik, sagt Ockham, nach der Ansicht des Aristoteles sei die Relation ein »nomen secundae intentionis«[1].

Die zweite Stelle findet sich in den Quodlibeta. Dort beschäftigt

---

[1] sum. tot. log. I, 49: et ideo secundum opinionem Aristotelis, ut existimo, sive ad aliquid sive relatio sive relativum est nomen secundae intentionis sive impositionis, et non nomen primae impositionis sive intentionis.

sich eine ganze Quästion mit der Frage, ob für Aristoteles die Relation eine prima oder eine secunda intentio sei[1].

Doncoeur legt gerade auf diese Quästion einen sehr großen Wert[2]. Ehe aber eine solche Verwertung der Quodlibeta möglich ist, müßte doch die Echtheitsfrage geklärt sein. Auch der Text der Logik ist keineswegs von allen Bedenken frei, es handelt sich vielmehr nach dem Vorwort der uns vorliegenden Ausgabe um eine Bearbeitung.

Abgesehen von den textkritischen Bedenken haben die beiden Stellen doch aber auch sachliche Schwierigkeiten. Man wird doch nicht im Ernst sagen können, daß Aristoteles die Relationen als Vorstellungen über Vorstellungen bestimmt habe. Ich selbst bin daher außerstande, von dieser Darstellung Ockhams über die Meinung des Aristoteles eine befriedigende Darstellung zu geben. Es kommt hinzu, daß im Sentenzenkommentar eine umfangreiche und ausführliche Quästion der Erörterung der aristotelischen Meinung gewidmet ist[3]. In dieser Quästion des Sentenzenkommentars findet sich aber auch nicht einmal eine Andeutung.

Ich halte mich also an den Sentenzenkommentar, und betrachte die beiden angeführten Stellen nicht als ausreichend, um Ockham die Lehre von der Relation als einer intentio secunda zuzuschreiben. Zu demselben Ergebnis sind auch Gabriel Biel[4] und Gregor von Rimini[5] gekommen, die beide eine solche Interpretation ablehnen. Dabei will zum mindesten Biel nicht nur eine sachliche, sondern auch zugleich eine geschichtliche Darstellung der Lehre Ockhams geben.

---

[1] Quodlibeta VI q. 22.

[2] Doncoeur, Le nominalisme . . . S. 12.

[3] In I. sent. d. 30, q. 5.

[4] Gabriel Biel, collectorium II d. 1, q. 1 C: et secundum hoc omnia abstracta praedicamenti relationis sunt termini secundae intentionis . . . et ille secundus modus videtur probabilior primo. Nam cum abstractum significat illud quo aliquid formaliter denominatur denominatione sua concretiva, patet, quod abstracta relativorum res extra significantium non importent conceptum mentis. Nam per conceptum mentis non convenit denominatio relativis rebus extra. Non enim dicitur Socrates similis Platoni propter conceptum mentis, sed propter qualitates ejusdem speciei eis inhaerentes, licet Socrates referatur ad Platonem per actum intellectus ut dictum est. Sic enim salvatur, quod relatio et ad aliquid sunt termini primae intentionis . . .

[5] Gregor von Rimini, in I. sent. d. 28 q. 1 a. 1, p. 114b: unde irrationabile

§ 52. Das transzendentale Sein als connotatio

Die Unterscheidung »absolut und konnotativ« ist eine Unterscheidung der Logik, sie wird daher auf den allgemeinsten Terminus
der scholastischen Logik angewandt, auf die »Namen«: unde sciendum est, quod nomina quaedam sunt mere absoluta, quaedam sunt
mere connotativa[1]. Man darf hier freilich nomen nicht zu eng fassen,
muß vielmehr daran denken, daß die Scholastik in Verfolg der bekannten Boethiusstelle unter nomen sowohl das Geschriebene, wie
das Gesprochene, wie das bloß Gedachte versteht. Dieser vollen Bedeutung von »nomen« steht unser Ausdruck »Begriff« jedenfalls
näher wie der Ausdruck »Namen«.

Ein absoluter Begriff bezieht sich stets unmittelbar auf das von
ihm Gemeinte. So beziehen sich die absoluten Begriffe Mensch
oder Lebewesen direkt auf die Menschen oder die Lebewesen. Es
kann daher stets ein einzelnes Seiendes gezeigt werden, also etwa
ein Mensch, der die inhaltliche Meinung des Begriffes Mensch
erfüllt.

Ockham nennt als Beispiele für absolute Begriffe: homo, animal,
capra, ignis, terra, aqua, coelum, albedo, nigredo, calor, dulcedo,
ordo[2], sapor et hujusmodi[3].

Die absoluten Begriffe umfassen die Substanzen und die Qualitäten, meinen also stets ein absolutes Sein.

Den absoluten Begriffen stehen die konnotativen Begriffe gegenüber. Die konnotativen Begriffe beziehen sich stets auf mindestens
zwei Gegenstände. Entweder ist ein Gegenstand primär gemeint
und ein anderer Gegenstand sekundär, oder derselbe Gegenstand

---

apparet dictum illorum, qui dicunt, quod soli termini sunt adaliquid vel relativa
vel relatio: ita, quod tria enima praedicta non sunt nomina primae intentionis,
sed secundae tantum, quae non verificantur de terminis primae intentionis.

[1] sum. tot. log. I, 10.

[2] »ordo« steht hier wohl nur infolge eines Textverderbnisses. Alle anderen
Begriffe meinen entweder Substanzen oder Qualitäten. Es ist weder zu sehen,
wie ordo überhaupt in diese Reihe sich einfügen könnte, noch unter welchen
Gesichtspunkten sie zwischen dulcedo und sapor gestellt werden könnte.

[3] sum. tot. log. I, 10.

ist in einer Hinsicht primär gemeint, in einer anderen Hinsicht sekundär.

So kann zum Beispiel der Begriff der Ursache nicht durch Aufweisung eines einzigen Gegenstandes erfüllt werden. Es gibt nicht Substanzen, Qualitäten und Ursachen nebeneinander. Der Begriff der Ursache ordnet vielmehr absolut gegebene Gegenstände in einer bestimmten Weise einander zu. Ich erfahre daher den Begriff der Ursache nur dann in seiner vollen Bedeutung, wenn mir ein Gegenstand als Ursache gezeigt wird und ein anderer als Wirkung. Die Wirkung einer Ursache gehört zum Begriff einer Ursache hinzu[1].

Ebenso kann der Begriff der Ähnlichkeit nicht durch Aufweisung eines einzigen Gegenstandes erfüllt werden. Um Ähnlichkeit in ihrer vollen Bedeutung zu erfahren, muß ich vielmehr stets zwei Gegenstände oder einen Gegenstand in doppelter Hinsicht betrachten.

Für diese Doppelheit einer primären und sekundären Beziehung auf den Gegenstand hat die Scholastik den Ausdruck geprägt: significare aliquid in recto, significare aliquid in obliquo[2].

Die Unterscheidung in absolute und konnotative Begriffe zieht für Ockham nach sich, daß nur absoluten Begriffen eine Definition im eigentlichen Sinne — definitio quid rei — entspricht. Die konnotativen Begriffe dagegen können nur durch eine umschreibende Definition — definitio quid nominis — bestimmt werden[3,4].

Darin, daß sich die konnotativen Begriffe in einer doppelten Bedeutung auf ihr Objekt beziehen, liegt weiter begründet, daß bei den konnotativen Begriffen keine Individuen im strengen Sinne

---

[1] sum. tot. log. I, 10: sicut si quaeras, quid significat hoc nomen causa: potest dici, quod idem, quod haec oratio: aliquid, ad cujus esse sequitur aliud, vel aliquid potens producere aliquid.

[2] sum. tot. log. I, 10: nomen autem connotativum est illud, quod significat aliquid primario et aliquid secundario: et tale nomen proprie habet diffinitionem exprimentem quid nominis in qua una dictio ponitur in recto et alia in obliquo.

[3] sum. tot. log. I, 10.

[4] d. 30, q. 3J: ex praedictis patet, quare secundum intentionem Aristotelis unum relativum diffinitur per reliquum, quia secundum eum relativum non habet diffinitionem exprimentem quid rei, sed tantum habet diffinitionem exprimentem quid nominis.

existieren. Es gibt zwar, wie wir eben gesehen haben, für den Begriff Mensch Individuen, die diesen Begriff erfüllen, etwa dieser bestimmte Mensch.

Solche Individuen können aber nicht für konnotative Begriffe existieren. Es gibt kein einzelnes Ding, das verschieden wäre, Verschiedenheit gibt es nur an zwei Dingen[1].

Daraus folgt, daß die eigentliche Leistung dieser konnotativen Begriffe in einem Zusammengreifen, Zusammenordnen mehrerer Gegenstände besteht. Ein solcher Begriff meint immer zwei Dinge, eines in recto und eines in obliquo, und durch diese sich auf zwei Gegenstände beziehende Meinung der konnotativen Begriffe werden diese beiden Gegenstände verbunden, zusammengebracht, zusammengegriffen.

In dem eben schon mehrfach angezogenen Kapitel I, 10 der Logik gibt Ockham einen Überblick über die konnotativen Begriffe. Man kann hier sechs Klassen unterscheiden.

Die erste Klasse der konnotativen Begriffe umfaßt die qualitativen Bestimmungen wie gerecht, weiß, beseelt. Sie sind konnotativ, wenn nicht die Qualität als solche gemeint ist, sondern das qualitativ bestimmte Ding, also nicht die albedo, sondern das album. Die Doppelheit des Gegenstandsbezuges besteht hier darin, daß einmal die weiße Farbe selbst gemeint ist, das andere Mal die Substanz, die durch diese Farbe ihre Form erhält[2].

Die zweite Klasse sind die Relationen. Der Begriff der Ähnlichkeit etwa faßt stets zwei Gegenstände als ähnlich zusammen[3].

---

[1] d. 30, q. 3 CC: et si dicatur, quod quaelibet species habet aliquod individuum, quod est unum numero. Dico, quod secundum intentionem philosophi hoc non est verum, quamvis hoc sit verum de omni specie praedicabili de re una. Sed de relativis sive connotativis non est universaliter verum.

[2] sum. tot. log. I, 10: hujusmodi autem nomina connotativa sunt omnia nomina concreta primo modo dicta de quibus dictum est in quinto capitulo et hoc, quia talia concreta significant unum in recto et aliud in obliquo: hoc est dictum in diffinitione exprimente quid nominis debet poni unus rectus significans unam rem et alius obliquus significans aliam rem: sicut patet de omnibus talibus: justus, albus, animatus et sic de aliis.

[3] sum. tot. log. I, 10: hujusmodi etiam nomina sunt omnia nomina relativa, quia semper in eorum diffinitionibus ponuntur diversa idem diversis modis vel diversa significantia.

223

Als dritte Klasse kommen in Betracht die Begriffe, die die kontinuierliche Quantität bezeichnen, wenigstens für diejenige Auffassung, für die das absolute Sein der Ausdehnung deshalb konnotativ ist, weil dieser Begriff primär eine Substanz oder Qualität und sekundär ein bestimmtes Verhalten der Teile, nämlich das Auseinandersein meint[1].

Die vierte Klasse der konnotativen Begriffe bilden diejenigen Begriffe, die die vierte Klasse der Qualität ausmachen, die also die Formen bezeichnen[2]. Diese vierte Klasse hatte ja Ockham von der allgemeinen Bestimmung der Qualität als eines absoluten Seins ausdrücklich ausgenommen, da Formen nicht selbständig existieren können.

Die fünfte Klasse der konnotativen Begriffe machen die eigentlich transzendentalen Begriffe im engeren Sinn aus: unum, bonum, verum. So bezeichnet etwa bonum dasjenige, was zufolge einer gegründeten Hinsicht gewollt und geliebt werden kann[3].

Die sechste Klasse der konnotativen Begriffe in dieser Aufzählung bilden schließlich Begriffe, die sich schwer unter einen gemeinamen Titel bringen lassen. Ockham zählt hier auf: intellectus, potentia, actus, intelligibile, voluntas, volibile et hujusmodi[4].

Der Begriff der Konnotation ist also ein außerordentlich umfassender Begriff. So ist nicht nur jede Relation ein konnotativer Begriff, sondern jede Kategorie außer der Substanz und der Qualität. Ockham kann daher zusammenfassend sagen: qui ponunt, quod quaelibet res est substantia vel qualitas, habent ponere, quod omnia contenta in aliis praedicamentis a substantia et a qualitate sunt connotativa[5].

Diesen Begriff der Konnotation benutzt Ockham zur Auslegung der transzendentalen Kategorien im wesentlichen bei der Einheit,

---

[1] sum. tot. log. I, 10: Talia etiam nomina sunt omnia nomina pertinentia ad genus quantitatis secundum eos, qui ponunt quantitatem non esse aliam rem.

[2] sum. tot. log. I, 10: tales consequenter habent ponere, quod figura, curvitas, rectitudo, latitudo et hujusmodi sunt nomina connotativa.

[3] sum. tot. log. I, 10: sub istis etiam comprehenduntur talia nomina: unum, bonum, verum . . . bonum etiam, quod est convertibile cum ente, significat idem, quod haec oratio: aliquid secundum rectam rationem volibile et diligibile.

[4] sum. tot. log. I, 10.

[5] sum. tot. log. I, 10.

bei der Ausdehnung und bei der Relation. Wir haben dies im Einzelnen schon gesehen und wollen nur kurz zusammenfassen.

Wenn der Begriff der Einheit als ein konnotativer Begriff bestimmt wird, so bedeutet das, daß auch der Begriff der Einheit den gemeinten Gegenstand nicht isoliert meint. Auch Einheit ist keine Bestimmung, die ein Seiendes für sich allein tragen könnte, sondern die Bestimmung der Einheit bestimmt jedes Seiende in Abgrenzung gegen alles andere mögliche oder wirkliche Seiende. Dies gilt schon für alles geschaffen Seiende; aber auch die Einheit Gottes hat ihre Bedeutung in der Abgrenzung Gottes gegen anderes wirkliches oder mögliches Sein, gegen die Kreatur nämlich und gegen andere Götter[1].

Der konnotative Charakter des Begriffes der Ausdehnung liegt darin, daß hier ein Seiendes angesprochen wird, und zugleich ein bestimmtes Sein seiner Teile mitgemeint ist. Ausdehnung bedeutet, daß dies Seiende Teile hat, und daß diese Teile außereinander sind[2].

In d. 30 q. 3 bestimmt Ockham den Begriff der Konnotation so eng, daß der Begriff der Ausdehnung nicht mehr darunter fällt. Dies liegt daran, daß streng genommen, beim Begriff der Ausdehnung kein zweiter selbständiger Gegenstand mit gemeint wird[3]. Es handelt sich aber bei dieser Bestimmung um eine leicht verständliche Bedeutungseinengung.

Dagegen wird im Traktat »de sacramento altaris« die Ausdehnung wieder als konnotativer Begriff bestimmt[4].

Zur Bestimmung der Relation wird der Begriff der Konnotation immer wieder herangezogen. Er liegt hier besonders nahe für die Relationen der zweiten Klasse. Wenn jemand als Vater angesprochen wird, so ist eben in dieser Bestimmung zugleich enthalten, daß er der Vater seiner Kinder ist. Ebenso kann nichts an sich selbst als eine Wirkung angesprochen werden, eine Wirkung ist vielmehr stets auf eine Ursache bezogen, mag auch immer die Ursache als solche noch unbekannt sein.

Aber auch die Relationen der ersten Klasse werden als konnotative

---

[1] Vgl. Teil I § 7.

[2] Vgl. Teil I § 23.

[3] d. 30, q. 3 H: nec ad hoc, quod ipsum cognoscatur de aliquo, requiritur notitia alicujus alterius determinati.

[4] De sacramento altaris ed. Birch, S. 366f., 466, 500.

Begriffe bezeichnet. Hier kommen zunächst die arithmetischen Relationen in Frage, wie das Doppelte, die Hälfte. Nichts ist an sich die Hälfte, sondern jede Hälfte ist immer die Hälfte eines Ganzen. Aber auch Identität, Gleichheit und Ähnlichkeit, sowie ihre Gegensätze, Verschiedenheit, Ungleichheit und Unähnlichkeit schließen stets einen doppelten Gegenstandsbezug in sich.

In diesem Sinne wird die Relation in dem eben betrachteten Kapitel der Logik als konnotativer Begriff behandelt[1].

Im Sentenzenkommentar findet sich diese Bestimmung der Relationen als konnotative Begriffe immer wieder[2], und auch in de sacramento altaris wird an dieser Bestimmung festgehalten[3].

Eine besondere Bedeutung gewinnen die konnotativen Begriffe für die zeitlichen Bestimmungen.

Im Aufbau der scholastischen Kategorienlehre wird ja die Zeit selbst unter die kontinuierliche Quantität gerechnet, während die zeitlichen Bestimmungen, wie früher später, gestern, heute, morgen, zur besonderen Kategorie »quando« zusammengefaßt werden.

Die Schwierigkeit dieser zeitlichen Bestimmungen liegt nun darin, daß sie fast alle zwei verschiedene Zeitpunkte zusammenfassen, und daher ist notwendig mindestens einer dieser beiden Zeitpunkte vergangen oder zukünftig. Ein Vergangenes aber ist nicht mehr, ist daher für die scholastische Betrachtung kein ens, sondern ein non ens, und dasselbe gilt für ein Zukünftiges. Die dingliche Auffassung der Relation als besonderer Realität setzt nun voraus, daß beide Fundamente real sind, und eine solche Auffassung findet daher an solchen zeitlichen Beziehungen kaum überwindbare Schwierigkeiten[4].

---

[1] sum. tot. log. I, 10.

[2] d. 24, q. 2R: sicut praedicamentum relationis... significat rem alterius praedicamenti connotando unam aliam rem vel ejusdem praedicamenti vel alterius; sicut simile significat aliquam qualitatem aliam qualitatem connotando cum illa existere.

[3] De sacramento altaris ed. Birch, S. 368.

[4] d. 30, q. 2C: de quando probo idem, quia, si sit talis respectus in isto, quod habet quando, cum secundum eos oportet ponere terminum cujuslibet respectus, quaero de termino et videtur non posse nisi tempus. Sed tempus multorum talium est praeteritum; ergo non terminat talem rem realem.

Faßt man dagegen solche Bestimmungen als konnotative Begriffe auf, so ist leicht einzusehen, daß ein solcher Begriff infolge seines doppelten Gegenstandsbezuges ein Seiendes mit einem Nichtseienden verbinden kann.

Auch einige allgemeinere Beziehungen, wie die Beziehung der Form auf die Materie, oder die Beziehung der Potenz auf den Akt verbinden im Allgemeinen ein Seiendes mit einem Nichtseienden. Auch hier zeigt die Auffassung solcher Beziehungen als konnotativer Begriffe einen Ausweg.

In diesem Ansatz der Einheit, der Ausdehnung und der Relation als konnotativer Begriffe kommt das zum Ausdruck, was man den Terminismus oder den Konzeptualismus Ockhams nennen kann. Absolut und konnotativ sind ja Eigenschaften von Begriffen, und wenn etwas als konnotativ bezeichnet wird, so wird eben gesagt, daß es ein Begriff sei.

So sagt daher Ockham auch allgemein von der Beziehung: relatio tamen, sive nomen, sive vox, sive conceptus vel intentio in anima.

Ockham bezeichnet die Beziehung also als eine intentio. Aber was soll diese Beziehung bedeuten? Sie kann nicht bedeuten, die Beziehung sei eine bloße Vorstellung. Wir wissen ja, daß Ockham sich ausdrücklich mit Petrus Aureolus auseinandersetzt, weil Aureolus die Beziehung von einer Tätigkeit des Verstandes abhängig machen will.

Man könnte eine solche Bestimmung als intentio dahin auffassen, daß eine Beziehung zwar in den Dingen existiert, daß sie aber, wenn sie aufgefaßt werden soll, als Vorstellung muß vorgestellt werden. Ockham hat eine solche Auffassung selbst angedeutet, und Gabriel Biel gibt dieser Auffassung daher den Vorzug.

Von Kant her könnte man diese Bestimmung der Relation als intentio dahin auffassen, daß hier die Relation auf ein transzendentales Bewußtsein bezogen werden soll. Ich werde daher im letzten Abschnitt über Ockham und Kant auf diese Frage noch einmal eingehen.

§ 53. Das transzendentale Sein als »multae res«

Eine andere Auffassung der Quantität und der Relation[1], so sagt schon Biel in der oben erwähnten Darstellung, geht von den Kollektivbegriffen aus.

Eine solche Auffassung sieht ihr Recht darin, daß eine Relation oder eine Quantität stets eine Vielheit meint. Es wird dann angenommen, daß diese Vielheit die Relation ausmacht.

So besteht zum Beispiel die Ähnlichkeit zwischen Plato und Sokrates darin, daß zunächst zwei Menschen existieren, nämlich Plato und Sokrates, und daß dann jeder dieser beiden Menschen ein weißer Mensch ist. Das Sein dieser beiden Menschen macht aber zugleich ihr Ähnlichsein aus.

Ebenso besteht eine Zweiheit zweier Dinge schon darin, daß überhaupt diese beiden Dinge existieren, ohne daß es noch eines besonderen Akzidens bedürfte, durch das diese Dinge erst zwei würden.

Biel zählt diese Auffassung als die zweite und hält sie für besser und wahrscheinlicher als die erste Auffassung, nämlich die Auffassung als intentio secunda. Er meint wohl, daß eine solche Auffassung sachlich besser sei und daß sie zugleich die Meinung Ockhams besser treffe.

Auch hier nimmt Ockham wieder den Ausgangspunkt von der Art und Weise, wie diese Begriffe ihre Objekte meinen. Sie meinen sie »non tamen divisim . . . sed magis quasi conjunctim«[2].

---

[1] d. 30, q. 3 K: et tunc talia nomina non significant alias res a substantiis et qualitatibus, sed significant ipsas substantias vel qualitates, non tamen divisim, ita quod possit verificari de aliquo uno pro se sumpto, sed magis quasi conjunctim, quasi possit verificari de multis simul sumptis; vgl. auch Expositio aurea I 16 r (Moody, Logic of W. v. Ockham, S. 122: aliqua praedicamenta . . . significant tales diversas res conjunctim.

[2] Gabriel collectorium II d. 1, q. 1 C: aliter dicunt alii quod abstracta relativorum important extrema relationis, id est res ad invicem relatas et fundamentum, si distinguitur a termino a quo. Et pro illis conjunctim supponit et pro nullo horum seorsum . . . ita in proposito dicitur, quod similitudo, qua Socrates albus est similis Platoni albo, est duo homines, Socrates et Plato, et duae albedines eorum corporibus inhaerentes, quia illis existentibus omnibus aliis circumscriptis Socrates est similis Platoni . . . et dualitas est duae res . . . et ille secundus modus videtur probabilior primo.

Wir wollen diesen Unterschied an einem Beispiel betrachten. Der Begriff »regelmäßige Körper« umfaßt als Gattung die fünf Arten der regelmäßigen Körper mit 4, 6, 8, 12 und 20 Flächen.

Nun bezieht sich sowohl die Zahl 5 wie der Begriff regelmäßige Körper auf eine Vielheit von 5 Gegenständen, aber die beiden Begriffe meinen diese Vielheit in verschiedener Weise. Der Begriff regelmäßige Körper meint diese Vielheit zwar zusammen, in gewisser Hinsicht aber auch jeden für sich. Ich kann sagen: der Würfel ist ein regelmäßiger Körper. Die Gattung »regelmäßiger Körper« spaltet sich gewissermaßen in die 5 Arten.

Ich kann aber, von den fünf regelmäßigen Körpern ausgehend, nicht sagen: der Würfel ist fünf. Der Begriff fünf meint die Vielheit, auf die er sich bezieht, stets in einem solchen Zusammengriff, daß die Glieder dieser Vielheit nur zusammen, aber nie einzeln gemeint sein können. Solche Begriffe wie fünf stehen, wie Ockham an einer anderen Stelle sagt, stets für viele zusammengenommen: supponunt pro multis simul sumptis[1].

Bei der Behandlung der kollektiven Begriffe wendet Ockham stets bestimmte Vergleiche an, und zwar verweist er zur Veranschaulichung immer wieder auf Seiendes wie Volk und Heer.

Dieser Vergleich bezieht sich zunächst auf die Art und Weise, wie solche Begriffe wie Volk und Heer sich auf ihren Gegenstand beziehen. So wird der Begriff Volk immer nur von einer Vielheit ausgesagt, niemals aber von einem Einzelnen. »Volk« meint nicht einen Menschen, sondern Volk meint viele Menschen. Man kann daher, und darin zeigt sich das ontologische Problem, auch nicht sagen, das Volk ist ein Mensch, kann also auch nicht sagen: das Volk ist ein Lebewesen, und kann schließlich auch nicht sagen: das Volk ist ein Seiendes, wenn das Sein verstanden wird im Sinne des Seins eines besonderen Dinges. Ein Volk ist also weder homo, noch animal, noch substantia, noch ens, man muß vielmehr sagen: non ens, sed entia[2].

---

[1] sum. tot. log. I, 9: abstracta, quae non supponunt nisi pro multis simul sumptis.

[2] d. 24, q. 2 P: sed sicut non est verum dicere proprie loquendo: populus est homo vel populus est animal vel populus est ens; sed potest aliquo modo

Ebenso bildet erst eine Vielzahl von Männern ein Heer. Ein Mann ist zwar ein Kämpfer, aber kein Heer.

Durch diese besondere Art, wie solche Begriffe wie Volk und Heer sich auf ihre Gegenstände beziehen, machen sie aber auch zugleich besondere Weisen der Einheit aus. Sie stellen Weisen der Einheit dar, die von der Einheit der besonderen Dinge, der einfachen Substanzen (Gott, Engel, Seelen), der Kontinua (Feuer, Wasser, Farbe, Wärme) oder der Einheit der Lebewesen verschieden sind.

Unterscheiden sich Volk und Heer von dieser in gewissem Sinne rein dinglichen Einheit, so unterscheiden sie sich aber auch von der Einheit eines bloßen Haufens, der geringsten Einheit also, die man sich denken kann[1].

Die eigentliche Bedeutung des Vergleichs der transzendentalen Kategorien mit solchem Seiendem wie Volk und Heer liegt daher im Seinsmäßigen.

Volk und Heer sind eben keine besonderen Dinge neben den Menschen, die das Volk, und neben den Männern, die das Heer bilden. Die gemeinsame Abstammung, die Gemeinsamkeit der Vergangenheit, der Gegenwart und der Zukunft macht ein Volk aus. Ein Volk ist also kein besonderes Ding, sondern eine Weise des Zusammenlebens, eine Ordnung, eine Weise also der Einheit.

Ebenso bestimmt sich das Heer als eine Ordnung. Daß Männer gemeinsam kämpfen oder kämpfen wollen und sich auf einen solchen gemeinsamen Kampf vorbereiten, das macht aus diesen Männern ein Heer.

---

concedi, quod populus est homines vel populus est animalia et per consequens, quod populus est entia. Vgl. auch d. 24, q. 2R; S. 54.

[1] d. 24, q. 1D: alia distinctio est, quod aliquid unum est proprie et stricte, sicut illa de quibus dictum est; aliquod est unum improprie et large, sicut regnum dicitur unum vel populus unus vel mundus unus, et est tale unum, quod non potest praedicari nisi de multis, de quibus simul sumptis nullus conceptus per se in genere nec aliquis similis sibi, qui scilicet significat aliquas res non connotando aliquid, potest vere praedicari, sicut populus nec est homo nec animal nec substantia nec ens, secundum quod ens est commune univocum in quid omni enti, de quod dictum est prius. Unde haec est vera: nullum animal est populus, quia quaelibet singularis est vera et per consequens haec est vera: populus non est animal, et ita de omnibus consimilibus. Aliis etiam modis potest dici unum, isti tamen sufficiunt ad propositum meum.

Volk und Heer sind also nicht besondere Dinge, sondern Weisen des Zusammenlebens. Wie ein Lebendes durch sein Leben zugleich seine Einheit ist, so ist ein Volk ein Volk durch sein Zusammenleben und ein Heer ein Heer durch sein Zusammenkämpfen.

Volk und Heer müssen also, wenn man schon einmal auf dem Boden der scholastischen Ontologie eine Bestimmung versucht, seinsmäßig nicht von der Substanz, sondern von der transzendentalen Einheit her verstanden werden. Sie sind daher umgekehrt geeignet, transzendentales Sein zu veranschaulichen.

Wenn wir uns erinnern, daß am Anfang unserer Untersuchung ein ähnlicher Vergleich stand, dann sehen wir, daß der Kreis unserer Untersuchung sich zu schließen beginnt

Die aristotelische Auffassung der Einheit hatte Plotin durch den schönen, wohl von einem Aristotelesschüler herrührenden Vergleich verdeutlicht: Wie das Fest kein besonderes Ding ist neben den festlich gestimmten Menschen, so sind auch Einheit und Zahl keine besonderen Dinge.

Jetzt sagt Ockham: die transzendentalen Kategorien, die Einheit, die Zahl, die Relation, sind keine besonderen Dinge, ebenso wie auch Heer und Volk keine besonderen Dinge sind.

Eine solche Auffassung der transzendentalen Kategorien als Ordnungen, als multae res simul sumptae eignet sich naturgemäß besonders für die Zahl[1]. Ockham zieht daher gerade bei der Seinsbestimmung der Zahl immer wieder diese Vergleiche an.

Aber auch auf die Relationen wendet Ockham diesen Begriff des kollektiven Seins und damit auch den Vergleich mit Heer und Volk an. Hier entstehen aber gewisse Schwierigkeiten, da diese kollektiven Begriffe an sich keine Ordnung der zusammengegriffenen Dinge enthalten. Dies macht keine Schwierigkeiten bei der Zahl, wo es ja nicht auf die Ordnung des Gezählten ankommt. Dagegen

---

[1] d. 24, q. 2 P: sed sicut non est verum dicere proprie loquendo: populus est homo vel populus est animal vel populus est ens; sed potest aliquo modo concedi, quod populus est homines vel populus est animalia et per consequens, quod populus est entia; ita non potest concedi, quod numerus est quantitas . . . vgl. auch: d. 24, q. 2 R; d. 24, q. 2 T; d. 30, q. 5 P: sicut numerus dicitur realis, non quia sit una res praecise, sed quia est multae res.

gewinnt eine solche Ordnung besonders bei den nichtkommutativen Relationen Bedeutung, nach der scholastischen Einteilung also besonders bei den Relationen der zweiten Klasse, wie Ursache und Wirkung, Vater und Sohn und ähnlichen Beziehungen.

Ockham wendet daher, wenn ich recht sehe, den Begriff des kollektiven Seins nur auf die kommutativen Relationen, wie Gleichheit und Ähnlichkeit an [1].

Eine solche Auffassung der transzendentalen Kategorien als multae res geht also davon aus, daß jedes Seiende durch sich selbst auch seine Einheit ist. In derselben Weise, so sagt diese Auffassung, sind nur viele Dinge zugleich ihre transzendentalen Bestimmungen, die Zahlen also und die Relationen.

Zwei weiße Dinge sind schon durch ihr so bestimmtes qualitatives Sein auch ähnlich, und sie sind durch ihr verschiedenes Sein auch schon zwei.

Wir haben also drei Möglichkeiten der Interpretation der transzendentalen Kategorien erhalten. Sie können aufgefaßt werden als intentio secunda, als connotatio und als »multae res«.

Die erste Auffassung als intentio secunda haben wir ausgeschieden, weil sie sich bei Ockham nicht ausreichend belegen läßt.

Bei dem Versuch, die beiden anderen Möglichkeiten gegeneinander abzuwägen, finden wir dagegen, daß Ockham selbst beide Möglichkeiten nebeneinanderstellt. Dies Nebeneinanderstellen ist um so bedeutsamer, als es am Ende der Distinktion 30 erfolgt, also den Abschluß der thematischen Erörterung der Relation bildet.

Am Ende von d. 30 q. 5 sagt Ockham nämlich, man könne eine reale Relation, und allein um die realen Relationen geht ja die Erörterung, in drei verschiedenen Weisen auffassen [2].

---

[1] d. 30, q. 3 K: ita potest aliquo modo concedi; duo similia sunt similitudo, sicut conceditur, quod multi homines sunt populus, et tamen haec est falsa: aliquis homo est populus. Vgl. dazu auch: d. 30, q. 1 R; d. 30, q. 2 L; d. 30, q. 5 P: alio modo, quod dicatur relatio realis, non quia est una res, sed quia est multae res, sicut numerus dicitur realis non quia sit una res praecise, sed quia est multae res.

[2] d. 30, q. 5 P: secundo potest distingui de relatione reali uno modo, quod per relationem realem intelligitur aliqua vera res una. alio modo, quod dicitur relatio realis, non quia est una res, sed quia est multae res, sicut nu-

232

Die erste Auffassung sieht in der Relation ein besonderes Ding; es ist also die von Ockham stets bekämpfte Seinsbestimmung der Relation von der Qualität her.

Die zweite Auffassung bestimmt die Relation als multae res, so wie die Zahl als multae res bestimmt werden kann.

Die dritte Auffassung betrachtet die Relation als einen Begriff, der mehrere Dinge zusammengreifend einschließt: importat veras res. Für diese Auffassung ist die Realität einer Relation darin begründet, daß diese Relation nicht von einer Tätigkeit des Verstandes abhängt: non per operationem intellectus.

Diese beiden, von Ockham an zweiter und dritter Stelle aufgezählten Möglichkeiten sind also unsere beiden Auffassungen als multae res und als connotatio. Bei der zweiten Möglichkeit ist dies ohnehin klar, und bei der dritten Möglichkeit ergibt sich dies daraus, daß das »importare veras res« die charakteristische Eigenschaft der konnotativen Begriffe ist. Ockham hält sich also hier beide Möglichkeiten der Interpretation offen.

Auch am Schluß der Distinktion 31 nimmt Ockham auf diese beiden Möglichkeiten Bezug[1].

Eine Relation, so sagt er dort, kann entweder aufgefaßt werden als Vorstellung »pro relatione, quae est in anima«. Sie ist dann auf Grund der allgemeinen Bestimmung von Begriff überhaupt bei Ockham ein Zeichen: »vel signum aliquod«. Werden die transzendentalen Kategorien in dieser Weise als Begriffe aufgefaßt, dann

---

merus dicitur realis, non quia sit una res praecise, sed quia est multae res. alio modo, quod dicatur relatio realis, quia importat veras res, et quia concretum suum praedicatur de re non pro se, sed pro re, ita quod res est talis, qualis denotatur esse per tale relativum, non per operationem intellectus.

[1] d. 31 K: Dico sicut tactum est prius, sicut quaecumque relatio uno modo potest supponere pro ipsa relatione, quae est in anima vel signum aliquod vel potest supponere pro rebus simul sumptis, sicut potest aliquo modo concedi, licet forte multum improprie, quod duo alba sunt similitudo. Primo modo accipiendo aequalitatem non est inconveniens, quod aliquid sit alteri sine aequalitate, hoc est dictum aliquid potest esse a quale sine tali conceptu vel signo. Si tamen debeat exprimi, quod sit aequale, oportet uti tali intentione vel conceptu vel signo alio. Secundo modo accipiendo aequalitatem non est hoc possibile, quia hoc est dicere, quod aliquid sit aequale alteri et tamen, quod non sint aequalia.

ist es eben ihre kennzeichnende Bestimmung, nicht absolute, sondern konnotative Begriffe zu sein.

Eine Relation kann aber in anderer Weise auch stehen für die Dinge zusammen genommen: »vel potest supponere pro rebus simul sumptis«; in dieser Weise ist dann die Ähnlichkeit nicht ein Begriff, sondern zwei weiße Dinge sind selbst ihre Ähnlichkeit: duo alba sunt similitudo.

Bei dem Nebeneinander dieser beiden Möglichkeiten hilft sich Ockham an einer anderen Stelle mit einer Verweisung, indem er sagt: et ideo non pono, quod relatio est idem realiter cum fundamento, sed dico, quod relatio non est fundamentum, sed tantum intentio et conceptus in anima importans plura absoluta, vel est plura absoluta, sicut populus est plures homines, et nullus homo est populus. Quae tamen istarum propositionum est magis secundum proprietatem sermonis, magis ad logicum pertinet discutere quam ad theologum[1].

Nun wird man Ockham zugeben müssen, daß diese ontologischen Probleme der transzendentalen Kategorien nicht zur Aufgabe eines Theologen gehören. Sie gehören daher auch nicht in die Sentenzenvorlesung, die von einem Theologen für Theologen gehalten wird. Leider nützt es uns nicht viel, wenn Ockham auf den Logiker als den in dieser Frage Zuständigen verweist; denn das in dieser Verweisung liegende Versprechen hat Ockham nicht eingelöst. Wenn Ockham hier mit seiner Entscheidung zögert, so ist dies Zögern freilich nicht mutwillig; es drückt vielmehr Schwierigkeiten aus, die erst von Kant her voll begreiflich werden. Wir werden daher in der endgültigen Interpretation versuchen müssen, diesem Zögern Ockhams Rechnung zu tragen.

§ 54. Die transzendentalen Kategorien als Weisen der Einheit

Wir sind in den Untersuchungen dieses dritten Teiles ausgegangen vom Begriff des absoluten Akzidens. Es hatte sich uns ergeben, daß die Scholastik vom Problem der Transsubstantiation

---

[1] d. 30, q. 1 R.

234

her das Sein der absoluten Akzidenzen als ein Sein möglicher Selbständigkeit bestimmt.

Für Thomas gingen in eine solche Bestimmung gewisse Vorbehalte ein. Der Analogiecharakter des Seins hat nämlich zur Folge, daß das Sein der absoluten Akzidenzen, also der Quantität und der Qualität, im Hinblick auf das Sein der Substanz doch schon gemindert erscheint. Diese Minderung des Seins hatte Thomas bei der Qualität in einer thematischen Untersuchung ausgesprochen. Bei der Quantität kam sie darin zum Ausdruck, daß die quantitas dimensiva in der Eucharistie nicht aus sich selbst heraus ohne Subjekt existieren konnte, daß sie vielmehr eines neuen Seins bedurfte.

Für Duns Scotus dagegen, der von der Univokation des Seinsbegriffes ausgeht, besitzt die Qualität, rein seinsmäßig genommen, dasselbe Sein wie die Substanz.

Das Sein der absoluten Kategorien, der Substanz, der Quantität und der Qualität also, bestimmt nun weiter den eigentlichen Sinn von Realität. Wenn also von der Transsubstantiation her der Begriff des absoluten Akzidens weiter ausgebildet wird, so muß eine solche Entwicklung auch auf den Begriff der Realität zurückgreifen, und eine solche Entwicklung des Begriffes der Realität muß dann weiter auch auf die alte Unterscheidung ens reale, ens rationis zurückwirken.

In der gleichen Richtung wurde das Seinsproblem der Transzendentalien wirksam. Schon Aristoteles hatte das Sein der Einheit abgehoben gegen das Sein der Qualität. Mit der scholastischen Bestimmung des Seins der Qualitäten als eines Seins möglicher Selbständigkeit wird nun dieser Gegensatz endgültig und schroff ausgebildet. Die Transzendentalien jedenfalls können kein Sein möglicher Selbständigkeit haben. Von der Unterscheidung ens reale, ens rationis her ergab sich die Notwendigkeit, den Begriff des ens rationis weiter auszubilden.

Wir haben diese Entwicklung bei Thomas und Duns Scotus verfolgt und dann versucht, die Bestimmungen Ockhams herauszustellen. Es hat sich uns ergeben, daß eine Bestimmung als intentio secunda bei Ockham nicht nachgewiesen werden kann, daß aber Ockham zwischen den beiden Bestimmungen als connotatio und als »multae res« keine endgültige Entscheidung trifft.

Unser Problem ist also die Ontologie des transzendentalen Seins bei Ockham, und unsere besondere Aufgabe ist es, eine Auslegung zu suchen, die auf dies Zögern Ockhams vor einer endgültigen Entscheidung Rücksicht nimmt.

Wir wollen nun in diesem Abschnitt zeigen, daß Ockham die transzendentalen Kategorien als Weisen der Einheit versteht. Es ist wohl deutlich, daß eine solche Auslegung Ockhams eine Auslegung von Kant her bedeutet. Im nächsten Abschnitt wollen wir daher den Zusammenhang mit Kant ausdrücklich zum Thema machen und dabei zu zeigen versuchen, wie man das Zögern Ockhams zwischen den Bestimmungen als intentio und als »multae res« von Kant her verstehen kann.

Der Ausgangspunkt Ockhams, der sich ja einer ersten Betrachtung zeigt, ist die Behauptung, daß die transzendentalen Kategorien keine besonderen Dinge (res) bezeichnen.

Besondere Dinge — res absolutae — sind nur die Substanzen und die Qualitäten. Hier sind die Substanzen besondere Dinge wirklicher und die Qualitäten besondere Dinge möglicher Selbständigkeit. Diesen von der Transsubstantiation her notwendigen Ausgangspunkt hält Ockham in der von der Univokation des Seinsbegriffes her kommenden Bestimmung des Duns Scotus fest.

Unter die transzendentalen Kategorien fallen als die wesentlichsten Bestimmungen: die Einheit, die Zahl, die Ausdehnung, der Raum, die Zeit, die Bewegung, die Dauer und die Beziehung. Alle diese Bestimmungen bezeichnen also keine besonderen Dinge, das heißt, keine dieser Bestimmungen kann für sich allein selbständig existieren.

Alle diese Bestimmungen sind eben nicht besondere Dinge, sondern Weisen der Einheit.

Eine solche Auslegung wird man sich von vier Gesichtspunkten her deutlich machen können.

Eine solche allgemeine Auffassung der transzendentalen Kategorien wird zunächst durch die Auffassung der Einheit im engeren Sinne nahegelegt.

Thomas hatte die akzidentale von der transzendentalen Einheit unterschieden. Diese Unterscheidung zog es nach sich, daß für

236

Thomas die eigentliche Lehre von der Einheit nicht zur Kategorienlehre rechnet, sondern daß eine solche Lehre von der Einheit als eine Lehre von den allgemeinsten Bestimmungen des Seins eines der Eingangsstücke der Ontologie ausmacht. Diese von Duns Scotus grundsätzlich beibehaltene Zweigliederung der Lehre von der Einheit wird von Ockham aufgehoben. Es gibt für Ockham nur noch eine Weise der Einheit, in der die transzendentale und die akzidentale Einheit vereinigt sind.

Dies zeigt sich zunächst bei den Zahlen. Ich habe schon darauf hingewiesen, daß gerade bei den Zahlen Einheit und Vielheit in einer ganz besonders innigen Weise verbunden sind. Eine Zweiheit ist in einer ganz besonderen Weise Vieles und Eines. Dies Problem der Vielheit und Einheit der Zahl gewann für die Scholastik eine besondere Bedeutung in der Frage der Dreiheit der göttlichen Personen. Die Dreiheit der göttlichen Personen ist ebensosehr Mannigfaltigkeit, wie sie Einheit ist. Es ist daher verständlich, daß die Auslegung der Zahl als ein transzendentales Sein von den Problemen der Trinität den Ausgang genommen hat. Wie sehr daher die Zahlen auch Weisen der Vielheit sind, so sind sie doch ebensosehr Weisen der Einheit.

Nicht anders steht es mit den Relationen. Da sind zunächst die Relationen der Identität, der Gleichheit und der Ähnlichkeit mit ihren Gegensätzen der Verschiedenheit, der Ungleichheit und der Unähnlichkeit. Daß es sich hier um Probleme der Einheit handelt, braucht nicht ausgeführt zu werden. Dies gilt selbst und erst recht von der Verschiedenheit. Es ist deshalb verständlich, daß Duns Scotus in seiner Lehre von den transzendentalen Relationen von hier ausgegangen ist. Auch Thomas hatte ja, von der Verschiedenheit ausgehend, ein transzendentales Sein solcher Relationen bereits in Erwägung gezogen.

Aber auch alle anderen Relationen müssen als Weisen der Einheit verstanden werden. So sind doch die Verwandtschaftsrelationen, etwa die Beziehungen zwischen Geschwistern gewiß Weisen der Einheit, und ebenso gilt dies von den Beziehungen zwischen einer Ursache und ihrer Wirkung. Besonders von Kant her braucht eine solche Bestimmung der Relationen als Weisen der Einheit ja keinen weitläufigen Beweis mehr.

Diese Einheit zählt zur Kategorie der Quantität, und für Ockham wird also eine besondere Lehre von den Transzendentalien als eine Lehre von den passiones entis unnötig.

Wegen dieser Zurücknahme der Lehre von der Einheit in die Kategorienlehre muß nun aber der Begriff der transzendentalen Kategorien so weit gefaßt werden, daß die Probleme der Einheit volle Berücksichtigung finden.

Die Bestimmung der transzendentalen Kategorien muß also die Bestimmung der Einheit im engeren Sinne mit umfassen.

Bestimmt man in dieser Weise die transzendentalen Kategorien als Weisen der Einheit, dann gerät man freilich in die Schwierigkeit, daß Ockham zugleich einen engeren und einen weiteren Begriff der Einheit verwendet. Die Einheit ist einmal eine Klasse der Quantität, das andere Mal der Oberbegriff zu allen transzendentalen Kategorien. Diese Schwierigkeit hat aber Ockham mit Kant gemeinsam. Auch für Kant ist ja die Einheit einmal eine der zwölf Kategorien, das andere Mal die Grundeinheit, aus der heraus die zwölf Kategorien sich erst entfalten.

Als zweiten Gesichtspunkt möchte ich das Problem des transzendentalen Seins überhaupt in Erwägung ziehen.

Das Problem des transzendentalen Seins bei Aristoteles ist ursprünglich ein Problem der Einheit. Aristoteles spricht stets vom ὄν und vom ἕν als konvertiblen Begriffen, die Erweiterung auf vier, beziehungsweise sechs Transzendentalien gehört in dieser Bestimmtheit erst der Scholastik an.

Ist aber das ursprüngliche Ausgangsfeld der Lehre von den Transzendentalien die Lehre von der Einheit, dann ist zu erwarten, daß die Lehre vom transzendentalen Sein auch in ihrer weiten Ausbildung bei Ockham diesen Grundcharakter als Lehre von der Einheit beibehalten hat.

Schließlich ist auch die Ausdehnung eine Weise der Einheit ebensosehr wie sie eine Weise der Vielheit ist. Ein Körper ist, so sehr er in seiner Ausdehnung eine Mannigfaltigkeit darstellt, gerade wegen seiner Ausdehnung zugleich einer. Es ist daher eine alte Be-

stimmung, als eine Weise der Einheit die Einheit einer zusammenhängenden Ausdehnung zu bezeichnen.

Daß die transzendentale Bestimmung der Quantität und der
Relation diese Kategorien als Weisen der Einheit auslegen will,
dafür würde ich drittens die ständigen Vergleiche mit solchen Begriffen wie Volk und Heer heranziehen. Volk und Heer bezeichnen
gewiß gerade die Einheit einer Vielheit.

Es scheint mir daher ein Mißverständnis zu sein, wenn Simon
Moser meint, Ockham hätte Volk und Heer und dann auch die damit
verglichenen Begriffe als eine bloße Häufung bezeichnet[1]. Gewiß ist
es möglich, in der Gliederung der Bedeutungen von Einheit die
verschiedenen Bedeutungen in verschiedener Weise zusammenzufassen. So kann man etwa den strengsten Begriff der Einheit, den
Begriff der Einheit der besonderen Dinge, herausheben und gegen
alle anderen Weisen der Einheit, etwa gegen die Einheit der Gattung,
gegen die Einheit der Kollektiva (Volk, Heer, . .) und gegen die Einheit einer bloßen Anhäufung stellen. Dann würden freilich Volk
und Heer mit einer bloßen Häufung zusammengestellt. Aber eine
an sich mögliche Zusammenstellung besagt doch nicht, daß alle
diese zusammengestellten Gegenstände nun in jeder Hinsicht als
gleich begriffen werden.

Den richtigen Hinweis gibt uns eine Bemerkung von Nietzsche:
Alle Einheit ist nur als Organisation und Zusammenspiel Einheit:
nicht anders als wie ein menschliches Gemeinwesen Einheit ist:
also Gegensatz zur atomistischen Anarchie, somit ein Herrschafts-
gebilde, das Eines bedeutet, aber nicht Eines ist[2].

Im Sinne dieser Bemerkung von Nietzsche würde also die Einheit
eines Volkes sich als die eigentliche Einheit darstellen, während die
Einheit der besonderen Dinge nur ein uneigentlicher Modus wäre.

In diesem Sinne bedeutet jedenfalls der ständige Vergleich der

---

[1] Simon Moser, Die 'Summulae in libros physicorum' des Wilhelm von Ockham, Innsbruck 1932, S. 6: Die Auffassung des Spätscholastikers, daß die Einheit einer Wissenschaft oder eines Volkes gleichbedeutend mit der Einheit
eines Steinhaufens sei, verrät einen eigentümlich atomisierenden Zug, der diese
Ganzheiten aufsplittert in einer Summe von einzelnen Dingen.

[2] Nietzsche, Nachlaß, Wille zur Macht, WW XVI, 63.

Zahlen und der Beziehungen mit Volk und Heer eine Auslegung der Zahlen und der Beziehungen als Weisen der Einheit.

Als vierten Gesichtspunkt für eine solche Auslegung möchte ich schließlich noch geltend machen, daß die Ordnung von Ockham ausdrücklich als ein solches transzendentales Sein ausgelegt wird. Der allgemeine Begriff des transzendentalen Seins muß daher so beschaffen sein, daß er auch den Begriff der Ordnung einschließt.

Wir haben gesehen, daß Ockham in dieser Frage sich ausdrücklich gegen Thomas stellt. Für Thomas war die Ordnung etwas neben den geordneten Dingen; Ordnung kam zu den Dingen hinzu. Sie kann für sich erkannt und für sich geschaffen werden, und es gibt infolgedessen auch eine Idee der Ordnung.

Für Ockham ist dagegen die Ordnung kein Ding neben den geordneten Dingen. Ordnung ist vielmehr nur eine Weise der Einheit von Dingen.

Von hier aus habe ich als gemeinsame Bestimmung der zu behandelnden Gegenstände im Sinne der der Arbeit vorangestellten Leibnizstelle: 'sunt ordines, non res' den Begriff der Ordnungen gewählt. Es hätte zwar nahe gelegen, von Einheit schlechthin zu reden! Da aber ein Ausdruck gewählt werden mußte, der ohne weiteres auf Kant bezogen werden konnte und der zugleich vor der kantischen Unterscheidung zwischen Kategorien und reinen Anschauungen lag, so erschien der Begriff der Ordnung besser als der Begriff der Einheit, der von Kant vorzugsweise auf die Kategorien bezogen wird.

Ich glaube daher, daß mit diesen, von verschiedenen Seiten kommenden Erwägungen unsere Auslegung sich rechtfertigen läßt, und dass wir daher endgültig sagen können: Ockham versteht die transzendentalen Kategorien als Weisen der Einheit.

Versucht man, von dieser Auffassung der transzendentalen Kategorien als Weisen der Einheit einen Überblick über die Lehre Ockhams von der Einheit zu gewinnen, so würde sich etwa folgendes ergeben.

Man muß bei Ockham vier Weisen der Einheit unterscheiden: die Einheit der besonderen Dinge (der Individuen), die Einheit der Gattung und der Art,

240

die Einheit der Ordnungen,

die Einheit eines bloßen Haufens.

Die Einheit der besonderen Dinge (res) stellt also im allgemeinen die Einheit der Individuen dar. Sie geht insofern weiter, als sie auch die Einheit einer besonderen Qualität, also der qualitativen Bestimmung einer Substanz darstellt.

Diese Weise der Einheit umfaßt also die einfachen Substanzen (Gott, die Engel, die Seelen). Sie umfaßt zweitens die Einheit der Kontinua, und zwar sowohl der Substanzen (Erde, Feuer, Wasser, Steine), als auch der Qualitäten (warm, weiß). Sie umfaßt drittens die organisch gegliederten Einheiten, die Lebewesen also.

Als zweite Weise der Einheit tritt die Einheit der Gattung und der Art auf. Wir haben die Probleme der Gattung nicht behandelt; nicht nur deshalb, weil ein Eindringen in die Endlosigkeit des scholastischen Universalienstreites eine Arbeit für sich erfordern würde, sondern auch deshalb, weil in der späteren Entwicklung das Universalienproblem seine Bedeutung verliert. So sieht Kant die wesentlichen Probleme nicht in der Einheit der Gattung, sondern in derjenigen Einheit, in der die Kategorien gründen. Immerhin scheint es möglich, von dem Gedanken des transzendentalen Seins her auch ein Verständnis von Ockhams Universalientheorie zu gewinnen. Die Ablehnung der Realität der Universalien durch Ockham dürfte im Grunde dasselbe bedeuten, wie die Ablehnung der Realität, der Quantität und der Relation.

Die dritte Weise der Einheit umfaßt die Ordnungen. Es handelt sich hier also um Einheiten wie Volk und Heer. Von solchen Einheiten her werden dann auch die transzendentalen Kategorien als Weisen der Einheit verstanden.

Als vierte Weise der Einheit erscheinen dann schließlich die bloßen Häufungen, wie etwa ein Haufen Steine oder eine zusammengelaufene Menschenmenge.

Der für uns entscheidende Begriff ist die dritte Weise der Einheit, die die Ordnungen umfaßt. Hier kommen zunächst einmal in Frage die geschichtlichen Einheiten, das Volk, das Heer, der Stand. Von Plotin her erinnern wir uns, daß auf das Fest und den Chor verwiesen wurde. Von dieser Weise der Einheit her sieht also Ockham die transzendentalen Kategorien. Alle diese Ordnungen sind nach der Bestimmung Ockhams keine besonderen Dinge neben den Dingen, deren Ordnung sie sind. Mit der Aufhebung der geordneten Dinge werden auch die Ordnungen aufgehoben.

Die Ordnungen haben zwei Eigentümlichkeiten, die in der philosophischen Arbeit oft bemerkt und nach mannigfachen Gesichtspunkten gewürdigt worden sind.

Die erste Eigentümlichkeit besteht darin, daß alle diese Ordnungen keine Individuen haben. Ein Volk umfaßt zwar viele Menschen, aber der einzelne Mensch ist nicht das Individuum des Allgemeinbegriffes Volk.

Ebenso ist ein Element einer Menge von fünf Dingen nicht ein Individuum dieser Vielheit, und in der gleichen Weise ist ein Teil des Raumes nicht ein Individuum eines umfassenden Begriffes.

Ockham lehrt daher, daß alle diese Begriffe keine Individua haben[1], [4].

Kant sagt auf denselben Sachverhalt abzielend: der Raum ist kein diskursiver, oder wie man sagt, allgemeiner Begriff[2]; die Zeit ist kein diskursiver, oder wie man ihn nennt, allgemeiner Begriff[3].

Ordnungen können aber auch im eigentlichen Sinne nicht definiert werden. Die eigentliche Definition im Sinne der Scholastik besteht in der Angabe des genus und der differentia specifica. Eine solche Angabe ist aber. bei den Ordnungen nicht möglich.

Wir sahen diese Schwierigkeit besonders bei den Zahlen. Versucht man eine Definition der einzelnen Zahlen aufzubauen, dann wäre etwa der Begriff natürliche Zahl das genus und die Zahlen 1, 2, 3, . . . die Arten. Dann müßten also die Zahlen 1, 2, 3, . . . durch je eine spezifische Differenz aus dem Genus natürliche Zahl spezifiziert werden. Man hat in der Scholastik nach einer solchen spezifischen

---

[1] D. 30, q. 3 CC: et si dicatur, quod quaelibet species habet aliquod individuum, quod est unum numero. Dico, quod secundum intentionem philosophi hoc non est verum, quamvis hoc sit verum de omni specie praedicabili de re una. Sed de relativis sive connotativis non est universaliter verum.

[2] A 24, B 39.

[3] A 31, B 39.

[4] D. 30, q. 1 R: sicut populus est plures homines, et nullus homo est populus.

242

Differenz der Zahlen gesucht; Duns Scotus aber hatte auf die Ergebnislosigkeit solcher Versuche mit aller Klarheit hingewiesen.

Ockham drückt diesen Sachverhalt so aus, daß alle diese Ordnungen nicht durch eine Realdefinition, sondern daß sie nur durch eine Nominaldefinition bestimmt werden können[1].

Auch nach Kant können weder die reinen Anschauungen, also Raum und Zeit, noch die einzelnen Kategorien, also Einheit, Vielheit, Allheit, usw. definiert werden.

In diesen beiden Sachverhalten kommt zum Ausdruck, daß auf die Ordnungen die übliche Gliederung der scholastischen Ontologie: Gattung, Art, Individuum, in keiner Weise zutrifft. Dieser von den Substanzen her genommene Aufbau paßt nicht auf die Ordnungen. Ordnungen sind zwar auch Allgemeinbegriffe, aber von einer ganz anderen Weise als Gattung und Art.

§ 55. Ockham und Kant

Wir wollen in diesem letzten Abschnitt unserer Untersuchung nicht die gesamten Beziehungen zwischen Ockham und Kant erörtern. Dazu wäre eine ganze Reihe von Fragen heranzuziehen, etwa die Frage der natürlichen Gottesbeweise oder die Frage der Beweisbarkeit des Kausalgesetzes. Wir sehen von einer solchen umfassenden, aber weitläufigen Untersuchung ab und halten uns an die ontologischen Probleme im engeren Sinn.

Ein wichtiger, wenn auch in gewissem Sinn noch materieller Zusammenhang liegt zunächst in dem vor, was man die Phänomenalität des Raumes und der Zeit zu nennen pflegt. Dieser Zusammenhang ist wohl der am meisten hervortretende und ist daher auch schon wiederholt bemerkt worden.

Daß die Kantische Bestimmung des Raumes und der Zeit mit der Leibnizschen Bestimmung auf das Engste zusammenhängt, brauche ich hier wohl nicht auszuführen.

Auf den Zusammenhang zwischen Leibniz und Ockham bin ich

---

[1] D. 30, q. 3J: ex praedictis patet, quare secundum intentionem Aristotelis unum relativum diffinitur per reliquum, quia secundum eum relativum non habet diffinitionem exprimentem quid rei, sed tantum habet diffinitionem exprimentem quid nominis.

bereits im ersten Teil eingegangen, ich habe dort auch bereits ausgeführt, daß für den geschichtlichen Zusammenhang in erster Linie Gregor von Rimini, Gabriel Biel und Suarez in Frage kommen dürften.

Der sachliche Zusammenhang beruht darauf, daß Ockhams Auslegung der Quantität die Auslegung von Raum und Zeit in sich schließt. Ockham bestimmt daher, wie alle quantitativen Bestimmungen, so auch den Raum und die Zeit nicht als besondere Dinge, sondern als Ordnungen, als Weisen der Einheit. Ockham bestreitet, daß Raum und Zeit eine besondere Realität, das heißt aber, er bestreitet, daß Raum und Zeit ein Sein möglicher Selbständigkeit haben. Es gibt also keinen Raum und keine Zeit, die als besondere Dinge ohne räumlich und zeitlich Geordnetes existieren könnten.

In dieser negativen Bestimmung: Raum und Zeit sind keine absoluten Dinge, gehen Ockham, Leibniz und Kant zusammen.

So sagt Ockham: de loco et tempore dicunt, quod non sunt res aliae[1].

Leibniz wendet sich oft gegen die Vorstellung eines absoluten Raumes oder einer absoluten Zeit. Einen besonders bündigen Ausdruck findet er in der Stelle aus dem Brief an des Bosses, die wir unserer Arbeit vorangestellt haben: sunt ordines, non res[2].

Kant schließlich sagt knapp, aber klar: Die Zeit ist nicht etwas, was für sich selber bestünde[3].

Daß trotz dieser gemeinsamen negativen Bestimmung die positive Bestimmung des Raumes und der Zeit bei Kant weit über diejenige bei Leibniz und Ockham hinausgeht, werden wir noch besonders in Erwägung ziehen.

Raum und Zeit sind also für Ockham, Leibniz und Kant keine besonderen Dinge, keine res. Von diesem konkreten Problem des Raumes und der Zeit her sollte man erwarten, daß Kant auch für das grundsätzliche Problem Ockhams Verständnis zeige. Dies grundsätzliche Problem bestand ja darin, daß Ockham nicht nur dem Raum und der Zeit, sondern daß er den wichtigsten Kategorien, der Quan-

---

[1] Ockham sum. tot. log. I, 44 gegen Ende.
[2] Leibniz an Des Bosses, Erdmann S. 740 a.
[3] Kant, Kr. d. r. V., A 32, B 49.

244

tität und der Relation, insgesamt ein absolutes Sein, ein Sein eigner Realität also abstritt.

Von einem solchen Verständnis Kants für Ockhams Grundproblem zeugt nun nicht nur Kants Kategorienlehre, also die transzendentale Analytik im Ganzen, sondern ein solches Verständnis läßt sich ganz konkret aus den „Reflexionen" belegen.

Schon früh sagt Kant: die accidentia sind nicht besondere Dinge, die dem Subjekt inhärieren, sondern Prädikate eines Dinges, d. h. Arten, wie das Subjekt existiert. Der Begriff der Subsistenz ist ein rein logisches Hilfsmittel, weil man daselbst alle Sachen in Form der Prädikate vorstellen kann[1].

Als er mit der Inauguraldissertation beschäftigt ist, notiert sich Kant: Sind die Substanzen wohl realiter von den accidentibus verschieden?[2]

In demselben Sinne bemerkt er dann nach der Fertigstellung der Kritik der reinen Vernunft, wiederum in sein Handexemplar von Baumgartens Metaphysik: der sinnliche Begriff der sustentatio (der Träger) ist Mißverstand, Akzidentien sind nur die Art zu existieren der Substanz nach dem Positiven[3].

Alle drei Reflexionen zeigen deutlich, daß Kant mit dem Problem eines realen Unterschiedes zwischen der Substanz und den Akzidenzen vertraut war. Aus der Reflexion 3783 habe ich den Ausdruck »besonderes Ding« als Übersetzung von res gezogen.

Besteht nun, und das wird unsere eigentliche Frage sein, ein Zusammenhang zwischen der Transzendentalphilosophie Kants und der Lehre Ockhams — und damit auch der scholastischen Lehre — von den Transzendentalien?

Man wird zunächst daran denken, daß Kant in die zweite Auflage der Kritik der reinen Vernunft unter anderen Einschüben auch einen Paragraphen über die im engeren Sinne Transzendentalien genannten Begriffe eingeschoben hat. Kant weist darauf hin, daß die Scholastiker dem Satz quodlibet ens est unum, verum, bonum, eine große Bedeutung beigemessen haben. In der neueren Philo-

---

[1] Reflexion 3783 etwa 1764—1768.
[2] Reflexion 4053 etwa 1769—1770.
[3] Reflexion 5861 etwa 1783—1784.

sophie dagegen seien diese Sätze nur noch ehrenhalber aufgestellt worden[1]. Ein solches Zurücktreten eines wichtigen Lehrstückes muß aber doch seine Gründe haben.

Kants Lösung geht dahin, daß diese Bestimmungen nur irrtümlicherweise als Prädikate der Dinge an sich betrachtet worden seien, sie sind aber in Wahrheit logische Erfordernisse jeder Erkenntnis überhaupt[2].

Es ist nun keineswegs richtig, wie es so häufig geschieht, in diesem Paragraphen nur einen Seitenhieb Kants auf die Scholastik zu sehen, etwa in dem Sinne, daß hier über die überflüssigen Subtilitäten der Scholastik eine ironische Anmerkung gemacht werden soll.

Es zeigt sich vielmehr im Fortgang der Kritik, daß die transzendentale Einheit als qualitative Einheit[3] alles Denkens überhaupt einen wichtigen Zusammenhang mit dem Grundbegriff der Transzendentalphilosophie, der ursprünglich-synthetischen Einheit der Apperzeption hat.

Kant kann daher diese Einheit einfach die transzendentale Einheit nennen[4].

---

[1] B 113 § 12: Es findet sich aber in der Transzendentalphilosophie der Alten noch ein Hauptstück vor, welches reine Verstandesbegriffe enthält, die, ob sie gleich nicht unter die Kategorien gezählt werden, dennoch, nach ihnen, als Begriffe a priori von Gegenständen gelten sollten, in welchem Falle sie aber die Zahl der Kategorien vermehren würden, welches nicht sein kann. Diese trägt der unter den Scholastikern so berufene Satz vor: quodlibet ens est unum, verum, bonum. Ob nun zwar der Gebrauch dieses Prinzips ... sehr kümmerlich ausfiel, so, daß man es auch in neueren Zeiten beinahe nur ehrenhalber in der Metaphysik aufzustellen pflegt, ...

[2] B 113: diese vermeintlich transzendentalen Prädikate der Dinge sind nichts anderes als logische Erfordernisse und Kriterien aller Erkenntnis der Dinge überhaupt.

[3] B 131: Diese Einheit, die a priori vor allen Begriffen der Verbindung vorhergeht, ist nicht etwa jene Kategorie der Einheit (§ 10) ... Also müssen wir diese Einheit (als qualitative § 12) noch höher suchen, nämlich in demjenigen, was selbst den Grund der Einheit verschiedener Begriffe in Urteilen, mithin der Möglichkeit des Verstandes, sogar in seinem logischen Gebrauche enthält.

[4] A 177, B 220: In der ursprünglichen Apperzeption soll nun alle dieses Mannigfaltige, seinen Zeitverhältnissen nach, vereinigt werden; denn dieses sagt die transzendentale Einheit derselben a priori, unter welcher alles steht, was zu meinem (d. i. meinem einigen) Erkenntnisse gehören soll ...

246

Wenn Kant an dieser Stelle den Ausdruck »transzendentale Einheit« braucht, so bindet er tatsächlich die scholastische Lehre von der Einheit mit der eigenen Transzendentalphilosophie in Eins zusammen.

Um diesen Zusammenhang deutlicher zu sehen, muß man sich vor Augen halten, daß Kants Terminus Transzendentalphilosophie von zwei verschiedenen Gesichtspunkten her bestimmt werden kann, von der Aufgabe und von der Lösung.

Von der Aufgabe her ist die Transzendentalphilosophie die Lehre von den allgemeinsten Bestimmungen des Seins, also die Lehre vom Sein als Sein.

An dieser aristotelischen Aufgabe, der auch die scholastische Lehre von den Transzendentalien galt, hält auch Kant fest[1].

Nun hat aber Kant gesehen, daß ein Seiendes nur dann für uns Bedeutung haben kann, wenn es uns gegeben werden kann.

In den allgemeinen Begriff des Seienden, des Dinges also, gehen daher von dieser Lösung Kants für uns Menschen die Probleme der möglichen Gegebenheit ein. Das Ding ist daher für uns Menschen das Ding, insofern es uns gegeben werden kann, und die Transzendentalphilosophie, die der Aufgabe nach die Lehre vom Ding als Ding war, ist nun der Lösung nach die Lehre vom Ding, insofern es uns gegeben werden kann.

Diese Lehre vom Ding, sofern es uns gegeben werden kann, ist damit zugleich die Lehre von der möglichen Erkenntnis, und zwar, wie es sich für die Ontologie versteht, die Lehre von der möglichen Erkenntnis a priori und damit zugleich die Lehre vom Subjekt.

Kant bemerkt einmal, diesen Zusammenhang in den kürzesten Ausdruck zusammendrängend: Ontologie ist Wissenschaft von den Dingen überhaupt, d. i. von der Möglichkeit unserer Erkenntnis a priori[2].

Wir wollen diese Zusammenhänge noch einmal im einzelnen durchgehen.

---

[1] M. Heidegger, Kant und das Problem der Metaphysik S. 8: Die Erkenntnis des Seienden im allgemeinen (metaphysica generalis) und nach seinen Hauptstücken (metaphysica specialis) wird so zu einer Wissenschaft aus bloßer Vernunft. Kant hält an der Absicht dieser Metaphysik fest.

[2] Reflexion 5936.

Zunächst ist freilich die Bestimmung der Transzendentalphilosophie von der Lösung her die eindringlichste und daher auch die bekannteste.

In diesem Sinn bestimmt Kant schon in der Einleitung: Ich nenne alle Erkenntnis transzendental, die sich nicht sowohl mit Gegenständen, sondern mit unserer Erkenntnisart von Gegenständen, insofern diese a priori möglich sein soll, überhaupt beschäftigt. Ein System solcher Begriffe würde Transzendentalphilosophie heißen[1].

In gleichem Sinn sagt Kant in der Einleitung zur transzendentalen Logik: daß nicht eine jede Erkenntnis a priori, sondern nur die, dadurch wir erkennen, daß und wie gewisse Vorstellungen (Anschauungen oder Begriffe) lediglich a priori angewandt werden, oder möglich sind, transzendental (d. i. die Möglichkeit der Erkenntnis oder der Gebrauch derselben a priori) heißen würde[2].

Es ist daher die allgemeine Aufgabe der Transzendentalphilosophie: wie sind synthetische Sätze a priori möglich?[3]

Von hier aus bestimmt sich die Transzendentalphilosophie weiter als die Lehre vom Subjekt, insofern nämlich »die Zergliederung des Verstandesvermögens selbst« »das eigentümliche Geschäft der Transzendentalphilosophie« wird [4].

Neben diesem vom Ergebnis her bestimmten Begriff der Transzendentalphilosophie steht nun ein weiterer Begriff. Dieser weitere Begriff ist von der Aufgabe her bestimmt und hängt dadurch mit dem geschichtlichen Begriff einer Lehre von den Transzendentalien auf das engste zusammen.

In diesem Sinne kann zunächst Kant den Terminus Transzendentalphilosophie, der von der Lösung her doch ein spezifisch kantischer Begriff ist, ohne weiteres auch auf die ihm vorausgehende Philosophie anwenden.

So spricht er im § 12 ohne weiteres von einer Transzendentalphilosophie der Alten[5].

---

[1] B 25.
[2] A 56, B 80.
[3] B 25.
[4] A 65/66, B 90/91.
[5] B 113.

Aber auch, wenn Kant an einer anderen Stelle sagt: »der höchste Begriff, von dem man eine Transzendentalphilosophie anzufangen pflegt, ist gemeiniglich die Einteilung in das Mögliche und Unmögliche«[1], so zeigt hier schon der Ausdruck »anzufangen pflegt«, daß hier mit Transzendentalphilosophie die Kant vorausgehende Ontologie gemeint ist, denn Kants Transzendentalphilosophie fängt gewiß nicht mit dieser Einteilung an.

Im Sinne dieses geschichtlichen Zusammenhanges deckt sich die Transzendentalphilosophie einfach mit der alten metaphysica generalis, und Kant kann daher in einer Reflexion den Terminus metaphysica generalis einfach mit Transzendentalphilosophie wiedergeben[2].

Von dieser Bestimmung der Transzendentalphilosophie als metaphysica generalis werden nun die Kategorien zu Begriffen von Gegenständen überhaupt[3]. In einem solchen Sinne kann Kant die Transzendentalphilosophie eine »Wissenschaft von Dingen überhaupt« nennen[4] und daher auch kurzweg sagen: Bestimmung eines Dinges in Ansehung seines Wesens als Ding ist transzendental[5].

Diese von der Aufgabe her festgehaltene allgemeine Bedeutung von Transzendentalphilosophie kommt nun in einer sehr bemerkenswerten Anwendung des Terminus 'transcendental' zum Ausdruck, in dem Begriff nämlich eines transzendentalen Gebrauches der Kategorien oder eines transzendentalen Verstandesgebrauches.

Dieser transzendentale Verstandesgebrauch wird von Kant definiert als der über die Erfahrung hinausreichende, also ein die Erfahrung übersteigender Gebrauch[6]. Er ist daher ein transzendentaler Mißbrauch, und es ist wohl deutlich, daß diese Bedeutung eines transzendentalen Mißbrauches der Kategorien mit der eigentlich kritischen Bedeutung von transzendental sich nicht deckt.

---

[1] A 290, B 346.
[2] Reflexion 4852.
[3] A 93, B 126.
[4] Reflexion 5129.
[5] Reflexion 5738.
[6] A 296, B 352: Ich verstehe aber unter diesen nicht den transzendentalen Gebrauch oder Mißbrauch der Kategorien . . . von empirischem, und nicht von transzendentalem, d. i. über die Erfahrungsgrenze hinausreichendem Gebrauch.

Dieser transzendentale Mißbrauch der Kategorien entsteht dadurch, daß die Kategorien im Sinne der alten Transzendentalphilosophie als die allgemeinsten Bestimmungen des Dinges als Ding aufgefaßt werden. Die Kategorien sind in diesem Sinne transzendental, weil sie einem Ding als Ding an sich zugesprochen werden[1].

Es wird bei einem solchen transzendentalen Mißbrauch der Kategorien übersehen, daß die Kategorien zwar die allgemeinsten Bestimmungen des Dinges als Ding sind, daß sie aber Bedeutung haben nur auf ein Ding, sofern es uns gegeben werden kann[2].

Kant kann daher sagen: Daß also der Verstand von allen seinen Grundsätzen a priori, ja von allen seinen Begriffen keinen anderen als empirischen, niemals aber einen transzendentalen Gebrauch machen kann, ist ein Satz, der, wenn er mit Überzeugung erkannt werden kann, in wichtige Folgen hinaussieht[3].

In diesem Sinne wird also ein Begriff transzendental gebraucht, wenn er im Sinne der Aufgabe der Transzendentalphilosophie verstanden, wenn also die Einschränkung übersehen wird, die aus der Kantischen Lösung folgt.

Wir sehen also sowohl aus der eben dargelegten allgemeineren Bedeutung des Terminus Transzendentalphilosophie als auch aus dem Begriff eines transzendentalen Mißbrauchs der Kategorien, daß ein weiterer Begriff der Transzendentalphilosophie existiert, der ganz im Sinne der Alten auf die allgemeinsten Bestimmungen des Dinges als Ding gerichtet ist.

Auf Grund dieser Zusammenhänge sind also für Kant die Kategorien die allgemeinsten, das heißt aber die transzendentalen Bestimmungen des Dinges als Ding (sofern es uns gegeben werden kann). Von hier aus können wir zu einer vertieften Einsicht in das Verhältnis Ockhams zu Kant vordringen.

---

[1] A 238, B 298: Der transzendentale Gebrauch eines Begriffes in irgend einem Grundsatze ist dieser: daß er auf Dinge überhaupt und an sich selbst . . . bezogen wird.

[2] A 139, B 178; A 180, B 223; A 129, B 266.

[3] A 238, B 297.

Ockham hat es für seine wichtigste ontologische Aufgabe gehalten, immer wieder zu zeigen, daß die Quantität und die Relation kein absolutes Sein darstellen. Quantität und Relation sind also für Ockham und erst recht für Kant nicht »etwas, was für sich selbst bestünde«.

Wir haben diese zunächst negativen Bestimmungen Ockhams von Kant her dahin verstanden, daß Ockham die transzendentalen Kategorien als Weisen der Einheit versteht.

Wir können jetzt unsere Auslegung in zwei anderen Formen deutlich machen, das eine Mal in sachlicher, das andere Mal in methodologischer Hinsicht.

Für die weitere sachliche Auslegung gibt uns die schon zitierte Reflexion 3783 einen Fingerzeig. Kant hatte dort gesagt: die accidentia sind nicht besondere Dinge . . . sondern Arten, wie das Subjekt existiert.

Infolge der Konvertibilität von Einheit und Sein gilt eine ähnliche Bestimmung auch für Ockham. Wenn Ockham die transzendentalen Kategorien als Weisen der Einheit versteht, so versteht er sie zugleich als Weisen des Seins, das heißt also als Weisen der Existenz. Diese Kategorien sind also für Ockham nicht mehr Klassen von Dingen, so wie es auch für Ockham noch die Substanz und die Qualität ist. Es gibt daher zwar Substanzen und Qualitäten nebeneinander, aber nicht Substanzen, Qualitäten und Relationen nebeneinander. Es gibt vielmehr für Ockham nur zwei Klassen absoluten Seins, die Substanz und die Qualität. Alle anderen Kategorien sind keine neuen Dinge gegenüber der Substanz und der Qualität, sondern nur Weisen des Zusammenseins von Substanzen und Qualitäten.

Wir können also die transzendentalen Kategorien für Ockham nicht nur als Weisen der Einheit, sondern auch als Weisen des Seins oder als Weisen der Existenz bestimmen.

Die Grundbestimmung Ockhams: Quantität und Relation haben ein transzendentales Sein, läßt sich aber zugleich von Kant her als ein methodologisches Problem bestimmen.

Wir haben in den ausführlichen Erörterungen des ersten und zweiten Teiles gesehen, daß Ockhams Bestimmung der Quantität und der Relation das Hineintragen des Gedankens des transzendentalen Seins in die Kategorienlehre bedeutet. Ockham ist ja von den Ansätzen einer transzendentalen Einheit, einer transzendentalen Zahl und einer transzendentalen Relation ausgegangen und hat von daher jede Quantität und jede Relation als ein transzendentales Sein verstanden.

Dies bedeutet also, daß Ockham eine besondere Lehre von den Transzendentalien fallen läßt. Nicht die alten Transzendentalnoten, sondern die Kategorien, zunächst nur die Quantität und die Relation, sind die allgemeinen, das heißt die transzendentalen Bestimmungen des Dinges als Ding.

Diese Entwicklung findet in Kant ihren Abschluß. Für Kant sind die Kategorien schlechthin die transzendentalen Bestimmungen des Dinges als Ding (sofern es uns gegeben werden kann). Für Kant ist also, wenn man die Entwicklung rein methodologisch betrachtet, die Kategorienlehre zur Transzendentalphilosophie geworden.

Die Kategorienlehre stellt sich von einem bestimmten philosophischen Standpunkt aus als eine Lehre vom besonderen Sein dar. Die Umwandlung der Kategorienlehre zur Transzendentalphilosophie, das heißt also die Umwandlung der Kategorienlehre aus einer Lehre von besonderen Dingen zu einer Lehre von den allgemeinsten Bestimmungen des Dinges hat Ockham in Angriff genommen und ein gutes Stück vorwärts gebracht.

Wir können also jetzt sagen: Ockham versteht die Quantität und die Relation als Weisen der Einheit, als Weisen der Existenz und wandelt in diesem Sinne einen Teil der Kategorienlehre zur Transzendentalphilosophie um.

Man darf freilich bei diesem Zusammenhang zwischen Kant und Ockham nicht die großen Unterschiede übersehen, die immer noch bestehen.

Diese Unterschiede beziehen sich auf den Umfang und sie beziehen sich auf die Auslegung des transzendentalen Seins.

Der Unterschied im Umfang liegt darin, daß Ockham nur die Quantität und die Relation als transzendentale Kategorien bestimmt, daß er dagegen am absoluten Sein der Substanz und der Qualität festhält.

252

Für Kant aber sind alle Kategorien transzendental, das heißt alle Kategorien sind als Weisen der Einheit die allgemeinsten Bestimmungen des Gegenstandes als Gegenstand.

Ockham hält also am absoluten Sein der Substanz und der Qualität fest, Kant dagegen bestreitet auch das absolute Sein der Substanz und der Qualität und legt daher alle Kategorien seinsmäßig in der gleichen Weise aus.

Dies findet darin den schärfsten Ausdruck, daß Kant die Kategorie der Substanz unter den Oberbegriff der Relation subsumiert. Eine solche Unterordnung der Substanz unter die Relation aber ist für die ganze Scholastik, wie auch für Ockham, eine Unmöglichkeit.

Wir können hier davon absehen, daß in gewissem Sinne schon Duns Scotus und dann erst recht Ockham in die Absolutheit des Seins und der Erkennbarkeit der Substanz große Zweifel gesetzt haben. Diese Zweifel sind jedenfalls noch nicht bis in die grundsätzlichen ontologischen Bestimmungen hinein wirksam geworden.

Ockham hält also an dem absoluten Sein der Substanz und der Qualität fest, während Kant das absolute Sein auch dieser beiden Kategorien bestreitet.

Neben diesem Unterschied, der sich auf den Umfang des transzendentalen Seins bezieht, tritt noch ein weit tiefer greifender Unterschied, der Unterschied nämlich in der Auslegung des transzendentalen Seins.

Wir können diesen Unterschied am besten am Raum-Zeit-Problem deutlich machen. Kant leugnet wie Ockham und Leibniz die absolute Realität von Raum und Zeit, er leugnet also mit Ockham und Leibniz, daß Raum und Zeit etwas sei, was für sich selbst bestünde.

Wie aber die tiefgehenden Unterschiede in der Raum-Zeit-Lehre zwischen Kant und Leibniz zeigen, bedeutet dies Zusammengehen in der negativen These bei weitem noch nicht, daß Kant in der positiven Auslegung des Raumes und der Zeit mit Leibniz geht.

Zwischen Leibniz und Kant liegt vielmehr die kopernikanische Wendung Kants, die Erkenntnis also, daß auch Raum und Zeit auf ein reines Bewußtsein bezogen werden müssen.

Aber nicht nur der Raum und die Zeit, sondern auch die Kategorien müssen von dieser kopernikanischen Wendung Kants her gesehen werden, und Kant kann deshalb die Kategorien als die allgemeinen Handlungen der Vernunft bezeichnen.

Martin Heidegger hat diesen Zusammenhang dahin umrissen, daß die Kategorien für Kant nicht nur Weisen der Einheit, sondern daß sie Weisen der Einigung seien.

Kann man nun sagen, daß für Ockham die transzendentalen Kategorien nicht nur Weisen der Einheit, sondern daß sie auch Weisen der Einigung darstellen?

Eine solche Auslegung müßte offenbar davon ausgehen, daß Ockham die transzendentalen Kategorien, also die Quantität und die Relation, als intentio bezeichnet.

Eine solche Bestimmung als intentio liegt bei Ockham zweifellos vor. Wir haben aber bereits gesehen, daß Ockham in der abschließenden und entscheidenden Bestimmung doch wieder zögert, daß er uns auf den Logiker vertröstet, und daß er eben nur sagt: intentio et conceptus in anima . . . vel est plura absoluta.

In dieser Bestimmung der Relation und der Quantität, also des transzendentalen Seins überhaupt als intentio liegt gewiß ein erster Hinweis auf das, was Kant thematisch herausstellt, ein Hinweis also auf den Bezug dieser Kategorien auf ein transzendentales Bewußtsein.

Würdigt man aber die Art und Weise, in der Ockham diese Bestimmungen trifft, dann wird man doch sagen müssen, daß es sich nur um einen ersten Hinweis, aber nicht, daß es sich um eine feste Einsicht handelt.

Man könnte dann auch geltend machen, daß die Auslegung des Thomas als ens rationis cum fundamento in re und die Auslegung des Duns Scotus als ens formale ebenfalls einen solchen Hinweis enthalten.

Man wird dann sagen können, daß sich bei jedem der drei großen Lehrer der Scholastik ein Hinweis darauf findet, daß solche Bestimmungen wie Einheit einen Bezug auf ein Bewußtsein enthalten. Man kann von hier aus aber nicht mehr sagen, daß eine solche Erkenntnis bei Ockham wesentlich klarer oder reifer sei.

Von hier aus liegt also die Bedeutung Ockhams nicht in einer neuen Auslegung des transzendentalen Seins. Eine solche umfassende Auslegung bringt erst Kant.

Ockhams Bedeutung liegt vielmehr, von hier gesehen, darin, daß er das Problem der Transzendentalien von einer verhältnismäßig schmalen Basis aus zum Grundproblem der Ontologie machte, indem er die wesentlichsten Kategorien als transzendentales Sein erkannte.

Wollen wir unser Ergebnis auf die kürzeste Form zusammendrängen, dann können wir sagen: Ockham versteht die transzendentalen Kategorien (alle Kategorien außer der Substanz und der Qualität) als Weisen der Einheit, Kant dagegen versteht alle Kategorien als Weisen der Einigung.

Dieser knappste Ausdruck zeigt an, wie weit Ockham den Weg gegangen ist, den Kant in der Kritik der reinen Vernunft zu Ende ging.

Quellenverzeichnis

Wilhelm von Ockham: Quaestiones in quattuor libros Sent. Lugduni 1495. Argentinae 1483 (Nur das erste Buch). — Quodlibeta septem. Parisiis 1487. Argentinae 1491. — Summa totius logicae. Venetiis 1508. — De. Sacramento Altaris ed. Birch. Burlington 1930.

Abbagnana, N.: Guglielmo di Ockham. Lanciano 1931. Enthält ein wertvolles Verzeichnis der Handschriften und Werke von Ockham, sowie der Arbeiten über Ockham.

Alexander v. Hales: Sum. theol. ed. Marriani. Bd. II Quaracchi 1928.

Aristoteles: Werke ed. Acad. Bor. Berlin 1831f. — Metaphysik ed. Ross. Oxford 1924. — Physik ed. Ross. Oxford 1936.

Aureolus, Petrus: Com. in quattuor libros Sent. Rom 1594.

Averroes: Metaphysikkommentar in: Aristotelis opp. cum Averrois expositione. Bd. VIII. Venedig 1580.

Avicenna: Metaphysik deutsch von M. Horten. New-York 1907.

Balthasar, N.: Javellus comme exégète de S. Thomas dans la question de la relation finie. Philosophia perennis I, 149. — La réalité de la relation finie d'après S. Thomas d'Aquin. Rev. Néoscolast. II/6 1929.

Biel, Gabriel: Collectorium in quattuor sent. libros. Tübingen 1501.

Bodewig, E.: Zahl und Kontinuum in der Philosophie des hl. Thomas. Divus Thomas 13, 1935. — Die Stellung des hl. Thomas von Aquin zur Mathematik. Archiv für Gesch. d. Philos. 41, 1932.

Boirac, Ae.: De spatio apud Leibnitium. Paris 1894.

Doncoeur, P.: Le nominalisme de Guillaume Occam. La théorie de la relation. Rev. Néo-scolastique 23, 1921.

Duns Scotus: Opera omnia. Paris 1891 (Vivès).

Ehrle, Kard.: Peter von Kandia. Franz. Studien Beih. 9. Münster 1925.

Eschweiler, K.: Die Philosophie der spanischen Spätscholastik auf d. dtsch. Universitäten des 17. Jahrhunderts. Spanische Forsch. der Görresges. Bd. I 1928.

Federhofer, F.: Ein Beitrag zur Bibliographie und Biographie des W. von Ockham. Philos. Jahrb. der Görresges. 38 (1925).

Gredt, J.: Elementa Philosophiae. 4. Aufl. Freiburg 1928.

Hegel: Enzyklopädie ed. Lasson. Leipzig 1930.

Heidegger, M.: Die Kategorien- und Bedeutungslehre des Duns Scotus, Tübingen 1916. — Kant und das Problem der Metaphysik. Bonn 1929.

Heinrich von Gent: Quodlibeta. Paris 1518.

Hermelink, H.: Die theologische Fakultät in Tübingen vor der Reformation. Tübingen 1906.

v. Hertling, G.: De Aristotelis notione Unius. Diss. Berlin 1864.

Hochstetter, E.: Studien zur Metaphysik und Erkenntnislehre Wilhelms von Ockham. Berlin 1927.

Horvath, A.: Metaphysik der Relationen. Graz 1914.

Johannes Damascenus: Opera, Migne Patr. graeca Bd. 94.

Kant: Ges. Werke. Berlin 1902 ff. (Pr. Ak.).

Koch, J.: Neue Aktenstücke zu dem gegen Wilhelm von Ockham in Avignon geführten Prozeß. Rech. de théol. anc. et méd. 7, 1935; 8, 1936.

Leibniz: Philosophische Werke ed. Gerhardt. Berlin 1875 f. — Philosophische Werke ed. Erdman. Berlin 1840. — Opuscules et fragments inédits ed. Couturat. Paris 1903.

Little, A. G.: The Grey Friars in Oxford. Oxford 1892.

256

Luther: Luthers Randbemerkungen zu Gabriel Biels Collectorium, ed. H. Degering. Weimar 1933.

Minges, P.: J. Duns Scoti doctrina philos. et theol. Quaracchi 1908.

— Die distinctio formalis des Duns Scotus. Theol. Quartalschrift 90, 1918.

Moody, E. A.: The logic of William of Ockham. London 1935.

Moser, S.: Die Summulae in libros physicorum des W. v. Ockham. Diss. Marburg, Innsbruck 1932; auch ersch. in Philosophie und Grenzwissenschaften IV 2/3.

Pelster, F.: Heinrich von Harclay, Kanzler von Oxford und seine Quästionen. Miscellanea Ehrle. Rom 1924.

Pelzer, A.: Les 51 articles de Guillaume de Ockham censurés en Avignon en 1326. Rev. d'histoire eccl. 18, 1922.

Plotin: Werke ed. Kreutzer. Oxford 1835.

Prantl, K.: Geschichte der Logik. Leipzig 1858 ff.

Gregor von Rimini: Com. in quattuor libros sent. Straßburg 1490.

Schmaus, M.: Der liber propugnatorius des Thomas Anglicus und die Lehrunterschiede zwischen Thomas von Aquin und Duns Scotus. Münster 1928.

Schulemann, G.: Die Lehre von den Transzendentalien in der scholastischen Philosophie. Forsch. z. Gesch. d. Philos. und Pädagogik IV, 2. Leipzig 1929.

Sedlmayr, P.: Die Lehre des hl. Thomas von den accidentia sine subjecto — untersucht auf ihren Einklang mit der aristotelischen Philosophie. Divus Thomas 12, 1934.

Simplicius: In Aristotelis categorias commentarium, Com. in Arist. graeca, Vol. VIII. Berlin 1907.

Suarez: Metaphysicarum disputationum tomi II. Mainz 1605.

Thomas von Aquin: Werke. Rom 1882 ff. — Werke. Venedig 1745 ff. — Sum. theol. Rom 1920. — Sum. c. gent. Turin 1924. — In met. Arist. com. Turin 1915.

Willmann, O.: Geschichte des Idealismus. Braunschweig 1894.

Wolff, Chr.: Ontologia. Frankfurt 1730.

Wulff, De M.: Geschichte der mittelalterl. Philosophie. Übertragen von R. Eisler. Tübingen 1913.

PERSONEN-REGISTER

A

Abbagnano I

Adam 89

Aegidius Romanus 65, 175

Albert der Große 65 218

Anselm v. Canterbury 84, 85, 175

Argentinus 65

Albert v. Sachsen 89

Augustin 84, 85, 175

Averroes 8, 10, 16, 62, 89, 97, 107

Avicenna 8, 62, 65, 109f., 218

Balthasar 117

Biel (Einheit) 25f., (Zahl) 64f., (Ausdehnung) 87f., (Relation) 171f.,
65 68 69, 91, 169, 217, 220, 227,
228, 244

Birch I, II, 63, 83

Bodewig 40, 42, 44

Burus 59

Boirac 95f.

Cajetan 65, 117, 118, 175

Capreolus 65, 117, 175

Clarcke 94

Degering 26

Doncoeur 61, 75, 77, 101, 220

Durandus 175

Eschweiler 28, 67

Federhofer I, 61

Ferrarius 117, 175

Fonseca 65, 90 91, 175

Frege 59

Gottfried v. Fontaines 185, 192

Greathead 59

Gredt 10, 11, 40, 42, 49, 184

Gregor v. Rimini 31, 65, 68, 175, 220,
244

Hegel 26

Heidegger 12, 16, 45, 121, 215, 247, 254

Heinrich v. Gent 32, 47, 65, 99, 120, 121,
122, 125, 128

Heinrich v. Harclay 209

Hermelink 26

Herväus 175

Hochstetter I

Hofer I

Horten 9

Horvath 118f.

Johannes v. Damascus 59, 63, 84, 85, 175

Javellus 117, 175

Koch I

Kreuzer 36

Little I

Locke 219

Luther 26

Major 89

Meinong 219

Minges 12, 191, 215

Moody I, III

Moser I, III, 96, 239

Newton 94

Nietzsche 239

Pelster 209

Pelzer I

Petrus Aureolus (Zahl) 46f., (Relation)
137f.; 53, 65, 89, 99, 172, 217, 218

Petrus Lombardus 16

Plato 1, 2, 33, 100; (Timäus) 36, (Parmenides) 37

Plotin (Einheit) 4f., (Zahl) 36f., (Relation) 106f.; 48, 101, 139, 180, 231

Porphyrius III, 186

Prantl 100, 197, 218

B

LEIBNIZ

ZU SEINEM 300. GEBURTSTAG
1646 – 1946

Mit Beiträgen von: E. Benz, I. Döhl, K. Dürr, N. Hartmann,
E. Hochstetter, J. E. Hofmann, R. F. Merkel, K. Reidemeister,
J. Steudel, R. Zocher u. a.

Herausgegeben von E. Hochstetter

Aus der Einleitung: „. . . Ohne einen Ersatz für die nur im Geiste eines Einzelnen gestaltbare
Monographie geben zu wollen, werden wir die Weltanschauung und das Werk dieses umfassenden
Denkers auf den verschiedenen Gebieten, die er beherrschte, von heute auf diesen Gebieten
jeweils führenden und namhaften Vertretern zur Darstellung bringen lassen: Seinen Glauben und
seine Stellung zu den christlichen Konfessionen, seine Logik, seine Mathematik, seine Erkenntnis-
theorie, seine Psychologie, Metaphysik, Dynamik, Anthropologie und Ethik, seine Leistungen als
Jurist, Historiker, Politiker, Sprachforscher, Techniker und Organisator der wissenschaftlichen
Arbeit sowie sein Wirken für die Medizin und das Sanitätswesen. Die bedeutsamen Fragen seiner
Voraussetzungen in der philosophischen Tradition und seines Nachwirkens im deutschen Geist
werden behandelt werden. Spezialuntersuchungen werden u. a. die Entwicklung seiner Mathematik
in Paris, seine Beziehungen zu Peter dem Großen und seine Stellung zu China schildern. Als
späteren Abschluß ist eine Bibliographie vorgesehen."
Das Werk wird zunächst in Lieferungen erscheinen, die später sachlich geordnet in Bandform
zusammengefaßt werden sollen.

Bisher sind erschienen:

1. Lfg.: Leibniz als Metaphysiker von Nicolai Hartmann. 28 S. 1946. DM 1.50
2. Lfg.: Leibniz und Peter der Große von E. Benz. 88 S. 1947.　　DM 3.50
3. Lfg.: Zu Leibniz' Gedächtnis. Eine Einleitung von E. Hochstetter.
　　　　82 S. 1948.　　　　　　　　　　　　　　　　　　　　DM 3.—
4. Lfg.: Leibniz' mathematische Studien in Paris
　　　　von Joseph E. Hofmann. 70 S. 1948.　　　　　　　　DM 4.80
5. Lfg.: Leibniz' Forschungen auf dem Gebiete der Syllogistik
　　　　von Karl Dürr. 40 S.　　　　　　　　　　　　　　DM 2.—

Weitere Lieferungen folgen.

WALTER DE GRUYTER & CO. / BERLIN W 35